# Aerztliche Ehrengerichte

und

# ärztliche Standesorganisation in Preußen.

---

Das Preußische Gesetz

betreffend

**die ärztlichen Ehrengerichte, das Umlagerecht und die Kassen der Aerztekammer** vom 25. November 1899

zum praktischen Handgebrauch

erläutert von

**F. Altmann,**

Geheim. Regierungsrath und vortrag. Rath im Ministerium der geistlichen, Unterrichts- und Medizinal-Angelegenheiten.

**Berlin 1900.**

Verlag von H. W. Müller.

(SW.) Luckenwalderstr. 2.

# Vorwort.

Mit dem Gesetz, betreffend die ärztlichen Ehrengerichte, das Umlagerecht und die Kassen der Aerztekammern vom 25. November 1899 ist die Organisation des ärztlichen Standes in Preußen, soweit die Macht der Landesgesetzgebung reicht, zu einem äußeren Abschlusse gelangt. Den inneren Abschluß herbeizuführen in dem Sinne kräftiger Wahrung und Förderung der ärztlichen Standesinteressen, insbesondere der Zurückdrängung und allmählichen Lahmlegung unlauterer Elemente sowie der Versorgung hülfsbedürftiger Standesglieder, ihrer Wittwen und Waisen, — liegt fortan in der Hand der preußischen Aerzte selbst. Ihnen und ihren Vertretern erwächst die Aufgabe, die von der Gesetzgebung geschaffenen Bestimmungen sachgemäß anzuwenden.

Diese sachgemäße Anwendung wird jedoch nicht unerhebliche Schwierigkeiten bieten, sowohl in materieller, wie namentlich in formaler Hinsicht.

Zu ihrer Ueberwindung nach Kräften beizutragen, schien mir eine wichtige Aufgabe, zumal wiederholte Anregungen aus ärztlichen Kreisen erkennen ließen, für wie erwünscht die Herausgabe eines Handbuchs, das die Bestimmungen über die ärztliche Standesorganisation und die ärztlichen Ehrengerichte in übersichtlicher Form darböte, erachtet wird. Ich habe mich dieser Arbeit um so lieber unterzogen, als es mir vergönnt war, in amtlicher Eigenschaft seit Februar 1895 bei der Vorbereitung und parlamentarischen Durchberathung des Ehrengerichtsgesetzes mit thätig zu sein.

Anfangs habe ich geschwankt, ob ich nicht das Handbuch auf die ärztliche Standesgesetzgebung sämmtlicher Staaten Deutschlands, die eine solche besitzen, und Oesterreichs, ausdehnen sollte. Ich habe jedoch schließlich diese Aufgabe für eine spätere Zeit vorbehalten und mich in dem vorliegenden Buche mit Ausnahme des Anhangs III auf die Preußischen Bestimmungen beschränkt.

Bei dieser Beschränkung waren Anlage und Eintheilung des Buches selbst durch seinen Zweck gegeben.

Es soll in erster Linie ein praktisches Handbuch sein.

Es bietet demgemäß nicht nur den Text des Gesetzes vom 25. November 1899, der ministeriellen Ausführungsbestimmungen, der Geschäftsordnung für die Ehrengerichte und den Ehrengerichtshof, sowie der preußischen Verordnungen über die ärztliche Standesorganisation in ihrer gegenwärtig maßgebenden Form, — sondern auch eine Erläuterung der einzelnen Gesetzesbestimmungen unter Beigabe der Vorentwürfe und sonstigen Materialien, welche die Absicht der gesetzgebenden Faktoren erkennen zu lassen geeignet sind.

Die Einleitung legt die Entstehungsgeschichte des Ehrengerichtsgesetzes in ihrem Zusammenhange mit der Entwickelung der ärztlichen Standesorganisation in Preußen dar. Sie ist etwas ausführlicher gehalten und bringt die bemerkenswertheren Urkunden in ihrem Wortlaute, weil es mir namentlich im Hinblick auf die früher bei einem Theile der preußischen Aerzte laut gewordenen Annahmen wünschenswerth erschien, urkundlich nachzuweisen, wie der gesammten Gesetzgebungsarbeit ausschließlich die Förderung des ärztlichen Standes als Ziel vorgeschwebt hat.

Der beigefügte Anhang III von Standesordnungen und Standesordnungsentwürfen wird als Materialsammlung, wie ich hoffe, nicht unwillkommen sein.

So wünsche ich denn dem „Handbuch" namentlich in den Kreisen der preußischen Aerzte eine freundliche Aufnahme. Vor dem Gebrauche bitte ich die „Nachträge und Druckfehlerberichtigungen" zu berücksichtigen.

Berlin W. im Juli 1900.

Der Verfasser.

# Inhaltsverzeichniß.

## Anhang.

# Nachträge und Druckfehlerberichtigungen.

Seite 10 Abs. 5 Zeile 4 statt „weiteten" lies „weiteren".

„ 34 Anm. 3 a) ist hinzuzufügen:

Ein nur ehrenhalber à la suite der Armee geführter Generalarzt des Beurlaubtenstandes gehört nicht zu den Militärarzten im Sinne des § 2 Nr. 2 d. Ges.

„ 39 Anm. 1 Abs. 3 einzufügen hinter Satz 1:

— Vergl. die Besprechung der angeführten Reichsgerichtsentscheidung von Reg.=Ass. von Löwenstein im Preuß. Verwaltungs=Blatt 1900, Nr. 27, S. 298ff. —

„ 41 Anm. 3 Abs. 3 muß Satz 2 lauten:

Das setzt aber voraus, daß der Anwalt nicht in seiner Eigenschaft als solcher in Betracht kommt u. s. w.

„ 45 Anm. 4 müssen die Citate § 10 Abs. 3 (in Absatz 1 u. 2) lauten: § 10 Abs. 4.

„ 73 Anm. 1 Abs. 2 Zeile 11 muß es heißen:

statt: in dem sich ihm gesetzlich: „sich in dem ihm gesetzlich . . ."

„ 75 Anm. 1 Zeile 1 lies statt Ende Dezember:

Ende Januar — vergl. § 2 der Geschäftsordnung (S. 163).

„ 128 Anm. 2 Abs. 3 Zeile 2 muß es heißen:

einen von dem Vertreter der Anklage, dem Angeschuldigten u. s. w.

„ 148 Zeile 8 soll lauten:

generell freizulassen ist.

Zeile 10: Beurlaubtenstandes ohne Weiteres eintreten dürfen.

„ 148 Anm. 2 ist am Schlusse hinzuzufügen:

Es ist aber zu beachten, daß ein Beschluß der Aerztekammer auf Bemessung der Jahresumlage nach Procenten der Staatssteuer kein Anrecht auf amtliche Auskunft der Steuerbehörden über die Steuerveranlagung der umlagepflichtigen Aerzte giebt.

„ 168 § 15 Abs. 1 der Geschäftsordnung für die ärztlichen Ehrengerichte und den ärztlichen Ehrengerichtshof ist inzwischen durch den Nachtragserlaß des Ministers der Medizinal=Angelegenheiten vom 5. Juni 1900 — M. N. 1483 — dahin abgeändert:

„Der Vorsitzende hat von jeder ehrengerichtlichen Bestrafung eines Arztes den Vorsitzenden der Aerztekammern der übrigen Provinzen Mittheilung zu machen".

# Einleitung.

Die Vorgeschichte des jetzt zur Verabschiedung gelangten Preußischen Gesetzes über die ärztlichen Ehrengerichte reicht weit zurück. Die dem Landtage vorgelegte Begründung des Entwurfs [1]) äußerte sich hierüber folgendermaßen:

„Bereits im Jahre 1842 wurde in einer von dem ärztlichen Verein zu Köln herausgegebenen Schrift über „die Medizinalverfassung Preußens" gesagt:

„Maßregeln zur Aufrechterhaltung der Moralität des Standes können nur in einem Disziplinarrathe bestehen, wie ihn der Stand der Advokaten schon seit lange besitzt. Alle Einwürfe aus der Unzulänglichkeit dieses Instituts können die Ueberzeugung nicht erschüttern, daß gleichwohl der Mitwirkung desselben der Advokatenstand vieles zu verdanken hat und daß auch die Aerzte von seiner Einführung nur Gutes sich versprechen dürfen."

Auch bei den in den Jahren 1848 und 1849 gepflogenen Berathungen über Reformen der Preußischen Medizinalverfassung wurden Vorschläge nach gleicher Richtung laut.

So heißt es in den Anträgen des Vereins von Aerzten Niederschlesiens und der Lausitz vom 24. Oktober 1848:

§ 29. „Der Arzt soll sich hüten, die materiellen Interessen seines Kollegen sowie dessen bürgerliche und wissenschaftliche Ehre zu gefährden. Die Versäumung dieses von der Humanität gebotenen Grundsatzes hat Vieles dazu beige-

---

[1]) Drucksachen des Hauses der Abgeordneten 19. Leg.-Periode I. Session 1899 Nr. 29 S. 16 ff.

tragen, den ärztlichen Stand herabzuwürdigen. Zur Verhütung von Differenzen in diesen Beziehungen und zur Ausgleichung etwa vorgekommener Konflikte scheint die Einführung von Ehrengerichten das beste Mittel zu sein. Ist dabei Appellation an eine höhere Instanz nothwendig, so werde auch diese einer, wenn höchsten, doch ärztlichen Behörde in die Hand gegeben, welcher auch die Exekution obliegen muß ...."

§ 30. „Auch die beste Medizinalverfassung wird nicht vermögen, alle diejenigen Uebelstände zu beseitigen, welche bisher dem ärztlichen Stande zur Unehre gereicht haben. Es wird namentlich dem Mangel gegenseitiger Anerkennung unter den Aerzten und der Charlatanerie Einzelner durch Gesetze nicht entgegengetreten werden können. Hier müssen die Aerzte selbst ernste Schritte zur Beseitigung des Uebels thun. Die Bildung von Gemeinschaften der Aerzte .... würde sehr zu .... begünstigen sein. Die Gemeinschaften selbst seien die vorgedachten Ehrengerichte oder wählen ihre Organe, durch die der Einzelne Fälle von Kontraventionen zur Sprache bringen und bei denen der Betreffende sich vertheidigen könne. Der Erklärung folge dann die Rüge, der Rüge die Strafe, im schlimmsten Falle der Ausweis aus der Gemeinschaft der Aerzte."

Ebenso ist in dem von fünfzehn Berliner Aerzten ausgearbeiteten „Entwurf der Grundsätze einer neuen Medizinalordnung" vom 26. Februar 1849 [1]) die gesetzliche Bildung von freien Aerzteassoziationen vorgeschlagen, deren alljährlich gewählter Ausschuß u. a. die Funktionen eines staatlich anerkannten Ehrenraths ausüben, insbesondere Streitigkeiten der Mitglieder schlichten und das Recht haben sollte, Mitglieder, welche sich eines unehrenhaften Betragens schuldig machten, zu ermahnen und nöthigenfalls ihren Ausschluß aus der Assoziation bei der Generalversammlung zu beantragen (§ 28).

Diese Vorschläge wurden demnächst in der von dem damaligen Minister der Medizinal-Angelegenheiten einberufenen Konferenz,

[1]) Der Entwurf wurde dem Minister von dem damaligen Prosektor Dr. Virchow als Mitautor und Beauftragtem der General-Versammlung der Berliner Aerzte überreicht.

welche vom 1. bis 22. Juni 1849 in Berlin tagte und an welcher aus jeder Provinz ein praktischer Arzt und ein Medizinalbeamter theilnahmen, im Wesentlichen dahin formulirt:

„Es soll ein Ehrenrath; bloß aus ärztlichen Mitgliedern bestehend, unter Zuziehung von Staatsanwalt und Justiziarien gebildet werden; derselbe soll aus freier Wahl des Standes hervorgehen. Diesem Ehrenrath werden zunächst die Differenzen der Aerzte unter sich überwiesen, er soll außerdem über diejenigen Pflichten der Standesgenossen wachen, welche durch Ehrenhaftigkeit, Redlichkeit und Anstand bedingt werden."

Die Reformversuche führten damals in Preußen nicht zum Ziel. Nach Erlaß der Reichs-Gewerbe-Ordnung wurden die früheren Vorschläge indessen wieder aufgenommen und insbesondere auf den deutschen Aerztetagen wiederholt.

Wesentlich auf Anregung des Geschäftsausschusses des deutschen Aerztevereinsbundes, welcher damals nach seinen Angaben 184 Vereine mit ungefähr 8000 Mitgliedern vertrat, und des X. deutschen Aerztetages vom 30. Juni/1. Juli 1882 beschloß der deutsche Reichstag bei Gelegenheit der Berathung der Gewerbe-Ordnungsnovelle vom 1. Juni 1883 im Wege der Resolution,

„den Herrn Reichskanzler zu ersuchen, Fürsorge zu treffen, daß dem Reichstage ein Gesetzentwurf zur Herstellung einer Aerzteordnung vorgelegt werde, in welchem Organen der Berufsgenossen eine ehrengerichtliche Strafgewalt über dieselben beigelegt wird."

— vergl. Stenogr. Berichte des Reichstags S. 2762, verbunden mit den Berichten der VI. Kommission — Drucksachen des Reichstags 5. Leg. Per. II. Session 1882 Nr. 206 S. 25 f. und Nr. 223 S. 11. —

Die entsprechende reichsgesetzliche Regelung erfolgte jedoch nicht. Vielmehr beschied der damalige Herr Reichskanzler unter dem 3. Mai 1889 den Ausschuß des deutschen Aerztevereins dahin, daß hinsichtlich des Erwerbes und der Entziehung der ärztlichen Approbation, sowie der damit verbundenen Rechte die reichsgesetzlichen Vorschriften ausreichten und daher der weitere Ausbau der Organisation des ärztlichen Standes zunächst der Landesgesetzgebung überlassen bleiben könne."

Noch bevor diese Verweisung auf den Weg der Landesgesetzgebung erfolgte, war in Preußen bereits unter dem 25. Mai 1887 die Allerhöchste Verordnung betr. die Einrichtung einer ärztlichen Standesvertretung [1]) ergangen.

In dem § 5 dieser Verordnung ist den Vorständen der Aerztekammern die Befugniß beigelegt,

> „Aerzten, welche die Pflichten ihres Berufs in erheblicher Weise oder wiederholt verletzt oder sich durch ihr Verhalten der Achtung, welche ihr Beruf erfordert, unwürdig gezeigt haben, das Wahlrecht und die Wählbarkeit zur Aerztekammer dauernd oder auf Zeit zu entziehen.“

Thatsächlich war hiermit den Aerztekammervorständen eine Art Disziplinargewalt eingeräumt, zumal ihnen auch in gewissem Umfange das Recht zugesprochen wurde, Entziehungsbescheide zu publiciren.

Aber eine Standesgerichtsbarkeit im eigentlichen Sinne des Wortes, die Möglichkeit, in wirksamer und je nach dem Grade der Verschuldung abgestufter Weise auf Standesgenossen einwirken und sie nöthigenfalls auch bestrafen zu können, war damit nicht gegeben. Eine entsprechende Regelung war auch im Rahmen einer Verordnung nicht möglich, da es dazu unstreitig eines Gesetzes bedurfte.

Das Bedürfniß nach gesetzgeberischen Maßnahmen in dieser Richtung machte sich sehr bald erneut und immer dringlicher geltend. Dasselbe wurde namentlich auch im Abgeordnetenhause von dem Abgeordneten Sanitätsrath Dr. Graf-Elberfeld bei jeder Etatsberathung aufs Neue betont, wobei ihm freilich die Abgeordneten Dr. Virchow und Dr. Langerhans wiederholt entgegentraten.

Unter dem 13. Januar 1892 forderte der damalige Medizinalminister Graf von Zedlitz-Trützschler die 12 Preußischen Aerztekammern zu einer gutachtlichen Aeußerung über die Frage auf, ob eine Erweiterung der in § 5 der Verordnung vom 25. Mai 1887 den Aerztekammervorständen gegebenen Disziplinarbefugniß und insbesondere die Einführung ähnlicher ehrengerichtlicher Institutionen für die Mitglieder des ärztlichen Standes angezeigt erscheine, wie solche für die Rechtsanwälte in den §§ 62 ff. der deutschen Rechtsanwaltsordnung vom 1. Juli 1878 (Reichs-Gesetz-Blatt S. 177) bestehen.

---

[1]) Gesetz-Sammlung 1887 S. 169. Sie ist im Anhang I abgedruckt.

Sämmtliche Aerztekammern traten im Sommer 1892 hierüber in eingehende Berathung. Das Resultat ist aus dem Protokoll der Sitzung des Ausschusses der Preuß. Aerztekammern vom 25. Oktober 1892 ersichtlich. Wegen der grundlegenden Bedeutung, die die Beschlüsse dieser Versammlung für die Gestaltung des vorliegenden Gesetzes hatten, möge der betr. Theil des Protokolls hier wörtlich folgen:

Anwesend als Vertreter der Kammer für Ostpreußen: Dohrn, Westpreußen: Scheele, Pommern: Krabler, Berlin-Brandenburg: Becher (Guttstadt, Brähmer), Posen: Landsberger, Schlesien: Körner (Förster), Sachsen: Bette (Hüllmann), Schleswig-Holstein: Wallichs, Hannover: Lohmann (Kirchhoff), Westfalen: Morsbach, Rheinprovinz: Graf (Lent), Hessen-Nassau: Grandhomme.

Vorsitzender: Graf, Schriftführer: Krabler.

Zu 1 der Tagesordnung: . . . . . „die Erweiterung des Disziplinarverfahrens der Kammern nach den Beschlüssen der 12 Kammern" hatte auf Wunsch des Vorsitzenden Herr Lent die Berichterstattung übernommen und eine Zusammenstellung der in Anlaß der Anfrage des Herrn Medizinalministers vom 13. Januar 1892 betreffend Erweiterung der Disziplinarbefugniß gefaßten Beschlüsse sämmtlicher 12 Kammern ausgearbeitet, welche ergiebt:

**I.** Die Bedürfnißfrage wird von allen Aerztekammern anerkannt, wenn auch in verschiedener Weise als wünschenswerth oder als nothwendig.

**II.** Die gesetzliche Regelung halten alle Kammern für nothwendig; doch sei hier gleich erwähnt, daß Brandenburg mit 21 von 41 Stimmen beschlossen hat, nicht eher die Verletzungen der Berufspflicht dem ehrengerichtlichen Verfahren unterstellt zu wissen, bis durch eine Medizinalordnung die Berufspflichten der Aerzte festgestellt wären.

Die gesetzliche Regelung wird aber von allen Kammern an die Voraussetzung geknüpft, daß die Ausnahmestellung der beamteten und Militärärzte in irgend einer Weise geändert würde. Ueber die Art und Weise dieser Aenderung gehen die Ansichten auseinander.

Westfalen verlangt die vollständige Aufhebung dieser Ausnahmestellung; Westpreußen und Hannover wünschen die beamteten und Militärärzte nach Analogie der Notare in der Rechtsanwaltsordnung behandelt; Sachsen verlangt das Disziplinarrecht über diese Aerzte für ihr außeramtliches Verhalten; Brandenburg, Pommern, Posen, Schlesien wollen die Voruntersuchung durch die Aerztekammer geführt wissen und dann die Sache an die vorgesetzte Behörde der betreffenden Aerzte abgeben, verlangen dann aber Mittheilung über das Ergebniß; Rheinprovinz will die Untersuchung bei der vorgesetzten Behörde beantragen, und verlangt dann auch die Mittheilung über den Ausgang der Sache. Schleswig-Holstein spricht nur aus, daß diese Ausnahmestellung in irgend einer Form Erledigung finden möge; Hessen-Nassau hat sich hierüber, sowie überhaupt über die Einzelfragen nicht ausgesprochen, sondern hat nach Annahme einiger allgemeiner Grundsätze die Specialfrage an eine Kommission verwiesen.

**III.** Was die Zusammensetzung des Ehrengerichts anbetrifft, so wollen Westpreußen und Schlesien nur Aerzte, sowohl in der ersten als auch in der zweiten Instanz; Posen, Sachsen, Hannover wollen in der ersten Instanz (wie bisher im § 5) nur Aerzte, für die zweite Instanz verlangen sie für die Mehrheit bezw. im Wesentlichen Aerzte; Ostpreußen, Pommern, Brandenburg, Schleswig-Holstein, Rheinprovinz, verlangen das Ehrengericht aus Aerzten, aber ohne Ausschluß der Juristen.

**IV.** Für den Vorsitz des Ehrengerichts der ersten Instanz verlangen Ostpreußen, Pommern, Schleswig-Holstein einen Arzt.

**V.** In Betreff des Verfahrens vor dem Ehrengericht wird verlangt:

1. Einfachheit des Verfahrens von Ostpreußen, Pommern, Schlesien, Schleswig-Holstein, Hannover.

2. Posen verlangt, daß die eigentliche Berufsthätigkeit der Aerzte nicht zur Beurtheilung des Ehrengerichts gelange.

3. Daß das Ehrengericht auch bei Streitigkeiten der Aerzte unter sich thätig sein solle, verlangt Brandenburg, Posen auch wohl Sachsen, da es unter den Bestimmungen, worauf das Ehrengericht erkennen soll, auch den Vergleich aufgenommen hat.

4. Ostpreußen verlangt, daß die Behörden auf Verlangen der Aerztekammer eidliche Zeugenvernehmungen vornehmen sollen.

5. Sachsen hat beschlossen, daß das Ehrengericht sowohl auf Antrag als auch aus eigener Machtbefugniß zusammentrete.

6. Hessen-Nassau hat beschlossen, daß das Ehrengericht in keiner Weise der Rechtsanwaltsordnung nachgebildet werden solle, und ferner,

7. daß alle Bestimmungen über das Ehrengericht die durch die Gewerbeordnung den Aerzten gewährten Rechte nicht verletzen dürften.

**VI.** Als Strafen bezw. als Urtheile, auf welche das Ehrengericht erkennen kann, wird aufgeführt:

1. Belehrung und Vergleich — Sachsen. Es ist wohl anzunehmen, daß es sich mit Beziehung auf Vergleich um Streitigkeiten der Aerzte unter sich handeln soll.

2. Warnung. Hierfür hat sich Westpreußen, Brandenburg, Posen, Schlesien, Sachsen, Hannover ausgesprochen.

3. Für Verweis: Westpreußen, Brandenburg, Posen, Schlesien, Sachsen, Hannover. Ueber diese Punkte haben sich mehrere Aerztekammern speciell ausgesprochen.

4. Für Geldstrafen sind Westpreußen, Hannover (bis 300 Mk.),

Sachsen (bis 3000 Mk.), Westfalen, Schleswig-Holstein, Rheinprovinz. — Gegen Geldstrafen Ostpreußen, Brandenburg, Posen, Schlesien.

5. Für Entziehung des Wahlrechts und der Wählbarkeit zur Aerztekammer haben sich Westpreußen, Brandenburg, Schlesien, Sachsen besonders ausgesprochen; aber dafür werden wohl auch die übrigen Kammern gewesen sein, ohne es besonders zum Beschluß zu erheben.

6. Die Publikation des Urtheils als Strafverschärfung empfiehlt Ostpreußen; für die Mittheilung des Urtheils an die Kollegen, bezw. im Protokoll der Aerztekammer hat Sachsen, Schleswig-Holstein, Schlesien, Rheinprovinz sich ausgesprochen. Westfalen ist für Veröffentlichung, aber nicht in öffentlichen Blättern; Posen ist für die Veröffentlichung und Mittheilung an die Verwaltungsbehörden.

7. Westpreußen hat noch den Beschluß gefaßt, daß die Entziehung der Approbation durch Beschluß des Ehrengerichts anzustreben sei.

**VII.** Für das Besteuerungsrecht der Aerztekammer haben sich ausgesprochen Ostpreußen, Westpreußen, Pommern, Sachsen, Schleswig-Holstein, Hannover, Rheinprovinz.

**VIII.** Außerdem sind noch folgende Beschlüsse gefaßt:

1. Sachsen wünscht, daß aus der Königlichen Verordnung vom 25. Mai 1887 sich eine Aerzteverordnung entwickle.

2. Hannover wünscht, daß der neue Gesetzentwurf vor Einbringung beim Landtage den Aerztekammern zur Begutachtung vorgelegt werde.

Es konnte sich nun nicht empfehlen, diese Beschlüsse noch einmal der Discussion und Abstimmung zu unterbreiten; denn hierbei würde jeder Vertreter der Aerztekammer sich an das Votum seiner Aerztekammer gebunden erachten, sondern es kam jetzt wohl darauf an, sich zu vergegenwärtigen, wie sich ein Gesetzentwurf nach diesen Grundsätzen gestalten würde.

Unter möglichster Berücksichtigung derjenigen Beschlüsse, für welche sich die Mehrzahl der Kammern ausgesprochen, und in engster Anlehnung an den § 5 der Allerhöchsten Verordnung vom 25. Mai 1887 hatte deshalb der Referent in einzelnen Sätzen die Vorschläge zur Erweiterung des § 5 (durch Gesetz) aufgestellt. Diese wurden nach eingehender Berathung in folgender Fassung genehmigt:

§ 5. a) Aerzte, welche die Pflichten ihres Berufes verletzen oder sich durch ihr Verhalten der Achtung, welche ihr Beruf erfordert, unwürdig zeigen, können durch den Vorstand der Aerztekammer als Ehrenrath zur Verantwortung gezogen werden.

Bei Streitigkeiten der Aerzte unter einander kann der Vorstand ein Schiedsgericht bilden. Dasselbe besteht aus 3 Mitgliedern der Aerztekammer oder deren Stellvertretern, und zwar aus dem Vorsitzenden der Aerztekammer oder einem von ihm ernannten Mitgliede und zwei Beisitzern, von denen jede der streitenden Parteien einen zu wählen hat.

b) Nachdem der Vorstand der Aerztekammer die Einleitung des Verfahrens beschlossen, hat der Vorsitzende der Aerztekammer, insofern er nicht selbst die Untersuchung führt, ein Mitglied des Vorstandes mit der Untersuchung über die gegen den Arzt erhobene Beschuldigung zu betrauen.

c) Der Vorsitzende hat dem beschuldigten Arzte von dem Beschlusse Kenntniß zu geben und theilt ihm den Namen des Vorstandsmitgliedes, welches die Untersuchung führen wird, mit.

d) Alle Behörden sind verpflichtet, auf Ersuchen des Vorstandes der Aerztekammer zur Feststellung des Thatbestandes Auskunft zu ertheilen und Zeugenvernehmung vorzunehmen.

e) Dem beschuldigten Arzte ist sowohl während der Untersuchung, als auch in der Sitzung des Vorstandes, in welcher über die Beschuldigung verhandelt wird, Gelegenheit zu geben, sich über die gegen ihn erhobene Anschuldigung zu äußern.

f) Nach Abschluß der Untersuchung beschließt der Vorstand, ob das Verfahren einzustellen oder zur mündlichen Verhandlung zu bringen ist.

g) Zu der mündlichen Verhandlung ist ein von dem Oberpräsidenten zu ernennender Kommissarius zuzuziehen, welcher das Recht hat, jederzeit gehört zu werden. Ein Stimmrecht steht demselben nicht zu. Zur Beschlußfähigkeit des Ehrenraths ist die Theilnahme von mindestens zwei Dritteln der Mitglieder erforderlich.

h) In der mündlichen Verhandlung, welche nicht öffentlich ist, giebt ein von dem Vorsitzenden aus der Zahl der Mitglieder des Ehrenraths ernannter Berichterstatter eine Darstellung der Sache, wie sie aus den bisherigen Verhandlungen hervorgeht. Sodann wird der Beschuldigte, welcher durch Einschreibebrief geladen werden muß, wenn er erscheint, vernommen. Nach Schluß dieser Verhandlung hat der beschuldigte Arzt sich zu entfernen und erfolgt die Schlußberathung und Beschlußfassung.

i) Der Vorstand kann im Schuldfalle erkennen auf:

α) Warnung, — β) Verweis, — γ) Geldstrafe bis zu 3000 Mk. — δ) Entziehung des Wahlrechts und der Wählbarkeit zur Aerztekammer auf Zeit oder dauernd.

Die Strafen können combinirt werden. Außerdem kann der Vorstand zur Verschärfung des Urtheils beschließen, daß das Urtheil den Aerzten der Provinz, den Vorständen der anderen Kammern und auch anderen Behörden mitgetheilt wird. Die Kosten des Verfahrens trägt die Kasse der Aerztekammer, insofern dieselben nicht ganz oder zum Theil dem verurtheilten Arzte durch Beschluß des Vorstandes auferlegt werden. Das Urtheil wird den Betheiligten mittelst eingeschriebenen Briefes zugestellt.

k) Gegen das Urtheil des Ehrenrathes steht dem Betroffenen,

falls das Urtheil nicht auf Warnung oder Verweis allein lautet, innerhalb 4 Wochen nach der Zustellung die Berufung an den Minister der geistlichen, Unterrichts- und Medizinal-Angelegenheiten zu. Ueber diese Berufung entscheiden die von den Aerztekammern gewählten Vertreter in der Wissenschaftlichen Deputation für das Medizinalwesen unter Vorsitz des Vorsitzenden dieser Deputation als Berufungs-Ehrenrath. Der Vorsitzende der Deputation ist stimmberechtigt.

Der Vertreter der Aerztekammer, in dessen Geschäftsbezirk der beschuldigte Arzt seinen Wohnsitz hat, ist Berichterstatter. Derselbe darf an der Abstimmung nicht theilnehmen.

l) Insoweit die Berufung für begründet befunden wird, hat der Berufungs-Ehrenrath unter Aufhebung des Urtheils des Ehrenraths in der Sache selbst zu erkennen. Für das Verfahren vor dem Berufungs-Ehrenrathe gelten die Bestimmungen des mündlichen Verfahrens vor dem Ehrenrathe.

m) Wenn gegen Aerzte, welche ein mittelbares oder unmittelbares Staatsamt bekleiden oder dem Spruche des Militär-Ehrengerichtes unterliegen, Beschuldigung erhoben wird, und die Einleitung des Verfahrens durch den Vorstand beschlossen ist, so macht der Vorsitzende der Aerztekammer hiervon der vorgesetzten Behörde des beschuldigten Arztes Mittheilung. Diese Behörde ist verpflichtet, von dem Ergebnisse ihrer Untersuchung dem Vorstande der Aerztekammer demnächst Kenntniß zu geben. [1])

n) Die durch Geldbußen eingehenden Beträge fließen in die Kasse der Aerztekammer. Erfolgt die Einzahlung der auferlegten Geldbuße nicht binnen 5 Wochen nach Zustellung des Urtheils, so geschieht die Einziehung der Summe im Wege des Verwaltungszwangsverfahrens. In derselben Weise werden auch die Kosten des Verfahrens, falls solche dem verurtheilten Arzte auferlegt sind, eingezogen.

Außerdem wurde auch noch folgender Antrag angenommen:

„Auf Vorschlag des Vorstandes der Aerztekammer setzt die Aerztekammer alljährlich fest, welchen Beitrag jeder Arzt zur Bestreitung der Kosten der Aerztekammer zahlen muß. Diese Festsetzung unterliegt der Genehmigung des Ober-Präsidenten.

Alle Aerzte der Provinz werden zur Einzahlung dieses Betrages bis zu einem bestimmten Betrage aufgefordert. Im Nichtzahlungsfalle erfolgt die Einziehung im Wege des Verwaltungszwangsverfahrens."

---

[1]) Dabei wird angemerkt:

Es soll dem Wunsch Ausdruck gegeben werden, daß über gerichtliche Verurtheilungen von Aerzten dem Vorstande der betr. Kammer eine Mittheilung gemacht werden möge.

Die Stellungnahme der Staatsregierung wurde in dem nachfolgenden Rund-Erlasse des Ministers der Medizinal-Angelegenheiten vom 10. April 1893 präcisirt:

Die in Verfolg des Erlasses meines Herrn Amtsvorgängers vom 13. Januar v. J. (M. 9030 II) eingegangenen gutachtlichen Aeußerungen der Aerztekammern darüber, ob es wünschenswerth sei, daß die durch § 5 der Verordnung vom 25. Mai 1887, betreffend die Einrichtung einer ärztlichen Standesvertretung (Ges.-S. S. 169), dem Vorstande der Aerztekammern ertheilte Disziplinarbefugniß, welche sich auf dauernde und zeitweise Entziehung des Wahlrechts und der Wählbarkeit beschränkt, erweitert werde und für die Mitglieder des ärztlichen Standes ähnliche ehrengerichtliche Institutionen eingeführt werden, wie solche für die Rechtsanwälte in den §§ 62 ff. der Rechtsanwaltsordnung vom 1. Juli 1878 (R.G.B. S. 177) bestehen, haben sich sämmtlich dahin ausgesprochen, daß eine Erweiterung jener Befugniß wünschenswerth sei.

Alle Aerztekammern beschränken diese Erklärung jedoch dadurch, daß sie an dieselbe die Erfüllung gewisser Voraussetzungen knüpfen. An die Spitze derselben wird fast ohne Ausnahme eine Abänderung des durch den letzten Absatz des § 5 der erwähnten Verordnung bedingten Ausnahmeverhältnisses derjenigen Aerzte gestellt, welche als solche ein mittelbares oder unmittelbares Staatsamt bekleiden oder dem Spruche der Militär-Ehrengerichte unterliegen. Ein Theil der Aerztekammern will diese beiden Kategorien von Aerzten betreffs ihrer privatärztlichen Thätigkeit der Disziplin des Aerztekammervorstandes in ganz derselben Weise unterworfen sehen, wie die übrigen Aerzte.

Fast ebenso viele Aerztekammern wollen jenen bisher eximirten Aerzten gegenüber dem Aerztekammervorstande das Recht zur Führung einer Voruntersuchung zuerkannt wissen, nach deren Abschluß die Sache zur weiteten Verhandlung an die diesen Aerzten vorgesetzte Behörde abgegeben werden soll, welche dem Aerztekammervorstande von dem Ergebnisse derselben Mittheilung zu machen hätte.

Eine dritte kleinere Gruppe von Aerztekammern will, daß dem Aerztekammervorstande die Befugniß ertheilt werde, Anträge auf Einleitung des Disziplinarverfahrens gegen Aerzte bei den vorgesetzten Behörden derselben zu stellen, und dabei sollte letzteren die Verpflichtung auferlegt werden, einem solchen Antrage jedes Mal Folge zu geben und vor der Beschlußfassung den Aerztekammervorstand zu hören, oder doch diesem von dem Ausgange des Verfahrens Kenntniß zu geben.

Das letztere Maß der Einflußnahme auf die disziplinaren Verhältnisse der beamteten und der Militärärzte hat auch der Aerztekammerausschuß in seiner Sitzung vom 6. März v. J. als das Mindeste erachtet, was für die Aerztekammervorstände gefordert werden müsse. Bei einer zweiten Berathung des Gegenstandes hat derselbe Ausschuß in seiner Sitzung vom 25. Oktober v. J. sich dahin schlüssig gemacht, daß, wenn gegen Aerzte, welche ein mittelbares oder unmittelbares Staatsamt bekleiden oder dem Spruche der Militär-Ehrengerichte unterliegen, Beschuldigung erhoben wird, und die Einleitung des Verfahrens durch den Vorstand beschlossen ist, der Vorstand der Aerztekammer hiervon der vorgesetzten Behörde des beschuldigten Arztes Mittheilung zu machen habe. Diese Behörde sei verpflichtet, von dem Ergebniß der Untersuchung dem Vorstande der Aerztekammer demnächst Kenntniß zu geben.

Der letztgedachte Beschluß ist sachlich von dem früheren wenig verschieden. Allerdings nimmt er für den Aerztekammervorstand nicht mehr das Recht in Anspruch, die Einleitung der Untersuchung bei der Behörde zu beantragen, und will dieser nicht mehr direkt die Pflicht auferlegt wissen, die Untersuchung auf die Seitens des Aerztekammervorstandes gemachte Mittheilung gegen den beschuldigten Arzt einzuleiten und zu führen: wenn jedoch die Behörde verpflichtet sein soll, „von dem Ergebniß ihrer Untersuchung" dem Aerztekammervorstande Kenntniß zu geben, so hat es den Anschein, als ob die Einleitung einer Untersuchung gegen den beschuldigten Arzt Seitens der Behörde als selbstverständliche Folge der Mittheilung von dem Beschlusse des Vorstandes angesehen wird.

Die Stellung der Behörden, welche den beamteten und den dem Spruche der militärischen Ehrengerichte (oder der Disziplinarstrafgewalt der Militärbehörden) unterliegenden Aerzten vorgesetzt sind, schließt es jedoch aus, denselben die Verpflichtung aufzuerlegen, gegen die ihnen unterstellten Aerzte eine Disziplinaruntersuchung anzustellen, sobald es ein Aerztekammervorstand verlangt, wiewohl nicht daran gezweifelt werden kann, daß von denselben die Anschuldigungen gegen solche Aerzte in jedem Falle einer angemessenen Prüfung unterzogen werden würden. Aber auch die bloße Mittheilung an den Aerztekammervorstand darüber, ob bezw. inwieweit Seitens der Behörden gegen die angeschuldigten Aerzte vorgegangen sei, hat ihre erheblichen Bedenken und könnte denselben nicht zur Pflicht gemacht werden.

Eine solche Mittheilung an den Vorstand der Aerztekammer würde in der Regel nicht angemessen sein, weil das Bekanntwerden ihres Inhalts, sofern es sich um die Verhängung von Disziplinarstrafen handelte, letztere in erheblicher Weise verschärfen, ja sogar die ganze Stellung der davon betroffenen Medizinalbeamten schwer schädigen könnte.

Aber auch eine Beschränkung der Verpflichtung der Behörden

zur Mittheilung an den Aerztekammervorstand auf diejenigen Fälle, in denen sie keinen genügenden Grund zu einem Disziplinarverfahren gegen einen beschuldigten Medizinalbeamten gefunden hätte, würde nicht statthaft sein, da schon aus dem Unterbleiben der Mittheilung in anderen Fällen die sich hieraus von selbst ergebenden Folgerungen abgeleitet werden dürfen.

Hiernach muß ich in Uebereinstimmung mit dem Herrn Kriegsminister eine Abänderung des § 5 Abs. 3 der Verordnung vom 25. Mai 1887 überhaupt für unthunlich erachten und würde mich zu meinem Bedauern genöthigt sehen, auf eine Einrichtung zu verzichten, welche den Aerztekammern an sich erwünscht ist und auch meiner Ansicht nach sowohl im Interesse des ärztlichen Standes, als der Medizinalverwaltung läge. Es wird daher der weiteren Erwägung der Aerztekammern überlassen bleiben müssen, ob dieselben unter diesen Umständen auf eine weitere Entwickelung der den Aerztekammern durch die Verordnung vom 25. Mai 1887 ertheilten Disziplinarbefugniß glauben verzichten zu müssen, oder ob sie diese Weiterentwickelung auch ohne eine Abänderung der Bestimmung in § 5 Abs. 3 dieser Verordnung für ersprießlich erachten.

Im letzteren Falle würde ich geneigt sein, den Beschlüssen der Aerztekammern und deren Ausschüssen im Uebrigen näher zu treten.

Mit diesem Bescheide gerieth die ganze Angelegenheit ins Stocken. Indessen verschwand sie keineswegs aus der öffentlichen Discussion, zumal inzwischen in Hamburg und im Königreich Sachsen gesetzgeberische Maßregeln zur Einrichtung einer ärztlichen Standesgerichtsbarkeit vorbereitet und öffentlich erörtert wurden.

Um den ärztlichen Standesvertretungen die Möglichkeit einer nochmaligen eingehenden Erörterung zu bieten, entschloß sich anfangs 1895 der Preußische Medizinalminister, einen formulirten Gesetzentwurf über die ärztlichen Ehrengerichte ausarbeiten zu lassen.

Dieser I. Entwurf wurde im März 1896 den Aerztekammern durch die Ober-Präsidenten zur Berathung zugefertigt. Die Abänderungsvorschläge der einzelnen Kammern wurden demnächst durch den Aerztekammerausschuß, der inzwischen durch die Allerhöchste Verordnung vom 6. Januar 1896 [1]) seine amtliche Sanktion gefunden hatte, dem Minister unterbreitet. Dieser ließ im Jahre 1897 eine Umarbeitung des I. Entwurfs vornehmen. Der II. Entwurf

---

[1]) Abgedruckt im Anhang Nr. II.

wurde im September 1897 dem Aerztekammerausschuß zur Herbeiführung einer erneuten Berathung durch die Aerztekammern übersandt.

Die Stellung, welche die inzwischen neugewählten Aerztekammern einnahmen, war eine im Wesentlichen ablehnende.

Der Minister richtete darauf unter dem 27. Dezember 1897 — M.Nr. 13273 — folgendes Schreiben an den Vorsitzenden des Aerztekammerausschusses, aus dem zugleich ersichtlich war, welche Zugeständnisse die Staatsregierung den geäußerten Wünschen der ärztlichen Standesvertretungen zu machen bereit sei:

„Nachdem ich aus dem von dem Aerztekammer-Ausschusse unter dem 13. November d. J. — JNr. 49 — erstatteten Berichte zu dem Entwurfe eines Gesetzes, betreffend die ärztlichen Ehrengerichte, das Umlagerecht und die Kassen der Aerztekammern ersehen habe, daß die Mehrzahl der Aerztekammern sich dem Gesetzentwurf gegenüber theils principiell ablehnend verhalten, theils einzelne unannehmbare Abänderungsanträge gestellt hat, habe ich erwogen, ob für die Königliche Staatsregierung noch ausreichende Veranlassung vorliegt, die Angelegenheit weiter zu verfolgen. Nach Prüfung aller dabei in Betracht kommender Momente habe ich diese Frage vorläufig wenigstens verneinen zu sollen geglaubt, und zwar um so mehr, als, wie bekannt, die Anregung zu dem Gesetzentwurf aus den betheiligten ärztlichen Kreisen selbst in sehr dringlicher Weise an mich herangetreten ist. Wenn jetzt die berufenen Vertretungsorgane des ärztlichen Standes der Meinung sind, daß in dem vorliegenden Entwurf eine geeignete Grundlage zur gesetzlichen Regelung der Materie nicht zu erblicken sei, so bleibt mir nur übrig, den mir aus ärztlichen Kreisen früher ausgesprochenen Wunsch zur Zeit unerfüllt zu lassen.

Ich möchte dies aber nicht thun, ohne zugleich auf folgende allgemeine Gesichtspunkte hinzuweisen.

Seit Antritt meines Amts habe ich mein Augenmerk darauf gerichtet, den ärztlichen Stand, soviel an mir lag, zu fördern und thunlichst zu heben, da ich mich der Ueberzeugung nicht verschließen konnte, daß im Laufe der Zeit mancherlei Umstände die Stellung des ärztlichen Standes ungünstig beeinflußt haben. Von diesem Gesichtspunkte aus habe ich auf Grund des Gutachtens der durch Zuziehung von Vertretern der Aerztekammern erweiterten Wissenschaftlichen Deputation für das Medizinalwesen die einleitenden Schritte gethan, um im Interesse des ärztlichen Standes eine Aenderung der Reichsgesetzgebung herbeizuführen. Es handelt sich dabei, wie in ärztlichen Kreisen bekannt sein wird, namentlich um die Herausbebung der Aerzte aus der Reichsgewerbe-Ordnung und um die Wiedereinführung des Kurpfuschereiverbots. Im unmittelbaren Zusammenhange hiermit steht die alsdann nothwendig werdende anderweite Organisation des ärztlichen Standes durch eine von zahlreichen betheiligten Kreisen selbst schon jetzt nachdrücklich geforderte Standesordnung, in welcher die von mir geplanten ehrengerichtlichen Institutionen eine hervorragende Stelle einnehmen. Wenn, um nur einen vielfach besprochenen Punkt hervorzuheben, die frühere strafrechtliche Vorschrift gegen solche Medizinalpersonen, welche bei dringender Gefahr ihre Hülfe ohne zureichende Ursache verweigerten, nicht wieder eingeführt werden soll, so wird eine Instanz gebildet werden müssen, welche darüber zu befinden hat, ob im gegebenen Falle die Verweigerung ärztlicher Hülfe zu Recht geschehen ist oder nicht. Außerdem würde die Praxis der Ehrengerichte die nothwendige Voraussetzung sein, um eine feste und sachgemäße Grundlage für eine ärztliche Standesordnung zu gewinnen.

Es ergiebt sich hieraus, daß, wenn ehrengerichtliche Institutionen nicht ins Leben treten, zu erwägen sein wird, ob es unter solchen Umständen überhaupt noch rathsam ist, die bereits eingeleiteten Schritte, welche eine Reorganisation des ärztlichen Standes zum Zwecke haben, fortzusetzen.

Ob die Aerztekammern von diesen Erwägungen aus ihrerseits in eine anderweitige Berathung des vorliegenden Gesetzentwurfs eintreten wollen, kann ich ihnen nur anheimstellen, indem ich für diesen Fall zu den einzelnen wesentlichen Abänderungsvorschlägen Folgendes bemerke:

1. **Zu § 2** [1]) haben die Aerztekammern von Ost- und Westpreußen, Schlesien, Hannover und Hessen-Nassau (bei der Berathung des früheren Entwurfs auch die Aerztekammer von Brandenburg-Berlin) beantragt, die Zuständigkeit der ärztlichen Ehrengerichte auf beamtete Militär- pp. Aerzte in Bezug auf ihre privatärztliche Thätigkeit auszudehnen.

Diesen Anträgen kann, wie ich im Einverständniß mit den betheiligten Herren Ressortchefs ein für alle Mal bemerke, nicht entsprochen werden. Die Anträge verkennen die Art, den Umfang, sowie die unerläßlich nothwendige Einheit und Ausschließlichkeit der staatlichen Disziplinargewalt über beamtete und Militär- pp. Aerzte. Die geltend gemachte Analogie der Notare, die, wenn sie zugleich Rechtsanwälte sind, in ihrer letzteren Eigenschaft den Ehrengerichten der Rechtsanwälte unterstehen, kann mit Grund nicht herangezogen werden. Denn die Beamtenstellung der Notare ist eine eigenartige und mit der Stellung der beamteten und Militär- pp. Aerzte in keiner Weise vergleichbar.

Der Aerztekammer-Ausschuß und mehrere Aerztekammern haben dies auch bereits zutreffend gewürdigt und dem § 2 der Vorlage zugestimmt. Wenn dieselben jedoch ihre Zustimmung an die Ein-

[1]) Vgl. Gesetz § 2.

fügung einer Bestimmung knüpfen, daß das Ehrengericht, falls in Bezug auf einen beamteten oder Militärarzt Thatsachen zu seiner Kenntniß kommen, die, wenn sie in Bezug auf einen anderen Arzt vorlägen, ein ehrengerichtliches Verfahren nach sich ziehen würden, das Recht haben solle, hiervon der vorgesetzten Dienstbehörde des Arztes unter Uebersendung der Verhandlungen zur weiteren Veranlassung Mittheilung zu machen und das Ergebniß des von der vorgesetzten Dienstbehörde eingeleiteten Verfahrens dem Ehrengerichte mitzutheilen sei, — so kann ich in dieser Beziehung nur auf meinen Runderlaß vom 10. April 1893 — (s. oben S. 10 f.) verweisen, in welchem die Gründe aufgeführt sind, welche die Aufnahme einer derartigen Bestimmung unthunlich erscheinen lassen.

2. **Zu § 3**[1]) wird von der Mehrzahl der Aerztekammern der Zusatz beantragt:

„3. auf Antrag eines Arztes eine ehrengerichtliche Entscheidung über sein Verhalten herbeizuführen."

Zur Begründung desselben ist angeführt worden, daß es wünschenswerth sei, den Aerzten zum Schutze gegen Vorwürfe oder üble Nachrede die Möglichkeit zu geben, eine ehrengerichtliche Untersuchung gegen sich selbst zu beantragen. Dieser Wunsch ist an sich begründet. Die Möglichkeit seiner Verwirklichung ist jedoch schon nach dem gegenwärtigen Entwurf gegeben, ohne daß es dazu eines besonderen Zusatzes im Gesetze selbst, der auch in der deutschen Rechtsanwaltsordnung nicht enthalten ist, bedürfte. Die Zulässigkeit einer ehrengerichtlichen Entscheidung über das Verhalten eines Arztes auf eigenen Antrag desselben würde übrigens in den Motiven des Entwurfs ausdrücklich erwähnt und dadurch sichergestellt werden.

3. **Zu § 5.**[2]) Einige Aerztekammern wollen die Zuziehung eines richterlichen Mitgliedes überhaupt nicht zulassen. Dagegen ist von anderen Kammern mit Recht geltend gemacht worden, daß die Zuziehung eines rechtsverständigen Mitgliedes von großem Werthe sein werde, zumal der Charakter des Ehrengerichts als eines Gerichts der ärztlichen Standesgenossen durch die weitaus überwiegende Zahl der ärztlichen Mitglieder gesichert sei.

Wenn mehrere Aerztekammern und die Hälfte der Stimmen des Aerztekammerausschusses zwar einen Richter als Rechtsberather der Ehrengerichte zuziehen, demselben aber kein Stimmrecht zugestehen wollen, so ist demgegenüber zu betonen, daß unter dieser dem Ansehen und der gebührenden Stellung eines Richters wenig entsprechenden Beschränkung, die weder in der Rechtsanwaltsordnung noch sonst Vorbilder hat, sich Richter schwerlich bereit finden lassen würden, eine derartige Stellung einzunehmen. Auf der gleichen

---

[1]) Den Wortlaut der Vorlage s. unten bei § 3 d. Gesetzes.

[2]) Vgl. Gesetz § 7.

Erwägung beruhen die Bedenken gegen den weiteren Vorschlag des Aerztekammerausschusses, wonach das richterliche Mitglied des Ehrengerichts nicht auf die Dauer seines Hauptamts, sondern nur für die Geschäftsperiode des Ehrengerichts gewählt werden soll.

4. **Zu § 6 Abs. 1 und § 44 Abs. 1**[1]) würde ich bereit sein, den Wünschen der meisten Aerztekammern und des Aerztekammerausschusses zu entsprechen und den bezeichneten beiden Absätzen in Uebereinstimmung mit § 66 der Deutschen Rechtsanwaltsordnung und § 262 der Reichs-Straf-Prozeßordnung folgenden Satz hinzuzufügen:

„Zu jeder dem Angeschuldigten nachtheiligen Entscheidung, welche die Schuldfrage betrifft, ist eine Mehrheit von zwei Dritteln der Stimmen erforderlich."

5. **Zu § 6 Abs. 2**[2]) wünschen der Aerztekammerausschuß und mehrere Aerztekammern den Zusatz gemacht zu sehen, daß nicht allein ein Mitglied des Ehrengerichts, sondern auch der Beschuldigte die mündliche Verhandlung gegenüber der schriftlichen Abstimmung solle verlangen können. Ein solcher Zusatz, welcher den Charakter der hier gemeinten Beschlüsse verkennt, würde eine Vervielfältigung der mündlichen Verhandlungen bedeuten, die wohl kaum in den Absichten der Antragsteller gelegen hat. Die Beschlüsse, welche der § 6 im Auge hat, sind ihrem Wesen nach „prozeßleitende" Beschlüsse. Für den entscheidenden Beschluß des **§ 17**[3]) ist durch § 17 Abs. 3 bereits dem Angeschuldigten die Möglichkeit vorbehalten, eine mündliche Verhandlung herbeizuführen.

Um die mit der Zustimmung des Abs. 2 verbundene Absicht noch deutlicher hervortreten zu lassen, würde es vielleicht zweckmäßig sein, dieselbe etwa dahin zu formuliren:

„Die Beschlüsse des Ehrengerichts können mittelst schriftlicher Abstimmung gefaßt werden, sofern nicht ein Mitglied mündliche „Berathung" verlangt."

6. Eine erhebliche Zahl von Aerztekammern und auch der Aerztekammerausschuß wünschen lediglich das berufliche Verhalten eines Arztes der ehrengerichtlichen Prüfung unterstellt und demgemäß **den § 13**[4]) des Entwurfs formulirt zu sehen.

Der Begründung dieser Anträge stimme ich zwar insoweit zu, als nicht die Rede davon sein kann, die politischen, religiösen oder wissenschaftlichen Ansichten und Handlungen eines Arztes zum Gegenstande einer ehrengerichtlichen Untersuchung zu machen. Da indessen nach § 3 Abs. 1 des Entwurfs, dem alle Kammern und der Aerztekammerausschuß zugestimmt haben, das Ehrengericht über „Verstöße gegen die ärztliche Standesehre" zu entscheiden hat

---

[1]) Vgl. Gesetz §§ 8 und 44.

[2]) Vgl. Gesetz § 8 Abs. 2 u. 3.

[3]) Vgl. Gesetz § 17.

[4]) Den Wortlaut der Vorlage s. Erläut. zu § 3 d. Ges.

und hierbei unter Umständen auch das außerberufliche Verhalten eines Arztes in Frage kommen kann, sofern es denselben der Achtung und des Vertrauens unwürdig macht, welche der ärztliche Beruf erfordert, so ergeben sich schon hieraus gegen eine Abänderung der Vorlage Bedenken. Da ferner die Königlich Sächsische Standesordnung und der Entwurf einer Bayerischen Standesordnung ausdrücklich das außerberufliche Verhalten eines Arztes der Prüfung der Standesgerichte unterwerfen und da auch die analoge Bestimmung der Deutschen Rechtsanwalts-Ordnung bisher zu irgend welchen Mißständen nicht geführt hat, so werden die Preußischen Aerzte ebenso wie die Sächsischen und Bayerischen Aerzte zu ihren Ehrengerichten das Vertrauen hegen dürfen, daß dieselben über die gewollten Grenzen der Bestimmung nicht hinausgehen werden.

Die ehrengerichtlichen Organe des ärztlichen Standes selbst werden die Gewähr bieten gegen einen so unerwünschten Mißbrauch, wie er in dieser Beziehung befürchtet wird.

7. Wenn ich auch **den § 15** [1]) des Entwurfs an sich nicht für überflüssig anzusehen vermag, so würde doch auf die Beibehaltung dieser Bestimmung ein ausschlaggebendes Gewicht nicht zu legen sein.

8. Die Verpflichtung der Staatsanwaltschaften, von jeder Erhebung einer öffentlichen Klage gegen einen Arzt dem Vorstande der zuständigen Aerztekammer Mittheilung zu machen, wird durch die Ausführungsbestimmungen zu erreichen sein, ohne daß es der gesetzlichen Form bedürfte. Ein entsprechender Hinweis war für die Begründung des Gesetzes bereits in Aussicht genommen.

9. Der Ersetzung der Worte: „Pflichtverletzung“ **im § 28** [2]) **Abs.** 2 durch „Verfehlung“ und „fünf Jahren“ **im § 29 Abs. 2** [2]) durch „drei Jahren“ stimme ich zu.

10. Dagegen muß ich den von mehreren Aerztekammern gestellten und von der Hälfte der Stimmen des Aerztekammerausschusses unterstützten Antrag **zu den §§ 39** [2]) **und 18** [2]) ablehnen, daß die Berufung oder die Beschwerde gegen die Entscheidung oder den Beschluß des Ehrengerichts an den Ehrengerichtshof nur dem Angeschuldigten, nicht auch dem Vertreter der Anklage zustehen solle. Ein so einseitig geregeltes Verfahren würde den Grundsätzen der Gerechtigkeit widersprechen, und es findet sich daher auch weder in der deutschen Rechtsanwaltsordnung noch in der Reichs-Strafprozeßordnung, noch auch in irgend einer anderen gleichartigen Ordnung.

11. Um den Aerztekammern und dem Aerztekammerausschuß entgegenzukommen, beabsichtige ich, **den § 43** [2]) des Entwurfs dahin abzuändern, daß der Ehrengerichtshof bestehen soll:

---

[1]) Den Wortlaut d. § 15 Entw. II s. unten Erläut. zu § 16 d. Gesetzes.
[2]) S. die gleichen §§ des Gesetzes.

2. aus vier Mitgliedern des Aerztekammer-Ausschusses,
3. aus zwei anderen Aerzten.

Daß die ärztlichen Mitglieder und deren Stellvertreter stets zu den für das Ehrengericht wahlberechtigten Aerzten (§ 2) gehören müssen, ist nach dem Entwurf selbstverständlich, war auch nicht anders beabsichtigt und wird in den Motiven des Entwurfs bestimmt zum Ausdruck gebracht werden. Sollte übrigens besonderer Werth darauf gelegt werden, so bin ich auch nicht abgeneigt, dem § 43 am Schluß eine entsprechende Bestimmung hinzuzufügen. Weitere wesentliche Abänderungen des Entwurfs vermag ich nicht in Aussicht zu stellen."

Ueber diesen Erlaß und die dadurch gebotene weitere Behandlung der Sache trat der Aerztekammerausschuß am 31. Januar 1898 in Berathung. Der Verlauf dieser Berathung ist aus dem nachfolgenden Sitzungsprotokoll ersichtlich:

„Anwesend die Herren: Crueger-Ostpreußen, Wodtke-Westpreußen, Becher-Brandenburg-Berlin, Krabler-Pommern, Warminski-Posen, Körner-Schlesien, Hüllmann-Sachsen, Wallichs-Schleswig-Holstein, Bruns-Hannover, Endemann-Hessen-Nassau, Morsbach-Westfalen, Lent (Vorsitzender) - Rheinprovinz; als Kommissarius des Herrn Kultusministers: Geheimer Regierungsrath Altmann.

Herr Endemann erklärt vor Eintritt in die Besprechung principiell einen unmittelbaren Zusammenhang zwischen der ärztlichen Ehrengerichtsbarkeit und dem Ausscheiden der Aerzte aus der Gewerbe-Ordnung nicht anerkennen zu können.

Sämmtliche Mitglieder des Ausschusses sind mit dieser Erklärung einverstanden.

Bezüglich der Zuständigkeit der Ehrengerichte (§ 2 der Vorlage)[1]) erörtert der Herr Vorsitzende die Sachlage und die Meinungsverschiedenheiten ausführlich. Herr Warminski fordert, daß alle Privatpraxis treibenden Aerzte auf eine Standesordnung verpflichtet sein müssen und beantragt, über eine solche Standesordnung schlüssig zu werden.

Der Regierungskommissar erklärt, daß die Frage des Erlasses einer Standesordnung für die Aerzte von dem Herrn Minister eingehend erwogen sei. Derselbe habe aber, insbesondere nach Kenntnißnahme und Vergleichung der verschiedenen vorhandenen Standesordnungen und Standesordnungs-Entwürfe, Bedenken tragen müssen, eine gesetzliche Festlegung der Standesordnung bei Gelegenheit dieses Gesetzentwurfs in Aussicht zu nehmen, weil

[1]) Unter der Vorlage ist in dem Protokoll überall Entwurf II mit den durch den Min.Erlaß vom 27. Dez. 1897 in Aussicht gestellten Abänderungen verstanden.

dazu die Sache noch nicht reif sei. Was im Uebrigen die von dem Herrn Minister für indiskutabel erklärte Exemtion der beamteten und Militärärzte anlange, so könnten die Aerzte das Vertrauen haben, daß die staatlichen Behörden sorgfältig auf ein würdiges Verhalten des beamteten Arztes auch bei Ausübung seiner Privatpraxis achteten. Die praktischen Aerzte dürften sich überzeugt halten, daß auf jede begründete Anzeige, die einen beamteten Arzt beträfe, seitens der vorgesetzten Behörde das Nöthige in disziplinarer Hinsicht veranlaßt werden würde.

Auf eine Anfrage definirt Geheimrath Altmann als beamtete Aerzte die unmittelbaren und mittelbaren ärztlichen Staatsbeamten, welche anderweiten staatlichen Disziplinargesetzen, insbesondere dem Preuß. Disziplinargesetze vom 21. Juli 1852 unterstehen.

In Betreff des § 4 des ersten Gesetzentwurfs bemerkt Geheimrath Altmann, wie dessen Auslegung gezeigt habe, daß Kollisionen zwischen der staatlichen Disziplinargewalt und den ärztlichen Ehrengerichten entstehen könnten; er sei deshalb fallen gelassen und sollen nunmehr die Anzeigen ohne weitere Kognition an die staatliche Disziplinarbehörde abgegeben werden, seitens derer die weitere Behandlung selbstverständlich sei.

Der Herr Vorsitzende formulirt die Fragestellung nach folgenden drei Gesichtspunkten:

1. Einfache Annahme der Vorlage.
2. Annahme der Vorlage unter der Bedingung der Aufstellung einer Standesordnung.
3. Annahme der Vorlage mit dem Ausdruck des Vertrauens, daß jede an die staatliche Disziplinargewalt abgegebene Klage dort ihre Behandlung finden werde.

Es wird zunächst die sofortige Diskussion der Frage einer Standesordnung mit 7 gegen 5 Stimmen beliebt.

Herr Krabler wünscht eine allgemeine Standesordnung und sieht sie als eine Bedingung für die Thätigkeit der Ehrengerichte an.

Geheimrath Altmann erklärt, der Herr Minister halte dafür, daß die beste Standesordnung sich aus der Praxis der Ehrengerichte ergeben werde, und warnt davor, die ganze Ehrengerichtsbarkeit an dieser Forderung für Jahre scheitern zu lassen.

Die Herren Körner, Lent und Endemann halten die Aufstellung einer Standesordnung als Gesetz zur Zeit für unmöglich.

Herr Wodtke fragt an, ob jede einzelne Kammer berechtigt sei, eine Standesordnung aufzustellen und sie den Aerzten ihres Bezirks zur Nachachtung zuzusenden.

Diese Frage wird von sämmtlichen Mitgliedern des Aerztekammer-Ausschusses bejaht.

Die Herren Lent und Körner stellen den Antrag: die Aerztekammern sind aufzufordern, sich mit der Aufstellung einer Standesordnung zu beschäftigen.

Herr Warminski zieht seinen Antrag auf Aufstellung einer Standesordnung seitens des Aerztekammer-Ausschusses zurück.

Der Antrag Lent-Körner wird einstimmig angenommen.

Auf Anregung der Herren Krabler und Crueger wird es zur Behebung von Bedenken der Aerzte einstimmig als wünschenswerth bezeichnet, in den Motiven zu dem Gesetzentwurf zu erklären, daß es die Pflicht der einzelnen Ehrengerichte ist, Klagen gegen beamtete Aerzte ohne Weiteres an die staatlichen Disziplinarbehörden abzugeben.

Nunmehr wird § 2 des vorliegenden Entwurfs mit 11 Stimmen gegen 1 Stimme angenommen.

Zu § 3 des Entwurfs stellt Geheimrath Altmann eine nähere Erläuterung in den Motiven in Aussicht dahin, daß nach der vorliegenden Fassung ein Arzt sehr wohl die Untersuchung gegen sich beantragen und einen mit Gründen versehenen Beschluß bezw. eine Entscheidung über sein Verhalten erreichen könne.

In § 5 wird die Mitgliedschaft eines Richters als Mitglied des Ehrengerichts mit 10 gegen 2 Stimmen angenommen, ebenso das Stimmrecht des Richters mit 10 gegen 2 Stimmen und dessen Mitgliedschaft für die Dauer seines Hauptamts mit 6 gegen 4 Stimmen.

Zu § 13 beantragt Herr Becher, in den Gesetzentwurf aufzunehmen, daß die politischen, religiösen oder wissenschaftlichen Ansichten und Handlungen eines Arztes zum Gegenstande einer ehrengerichtlichen Untersuchung nicht gemacht werden können und wird er von den Herren Crueger und Wodtke unterstützt.

Auf eine Anfrage des Herrn Endemann erklärt der Kommissar des Herrn Ministers, daß den nach dieser Richtung laut gewordenen Befürchtungen in den dem Landtage zu unterbreitenden Motiven des Gesetzentwurfs ausdrücklich entgegengetreten werden würde.

Der Antrag Becher wird mit 7 gegen 5 Stimmen abgelehnt.

Es wird einstimmig als nothwendig erklärt, in den Motiven zum Gesetzentwurf zum Ausdruck zu bringen, daß politische, religiöse oder wissenschaftliche Ansichten und Handlungen zum Gegenstand einer ehrengerichtlichen Untersuchung nicht gemacht werden können.

Nunmehr wird § 13 in der vorliegenden Fassung mit 10 gegen 2 Stimmen angenommen.

Bei §§ 18, 23, 39 u. a. wendet sich Crueger gegen das Beschwerderecht bezw. Berufungsrecht des Vertreters der Anklage. Die Paragraphen werden in der Fassung der Vorlage mit 8 gegen 4 Stimmen angenommen.

Zu § 25 macht Herr Krabler auf die Unzuträglichkeiten, welche sich aus der Zuziehung eines Arztes als Protokollführer und dessen gelegentlich untergeordnete Stellung dem Untersuchungskommissar gegenüber aufmerksam. Geheimrath Altmann nimmt diese Anregung ad referendum.

Zu § 46 wird von der Erläuterung des Herrn Geheimrath Altmann, daß in zahlreichen ähnlichen Verfahren das Kostenerstattungsverfahren gleichfalls in der ersten Instanz gehandhabt werde und sich wegen seiner Einfachheit bewährt habe, Kenntniß genommen.

Bei den §§ 49 und folgende vertritt der Regierungskommissar die Vorlage, und hebt er die sich aus der Stellung der Militärärzte ergebenden Schwierigkeiten hervor.

Der Absatz 1 des § 49 der Vorlage wird einstimmig abgelehnt.

Herr Lent beantragt, den §§ 49 und 50 folgende Fassung zu geben, sowie die §§ 51, 54, 55 sinngemäß zu ändern:

§ 49. Jede Kammer ist befugt, zur Bestreitung der Kosten der Aerztekammer von den wahlberechtigten Aerzten des Kammerbezirks und zur Bestreitung der Kosten des ehrengerichtlichen Verfahrens von den der Zuständigkeit des Ehrengerichts unterstehenden Aerzten des Kammerbezirks einen von ihr festzusetzenden jährlichen Beitrag zur Deckung des Kassenbedarfs zu erheben.

Abs. 2 und 3 wie Vorlage § 49 Abs. 2 und 3.

§ 50. Bei jeder Aerztekammer werden 2 Kassen errichtet; dieselben gelten als Vertreter der Aerztekammer in allen vermögensrechtlichen Angelegenheiten. Sie können Rechte vertreten und Verbindlichkeiten eingehen, vor Gericht klagen und verklagt werden. Zu der Kasse zur Bestreitung der Kosten der Aerztekammer fließen:

1. die Beiträge der wahlberechtigten Aerzte des Kammerbezirks;
2. die der Aerztekammer gemachten Zuwendungen jeder Art.

Aus dieser Kasse werden bestritten:

1. die Verwaltungskosten einschließlich der Tagegelder und Reisekosten der Mitglieder der Aerztekammer;
2. und 3. wie § 50 zu 3. und 4. der Vorlage.

Zu der Kasse zur Bestreitung der Kosten des ehrengerichtlichen Verfahrens fließen:

1. die Beiträge der der Zuständigkeit der Ehrengerichte unterstellten Aerzte des Kammerbezirks;
2. die Geldstrafen und Kosten (§§ 46 und 47).

Aus dieser Kasse werden bestritten:

1. die Kosten des ehrengerichtlichen Verfahrens u. s. w. (§ 50 ad 2 der Vorlage);
2. die von der Aerztekammer beschlossenen Aufwendungen für Angelegenheiten des ärztlichen Standes.

Geheimrath Altmann nimmt den Antrag Lent ad referendum.

Der Antrag Lent wird mit 10 Stimmen angenommen.

Hierauf stellt Herr Krabler den Antrag: Sollten die Beitragspflichten der aktiven Militärärzte auch in der Form des Antrags Lent Schwierigkeiten machen, so bittet der Aerztekammer-Ausschuß auf das Ausscheiden der aktiven Militärärzte aus der Organisation der Aerztekammern Bedacht zu nehmen.

Der Antrag Krabler wird mit 10 Stimmen angenommen."

In dem Begleitbericht, mit welchem der Aerztekammer-Ausschuß dieses Protokoll dem Minister am 8. Februar 1898 vorlegte, bemerkte derselbe, daß er die gesetzliche Einführung der Ehrengerichte und des Umlagerechts der Aerztekammern für dringend nothwendig erachte und daß er nunmehr das Ergebniß seiner Berathungen den Aerztekammern unterbreiten werde.

Die Aerztekammern traten im Sommer und Herbst des Jahres 1898 über den Gesetzentwurf in erneute Berathung. Zehn von ihnen folgten der Ansicht des Aerztekammer-Ausschusses und erachteten gleich diesem baldige Vorlage des Gesetzentwurfs mit den von dem Minister in Aussicht gestellten Aenderungen und der von dem Ausschuß gewünschten Aenderung des § 49 Entw. II für wünschenswerth. Nur zwei Aerztekammern hielten an dem früheren Standpunkte fest: die Aerztekammer von Ostpreußen und die von Brandenburg-Berlin. Letztere beschloß — mit 30 bezw. 32 gegen 27 bezw. 25 Stimmen —:

„Die Aerztekammer stimmt gegen den von dem Herrn Minister vorgelegten Entwurf betreffend die Ehrengerichtsbarkeit, wenn nicht darin ausgedrückt ist:

1. daß sämmtliche Aerzte, soweit sie Privatpraxis betreiben, der Ehrengerichtsbarkeit unterliegen;
2. daß die Straflosigkeit von politischen, wissenschaftlichen und religiösen Handlungen und Meinungen im Gesetz Ausdruck findet."

Auf Grund der Allerhöchsten Ermächtigung vom 23. Januar 1899 legte der Kultusminister am 26. Januar 1899 den Gesetzentwurf nebst Begründung dem Hause der Abgeordneten vor.[1]) —

Der Entwurf — hier überall als Entwurf III bezeichnet — entsprach den von dem Aerztekammer-Ausschuß ausgesprochenen Wünschen. Nur die von demselben empfohlene Zweitheilung der Kassen (s. oben S. 21) war nicht aufgenommen. Statt dessen war

---

[1]) Drucksachen des Hauses der Abgeordneten 19. Leg.Per. I. Sess. 1899 Nr. 29.

vielmehr der eventuell von dem Ausschuß vorgeschlagene Weg zur Lösung der Umlagefrage beschritten.

Durch Allerhöchste Verordnung vom 23. Januar 1899 (Ges.S. S. 17) wurde der § 4 der Verordnung betr. die Einrichtung einer ärztlichen Standesvertretung dahin abgeändert[1]), daß fortan

1. die Militär- und Marineärzte,
2. die Militär- und Marineärzte des Beurlaubtenstandes für die Dauer ihrer Einziehung zur Dienstleistung

zur Aerztekammer weder wahlberechtigt noch wählbar sind. Die Militär- und Marineärzte waren damit aus der ärztlichen Standesorganisation ausgeschieden. Alle darin verbleibenden, zur Aerztekammer wahlberechtigten Aerzte sollten nunmehr umlagepflichtig sein (§ 49 des Entw. III = § 49 des Gesetzes).

Die erste Berathung des Gesetzentwurfs im Abgeordnetenhause fand am 4. Februar 1899 statt.[2]) Ihr Verlauf zeigte, daß die große Mehrheit des Hauses mit den Grundgedanken des Entwurfs einverstanden war. Als grundsätzlicher Gegner des Gesetzes trat nur der Abg. Dr. Langerhans auf, während der Widerspruch des Abg. Dr. Virchow sich im Schlußresultate mehr gegen einzelne Punkte, insbesondere den Inhalt der §§ 3, 14, 15 des Entw. III richtete. Das Haus beschloß, den Gesetzentwurf einer Kommission von 14 Mitgliedern zur Vorberathung zu überweisen.

Die (XI.) Kommission, welche zu ihrem Vorsitzenden den Abg. Im Walle und zum Berichterstatter den Abg. Endemann wählte, erledigte in vier Sitzungen, am 13., 19., 21. und 25. April 1899, die beschlossenen zwei Lesungen des Gesetzentwurfs. Als Vertreter der Staatsregierung erschienen dabei der Leiter der Medizinal-Abtheilun gdes Kultusministeriums, Geheimer Ober-Regierungsrath Dr. Förster, der Geheime Regierungsrath Altmann und der Sanitätsrath Dr. Aschenborn. Von einer Generaldebatte wurde abgesehen und sofort in die Spezialdebatte eingetreten.

Die Aenderungen, welche die Kommission beschloß, betrafen im Wesentlichen Aenderungen der §§ 2 Nr. 1, 3, 6, 9 und 14 des Entwurfs III; kleinere Aenderungen wurden zu den §§ 5, 7, 8, 18, 23, 33, 35, 39, 41, 43, 50, 56a und 57 der Vorlage beschlossen. Die Einzelheiten ergeben sich aus den Vorbemerkungen des Kommentars zu den betr. Gesetzesparagraphen.

Die Kommission, deren Mitglieder mehrfach gewechselt hatten, erstattete dem Plenum schriftlichen Bericht (Nr. 201 der Drucksachen des Abg.-Hauses). Verfasser des Berichts war der Abg. Dr. Endemann, der auch im Plenum als Berichterstatter fungirte.

Die zweite Berathung des Gesetzes fand in der 71. Sitzung des Hauses der Abgeordneten am 7. Juni 1899 statt (Stenogr. Ber. S. 2255—2274). Der Abgeordnete Dr. Langerhans hatte hierzu

---

[1]) Vgl. Anhang I zu § 4.
[2]) Stenograph. Berichte des Hauses der Abg. S. 337—356.

eine große Zahl von Abänderungs-Anträgen eingebracht (Nr. 206 der Drucksachen des Abg.-Hauses), die indessen sämmtlich abgelehnt wurden. Der Entwurf wurde mit sehr überwiegender Majorität in der Fassung der Kommissionsvorlage angenommen; nur der Zeitpunkt des Inkrafttretens wurde wegen der erst nach Konstituirung der Aerztekammern möglichen Ehrengerichtswahlen auf den 1. April 1900 festgesetzt.

An diesem Ergebniß änderte auch die dritte Lesung des Entwurfs, welche in der 74. Sitzung des Abg.-Hauses am 10. Juni 1899 (Stenogr. Ber. S. 2344—2354) stattfand und zu der endgültigen Annahme des Gesetzentwurfs führte, nichts.

Bemerkt muß noch werden, daß die Staatsregierung durch den Geh. Ob.-Reg.-Rath Dr. Förster ihre Zustimmung zu den von der Kommission beschlossenen Aenderungen erklären ließ.[1])

Noch an demselben 10. Juni 1899 übersandte der Präsident des Abgeordnetenhauses den Gesetzentwurf dem Herrenhause (Drucksache Nr. 96 des Herrenhauses, Session 1899).

Die Kommission des Herrenhauses (Berichterstatter Geh. Med.-Rath Prof. Dr. Förster-Breslau) nahm in ihrer Sitzung vom 6. Juli 1899 den Entwurf in der Fassung des Abgeordnetenhauses unverändert an und das Plenum des Herrenhauses trat in der Sitzung vom 9. Juli 1899 (Sten. Ber. des Herrenhauses S. 328/329) nach mündlicher Berichterstattung dem bei.

Nachdem der Landtag dergestalt seine verfassungsmäßige Zustimmung ertheilt hatte, wurde das Gesetz am 25. November 1899 in Windsor Castle von Sr. Majestät, dem König vollzogen und in der Gesetz-Sammlung für die Königl. Preuß. Staaten Jahrg. 1899 Nr. 40, S. 565—578 (ausgegeben am 11. Dezember 1899) publizirt.

Die Ausführungsbestimmungen, mit deren Erlaß nach § 58 des Gesetzes der Minister der Medizinal-Angelegenheiten beauftragt war, sind am 21. Dezember 1899 ergangen und am Schlusse des Kommentars abgedruckt.

---

[1]) Vgl. jedoch wegen der geäußerten Bedenken zu § 3: Stenogr. Ber. S. 2350 und unten Anmerkung zu § 3 Absatz 3.

# Gesetz, betreffend die ärztlichen Ehrengerichte, das Umlagerecht und die Kassen der Aerztekammern.

Vom 25. November 1899.

(G.S. S. 565.)

Wir Wilhelm, von Gottes Gnaden König von Preußen ꝛc. verordnen mit Zustimmung beider Häuser des Landtags für den Umfang der Monarchie, was folgt:

Erster Abschnitt.

## Allgemeine Bestimmungen.

### § 1.

Für den Bezirk jeder Aerztekammer[1]) wird ein ärztliches Ehrengericht[2]), für den Umfang der Monarchie ein ärztlicher Ehrengerichtshof[3]) gebildet.[4])

Entw. I, II, III unverändert.

Vorbemerkung: Die Bestimmungen dieses Paragraphen sind in der Begründung des Entwurfs III (Drucksachen des Abg.-Hauses Nr. 29, Seff. 1899, S. 20) folgendermaßen erläutert:

„Die Nothwendigkeit der organischen Verbindung der ärztlichen Ehrengerichte mit der in jeder Provinz (für Brandenburg einschließlich Berlin und für die Rheinprovinz einschließlich Hohenzollern) bestehenden Aerztekammer ergiebt sich aus dem angestrebten Ziele, der Aerztekammer als der berufenen Vertreterin und Hüterin der ärztlichen Standes- und Berufsinteressen eine entsprechende Einwirkung auf die Standesgenossen ihres Bezirks zu ermöglichen. Die Schaffung einer für die ganze Monarchie einheitlichen Berufungsinstanz soll die Möglichkeit einer Korrektur bestehender Sonderanschauungen oder thatsächlicher und rechtlicher Irrthümer einzelner Ehrengerichte gewähren und damit zugleich die Bildung einer einheitlichen Rechtsprechung sicherstellen, welche die unerläßliche Voraussetzung einer späteren ärztlichen Standesordnung ist."

---

[1]) Die Bezirke der Aerztekammern decken sich nach § 1 der Verordnung vom 25. Mai 1887 (Anhang I) mit den Provinzen. Der Bezirk der Aerztekammer der Provinz Brandenburg umfaßt zugleich den Stadtkreis Berlin, der Bezirk der Aerztekammer der Rheinprovinz zugleich die Hohenzollernschen Lande.

[2]) Die ärztlichen Ehrengerichte haben ihren Sitz am Amtssitz des Ober-Präsidenten, das Ehrengericht für die Provinz Brandenburg und den Stadtkreis Berlin hat seinen Sitz in Berlin.

Die Amtsbezeichnung der ärztlichen Ehrengerichte ist:

„Aerztliches Ehrengericht für die Provinz Ostpreußen" (für die Provinz Brandenburg und den Stadtkreis Berlin, für die Rheinprovinz und die Hohenzollernschen Lande u. s. w.).

Min. Ausführ.-Bestimmungen vom 21. Dezember 1899 Nr. 1 und 2 (hinter § 58 des Gesetzes abgedruckt).

Die in dem Vermittelungsverfahren (s. unten § 4 des Gesetzes) ergehenden Vorladungen und Beschlüsse sind unter der Amtsbezeichnung: Der ärztliche E h r e n r a t h pp. zu erlassen. Min. Ausführ.-Bestimmungen Nr. 2.

Ueber die Zuständigkeit der ärztlichen Ehrengerichte s. §§ 2, 3, 46 des Gesetzes, über die Wahl und Zusammensetzung derselben § 7 und Anm. dazu.

[3]) Der ärztliche Ehrengerichtshof hat seinen Sitz in Berlin; seine Geschäftsräume befinden sich in dem Kultusministerium Berlin W., Behrenstr. 72. Min. Ausf.-Best. Nr. 1. Ueber die Wahl und Zusammensetzung des Ehrengerichtshofes s. §§ 43, 44 des Gesetzes.

[4]) Die Ehrengerichte, wie der Ehrengerichtshof sind Behörden. Sie führen besondere Siegel. Vergl. Ausführ.-Bestimmungen Nr. 2.

## § 2.

Die Zuständigkeit des Ehrengerichts erstreckt sich auf die approbirten Aerzte [1]) mit Ausnahme:

1. derjenigen, für welche ein anderweit geordnetes staatliches Disziplinarverfahren besteht [2]),
2. der Militär- und Marineärzte, [3])
3. der Militär- und Marineärzte des Beurlaubtenstandes während ihrer Einziehung zur Dienstleistung. [4])

Die der Zuständigkeit des Ehrengerichts zu 1 und 2 [5]) nicht unterworfenen Aerzte sind bei den Wahlen für das Ehrengericht weder wahlberechtigt, noch wählbar. [6])

Entw. I: § 2. Die Zuständigkeit des Ehrengerichts erstreckt sich auf die approbirten Aerzte mit Ausnahme:

1. der beamteten Aerzte,
2. der Sanitätsoffiziere,
3. der Sanitätsoffiziere des Beurlaubtenstandes während ihrer Einziehung zur Dienstleistung.

Entw. II. § 2 Abs. 1 wie Entw. I § 2 jedoch statt: „Sanitätsoffiziere" in Nr. 2 und 3: „Militär- und Marineärzte"; neu Abs. 2: „Die nach Absatz 1 der Zuständigkeit des Ehrengerichts nicht unterworfenen Aerzte u. s. w." wie Gesetz Abs. 2.

Entw. III wie Entw. II. Nur gestrichen in Abs. 2 die Worte: „nach Abs. 1".

Vorbemerkung: Der Inhalt dieses Paragraphen war schon bei den ersten Vorverhandlungen und insbesondere nach dem Bekanntwerden der Entwürfe I und II Gegenstand vielseitiger Anfechtung — vergl. oben Einleitung S. 5 II, S. 9 m. S. 10 ff., S. 14, 1. — Die Begründung des Entw. III (Drucks. des Abg.-Hauses Nr. 29, Sess. 1899, S. 20 ff.) bemerkte dazu Folgendes:

„Die Zuständigkeit der ärztlichen Ehrengerichte ist in subjektiver Hinsicht in Uebereinstimmung mit den Vorschriften des Königlich Sächsischen Gesetzes über die ärztlichen Bezirksvereine vom 23. März 1896 (§ 7) und des Oesterreichischen Gesetzes, betreffend die Errichtung von Aerztekammern, vom 22. Dezember 1891 (§ 15) dahin geregelt, daß sich dieselbe nur auf diejenigen approbirten Aerzte erstreckt, welche nicht einem anderweit geordneten staatlichen Disziplinarverfahren unterliegen.

Den bei der Anhörung der Aerztekammern von einer Minderzahl (zuletzt nur noch von zwei Aerztekammern) gestellten Anträgen, die Zuständigkeit der ärztlichen Ehrengerichte auch auf beamtete und Militär- 2c. Aerzte in Bezug auf ihre privatärztliche Thätigkeit auszudehnen, vermag die Staatsregierung nicht zu entsprechen. Diese Anträge verkennen die Art, den Umfang, sowie die unerläßlich nothwendige Einheit und Ausschließlichkeit der staatlichen Disziplinargewalt über beamtete und Militär- 2c. Aerzte. Die geltend gemachte Analogie der Notare, welche, wenn sie zugleich Rechtsanwälte sind, in ihrer letzteren Eigenschaft den Ehrengerichten der Rechtsanwälte unterstehen, kann mit Grund nicht herangezogen werden. Denn die Beamtenstellung der Notare ist eine eigenartige und mit der Stellung der beamteten und Militär- 2c. Aerzte nicht vergleichbar.

Andererseits erschien es angemessen und der Billigkeit entsprechend, daß die von der Zuständigkeit des Ehrengerichts ausgenommenen Kategorien von Aerzten, auch soweit dieselben zu den Aerztekammern wählen und gewählt werden können, von der aktiven und passiven Wahlfähigkeit für die ärztlichen Ehrengerichte ausgeschlossen werden. Aus dieser Erwägung ist der Schlußabsatz des § 2 formulirt, wobei die Kategorien der Militär- und Marineärzte, sowie der Militär- und Marineärzte des Beurlaubtenstandes für die Dauer ihrer Einziehung zur Dienstleistung der Vollständigkeit halber mitaufgeführt sind, obwohl dieselben durch die — (in der Anlage I abgedruckte) — Allerhöchste Verordnung vom 23. Januar 1899 wegen Abänderung des § 4 der Verordnung vom 25. Mai 1887 aus der Organisation der Aerztekammern ausgeschieden und demzufolge zu den Wahlen für die Aerztekammern weder aktiv noch passiv wahlberechtigt sind.

Bezüglich der von der Zuständigkeit der ärztlichen Ehrengerichte ausgenommenen drei Kategorien ist im Einzelnen noch Folgendes hervorzuheben:

Zu 1. Als „beamtete Aerzte" im Sinne dieser Vorschrift sind alle Aerzte anzusehen, welche als Reichsbeamte den Vorschriften des Gesetzes, betreffend die Rechtsverhältnisse der Reichsbeamten, vom 31. März 1873 (R.G.Bl. S. 61) oder als Preußische unmittelbare oder mittelbare Staatsbeamte dem Gesetze, betreffend die Dienstvergehen der nichtrichterlichen Beamten 2c., vom 21. Juli 1852 (G.S. S. 465) unterliegen, oder auf welche das Gesetz, betreffend die Disziplinarverhältnisse der Privatdozenten an den Landesuniversitäten 2c. vom 17. Juni 1898 (G.S. S. 125) Anwendung findet. Zu den beamteten Aerzten im Sinne dieses Gesetzes gehören also insbesondere die ärztlichen Mitglieder der Reichsbehörden, die Preußischen Regierungs- und Medizinalräthe, die Kreisphysiker, die Kreiswundärzte, ordentlichen und außerordentlichen Professoren sowie die Privatdozenten der Landesuniversitäten, die Vorsteher, Abtheilungsvorsteher und angestellten Assistenten der wissenschaftlichen Staatsinstitute, die ärztlichen Beamten der Gemeinde-, Kreis- und Provinzialverbände und ähnlicher unter der Aufsicht und Kontrolle des Staats stehender Korporationen.

Zu 2. Nachdem durch die Allerhöchste Ordre vom 9. November 1896 das Sanitätskorps der Marine von dem der Armee getrennt worden ist, war die besondere Hervorhebung der Marineärzte geboten.

Zu den „Militär- und Marineärzten" gehören neben den aktiven Sanitätsoffizieren die einjährig-freiwilligen Aerzte und die Unterärzte des Friedensstandes.

Zu 3. Da die Militär- und Marineärzte des Beurlaubtenstandes während der Dauer ihrer Einziehung zur Dienstleistung den aktiven Sanitätsoffizieren und Unterärzten völlig gleichstehen und ihr gesammtes dienstliches und außerdienstliches Verhalten der militärischen Disziplinargewalt unterliegt, so mußte für diese Zeit ihre Befreiung von der ehrengerichtlichen Zuständigkeit ausgesprochen werden.

Diese Ausnahmestellung hört mit der Beendigung der Dienstleistung auf.

Die Militär- und Marineärzte des Beurlaubtenstandes unterliegen daher außerhalb der Zeit ihrer Einziehung zur Dienstleistung der Zuständigkeit der ärztlichen Ehrengerichte, sofern sie nicht zu den beamteten Aerzten im Sinne des § 2 Nr. 1 gehören. Jedoch wird die Frage der Zuständigkeit des ärztlichen Ehrengerichts zu verneinen sein, sofern und soweit nachgewiesen wird, daß die zur Kognition des Ehrengerichts gelangende Handlung eines Militär- und Marinearztes des Beurlaubtenstandes in die Zeit seiner Einziehung zur Dienstleistung fiel. In diesem Falle greift alsdann die Vorschrift des § 4 Platz."

Bei den Verhandlungen im Abgeordnetenhause, sowie in der Kommission desselben bildete die Formulirung dieses Paragraphen einen Hauptgegenstand der Diskussion.

Ueber die Kommissions-Verhandlungen äußert sich der Kommissionsbericht (Drucks. des Abg.-Hauses Nr. 201 S. 3) folgendermaßen:

„Der § 2 veranlaßte eine lebhafte Debatte. Er behandelt die Ausnahmestellung der beamteten Aerzte und der aktiven Militärärzte. Regierungsseitig wurde betont, daß auf die Ausnahmestellung der beamteten Aerzte und aktiven Militärärzte die betreffenden Ressortminister und das Staatsministerium nicht verzichten könnten. Die aktiven Militärärzte stehen unter der Disziplin der Vorgesetzten. Es wurde ausgeführt: es bestehe kein Zweifel darüber, daß Verfehlungen dieser Aerzte, in ihrer Eigenschaft als

Privatärzte und in der Ausübung der privatärztlichen Praxis begangen, wenn hierüber Mittheilung an die vorgesetzte Behörde gemacht werde, Ahndung bei den staatlichen Disziplinarbehörden erfahren werden, wie bei den ärztlichen Ehrengerichten. Die Disziplinarbehörden der beamteten Aerzte und aktiven Militärärzte seien nicht in der Lage, in allen Fällen das Ergebniß des Disziplinarverfahrens den ärztlichen Ehrengerichten mittheilen zu können. Eine Trennung der privaten Praxis dieser beiden Aerztekategorien von ihrem Amte bezw. ihrer Stellung könne nicht konstruirt werden.

Auf Anfrage aus der Kommission erklärte der Regierungskommissar, Geheime Oberregierungsrath Dr. Förster: Zu den beamteten Aerzten gehören alle Aerzte, welche bereits einem anderweitig geordneten staatlichen Disziplinarverfahren unterstellt sind. Die Frage, ob die im Dienste der Gemeinde-, Kreis- und Provinzialverbände stehenden approbirten Aerzte zur Kategorie der beamteten Aerzte gehören, hängt davon ab, ob dieselben als mittelbare Staatsbeamten anzusehen sind und als solche bereits dem staatlichen Disziplinarverfahren unterstehen. (Vergl. § 1 des Gesetzes, betreffend die Dienstvergehen der nichtrichterlichen Beamten, vom 21. Juli 1852 (G.S. S. 465); § 98 der Provinzialordnung vom 29. Juni 1875 (G.S. S. 335) und § 20 des Zuständigkeitsgesetzes vom 1. August 1883 (G.S. S. 237).) Ob sie aber die Eigenschaften mittelbarer Staatsbeamten besitzen, ist eine nach den konkreten Verhältnissen, nach der Art der Dienstleistungen und dem Inhalte der Anstellungsbedingungen zu entscheidende Einzelfrage. Impfärzte werden mit Rücksicht auf den privatrechtlichen Charakter der ihnen übertragenen Dienstleistungen in der Regel nicht zu den Beamten zu rechnen sein, indem es sich hier meistens um ein Dienstverhältniß von privatem Charakter handeln wird. Ferner wurde seitens des Regierungskommissars erklärt, daß unter Militär- und Marineärzten aktive Militär- und Marineärzte zu verstehen seien. Die Fassung sei mit dem Kriegsminister vereinbart.

Von einem Mitgliede der Kommission wurde ausgeführt: Ein Haupteinwand der Aerzte habe sich stets gegen den § 2 des Entwurfs gerichtet. Da die hier von der Unterstellung unter das Ehrengericht ausgenommenen Aerzte auch Privatpraxis treiben, so müsse verlangt werden, daß die in Ausübung des privatärztlichen Berufs vorkommenden Verfehlungen auch den Ehrengerichten unterstehen sollten. Er beantrage die Aufhebung der Ausnahmestellung, um so mehr, als auch die Bestimmungen über das Ehrengericht der Rechtsanwälte die Notare nicht ausschließe. Dem gegenüber wurde von anderer Seite betont: Dies sei unmöglich, weil die Regierung ihre staatliche Disziplinargewalt über die ärztlichen Beamten und Militärärzte nicht aufgeben könne. Die Militärärzte seien durch die Königliche Verordnung vom 26. Januar 1899 (vergl. Anhang I) schon ausgenommen, da der § 4 der Verordnung über die Aerztekammern dahin abgeändert ist, daß die Militär- und Marineärzte, sowie die Militär- und Marineärzte des Beurlaubtenstandes für die Dauer ihrer milit. Dienstleistung nicht mehr wahlberechtigt noch wählbar zu den Aerztekammern seien. Durch die vollkommene Ablösung dieser Aerzte von der Organisation der ärztlichen Standesvertretung erscheine die Unterstellung unter die Ehrengerichte als unvereinbar mit dem Grundgedanken des Gesetzentwurfes. Daß die beamteten Aerzte den ärztlichen Ehrengerichten unterstehen sollen, darauf könne die Königliche Regierung, wie schon erwähnt, sich nicht einlassen. Es sei aber zugestanden worden im § 4: Kommen in Bezug auf einen der eximirten Aerzte Thatsachen zur Kenntniß des Ehrengerichts, welche, wenn sie in Bezug auf einen andern Arzt vorlägen, ein ehrengerichtliches Verfahren nach sich ziehen würden, so hat das Ehrengericht hiervon der vorgesetzten Dienstbehörde des Arztes Mittheilung zu machen. Diese soll, sofern nicht dienstliche Interessen dem entgegenstehen, das Ehrengericht von dem Ausgang des Verfahrens benachrichtigen.

Nachdem noch weitere Anträge formulirt, begründet und abgelehnt waren, wurde § 2 der Regierungsvorlage mit den Aenderungen angenommen: „mit Ausnahme derjenigen (Aerzte), für welche ein anderweit geordnetes staatliches Disziplinarverfahren besteht."

Durch die nun angenommene Fassung des § 2 wurde der in der Begründung des Gesetzentwurfs (s. oben S. 28 zu 1) angenommene Begriff des beamteten Arztes nach Ansicht einzelner Redner in gewissem Sinne eingeschränkt."

---

[1]) Approbirte Aerzte sind die Aerzte, welche im rechtsgültigen Besitze einer auf Grund des § 29 der Reichs-Gewerbe-Ordnung ertheilten ärztlichen Approbation sind.

Dauernde Zurücknahme der ärztlichen Approbation — § 53 der Reichs-Gewerbe-Ordnung — beseitigt die Zuständigkeit des ärztlichen Ehrengerichts — vergl. unten § 16 Abs. 4 dieses Gesetzes.

Dieselbe Wirkung wird man auch einem Verzicht auf die ärzliche Approbation zuschreiben müssen. Doch wird dieser Verzicht ein ausdrücklicher und dauernder sein müssen. Lediglich die Thatsache, daß die ärztliche Praxis nicht ausgeübt wird, kann die Zuständigkeit der ärztlichen Ehrengerichte nicht beseitigen.

Ebensowenig wird die Zuständigkeit des Ehrengerichts durch Zurücknahme der ärztlichen Approbation auf Zeit aufgehoben. — Vergl. § 16 des Gesetzes, auch wegen der Wirkung, welche die Eröffnung des Verfahrens auf Zurücknahme der Approbation auf das ehrengerichtliche Strafverfahren ausübt.

[3]) Ein anderweit geordnetes staatliches Disziplinarverfahren besteht zur Zeit in Preußen für die approbirten Aerzte, welche den Vorschriften:

a) des Reichsgesetzes, betreffend die Rechtsverhältnisse der Reichsbeamten vom 31. März 1873 (R.G.Bl. S. 61);

b) des Preußischen Gesetzes, betreffend die Dienstvergehen der nichtrichterlichen Beamten ɩc. vom 21. Juli 1852 (G.S. S. 465);

c) des Preußischen Gesetzes, betreffend die Disziplinarverhältnisse der Privatdozenten an den Landesuniversitäten ɩc. vom 17. Juni 1898 (G.S. S. 125)

unterliegen.

Die am Schlusse des Kommissionsberichts des Abgeordnetenhauses (s. S. 31) zum Ausdruck gelangte Anschauung einzelner Abgeordneter, daß durch die jetzige Formulirung der Nr. 1 des § 2 der in der Begründung des Gesetzes gegebene Begriff des beamteten Arztes in gewissem Sinne eingeschränkt werde, ist nicht richtig.

Welche Aerzte unter die drei oben genannten Kategorien fallen, ist von den durch die betr. Gesetze bestimmten staatlichen Disziplinarbehörden zu entscheiden.

Da die Kategorien zu a und c (Reichsbeamte und Privatdozenten) ohne Weiteres feststellbar sind, können Schwierigkeiten im Wesentlichen nur aus dem Umstande erwachsen, daß der § 1 des Gesetzes betr. die Dienstvergehen der nichtrichterlichen Beamten vom 21. Juli 1852 vorschreibt:

„Das gegenwärtige Gesetz findet unter den darin ausdrücklich gemachten Beschränkungen auf alle in unmittelbarem oder mittelbarem Staatsdienste stehenden Beamten Anwendung, die nicht unter die Bestimmungen des die Richter betreffenden Gesetzes fallen.“

Darnach kommt es für die Feststellung der Zuständigkeit oder Unzuständigkeit der ärztlichen Ehrengerichte darauf an, ob ein approbirter Arzt Beamter im unmittelbaren oder mittelbaren Staatsdienst ist.

Ueber den Begriff des Beamten äußert sich das Reichsgericht (IV. Civ.Sen.) in der Entscheidung vom 9. März 1896 (Entscheidungen des Reichsgerichts in Civilsachen Bd. 37 S. 243) folgendermaßen:

„Die Eigenschaft eines Beamten wird erworben durch die Uebertragung eines Amtes, d. h. eines durch das öffentliche Recht begrenzten Kreises von Geschäften in dem Organismus des Reiches, des Staates, der öffentlichen Gemeinden, Verbände oder Korporationen seitens der zuständigen Person oder der zuständigen Behörde und durch den Abschluß eines Dienstvertrages, welcher bezüglich des Amtes ein Gewaltverhältniß begründet, vermöge dessen der Gewalthaber zum Schutze und zur Gewährung des zugesicherten Diensteinkommens verpflichtet ist, der Angestellte aber in eine besondere Gehorsamstreue und Dienstpflicht gegenüber dem Gewalthaber tritt." — Vergl. Laband, Staatsrecht des deutschen Reiches 3. Aufl. Bd. 1 S. 383 ff.; Rehm in Hirth's Annalen des deutschen Reiches 1885 S. 158; Entscheid. des Reichsgerichts in Civilsachen Bd. 6 S. 107, Bd. 28 S. 85; A.L.R. II 10 §§ 1—3, 69.

Als unmittelbare Staatsbeamte sind diejenigen anzusehen, welche ihr Amt unmittelbar vom Könige oder einer Königlichen Behörde erhalten haben und deren Hauptberuf in der Wahrnehmung statlicher Funktionen besteht, z. B. die Regierungs- und Medizinalräthe, die Kreisphysiker und Kreiswundärzte.

Mittelbare Staatsbeamte dagegen sind diejenigen, welche in unmittelbaren Diensten gewisser in die Verfassung des Staates als Behörden organisch eingreifender öffentlicher Kollegien, Korporationen und Gemeinden stehen und von diesen zur Wahrnehmung ihrer Interessen gewählt, berufen oder bestellt sind. — Vergl. Seidel, Kommentar z. Gesetz vom 21. Juli 1852, 2. Aufl. S. 14 f. — Letzteres wird nicht immer ohne Weiteres zu entscheiden sein; vielmehr sind in dieser Beziehung die oben abgedruckten Ausführungen des Regierungs-Kommissars, Geh. Ober-Regierungsraths Dr. Förster (siehe oben Vorbemerkung S. 30) völlig zutreffend, daß die Frage, ob ein im Dienste der Gemeinde-, Kreis- und Provinzialverbände stehender Arzt die Eigenschaft eines mittelbaren Staatsbeamten besitze, nur nach den konkreten Verhältnissen, nach der Art der Dienstleistungen und dem Inhalte der Anstellungsbedingungen zu entscheiden sei. In Uebereinstimmung hiermit hat das Ober-Verwaltungsgericht (Entscheid. Bd. 26 S. 131) ausgesprochen, daß „Impfärzte" in der Regel zwar nicht Beamte seien, aber als solche von den Kreisen angestellt werden können. Aus der Entscheidung desselben Gerichtshofes Bd. 27 S. 431 ergiebt sich, daß

Aerzte an Gemeinde-Kranken- und Irrenhäusern nur dann als mittelbare Staatsbeamte anzusehen sind, wenn die Absicht, ihnen diese Eigenschaft beizulegen, aus den Anstellungsverhandlungen klar erkennbar wird.

Die Feststellung, welche Aerzte unter Nr. 1 des § 2 fallen, wird durch die in Nr. 3 der Min.Ausführ.Best. angeordnete Führung einer Liste der wahlberechtigten approbirten Aerzte des Kammerbezirks erheblich erleichtert werden.

In die Liste aufzunehmen werden auch diejenigen Aerzte sein, denen auf Grund des § 5 der Verordnung v. 25. Mai 1887 (Anh. I) oder des § 15 Nr. 4 des Gesetzes strafweise das Wahlrecht zur Aerztekammer dauernd oder auf Zeit entzogen worden ist. Denn die Bestrafung schließt weder die Zuständigkeit der ärztlichen Ehrengerichte für weitere Straffälle aus, noch hindert sie die Berechtigung der Aerztekammer, die bestraften Aerzte zu den Umlagen heranzuziehen (vergl. unten Anm. zu § 49 des Ges.).

[3]) Zu den Militär- und Marineärzten, welche von der Zuständigkeit der ärztlichen Ehrengerichte ausgenommen sind, gehören (s. auch oben S. 29):

a) die einjährig-freiwilligen Aerzte, die aktiven Unterärzte und Sanitätsoffiziere (auch die à la suite gestellten);

b) die zur Disposition gestellten Sanitätsoffiziere.

Verabschiedete Sanitätsoffiziere unterstehen dagegen den ärztlichen Ehrengerichten; sie sind daher auch in die Liste der zur Aerztekammer wahlberechtigten approbirten Aerzte aufzunehmen und haben ihren Umlagebeitrag zu entrichten.

[4]) Militär- und Marineärzte des Beurlaubtenstandes sind sowohl diejenigen der Reserve, als diejenigen der Landwehr des Heeres und der Marine.

Sofern sie nicht zur Dienstleistung eingezogen sind, unterliegen sie der Zuständigkeit der ärztlichen Ehrengerichte.

Ueber die Wirkungen der Einziehung zur Dienstleistung vergl. unten Anm. zu § 5.

Nach Nr. 3 der Min.Ausführ.Best. hat der Vorstand der Aerztekammer die Aerzte dieser Kategorie aufzufordern, von ihrer Einziehung zur Dienstleistung spätestens nach Empfang des Gestellungsbefehls ihm Anzeige zu erstatten.

Das Ehrengericht hat von einer ehrengerichtlichen Bestrafung eines solchen Arztes dem zuständigen Bezirkskommando desselben Mittheilung zu machen.

[5]) Die vorliegende durch die Kommission des Abg.-Hauses angeregte Fassung hat zur Folge, daß die Militär- und Marineärzte des Beurlaubtenstandes, welche Mitglieder der Aerztekammer sind, bei den Wahlen für das Ehrengericht wahlberechtigt und wählbar sind. Es gilt dies auch für die Zeit ihrer Einziehung zur Dienstleistung. Die Wahlberechtigung wird jedoch in diesem Falle nur dann ausgeübt werden können, wenn die militärischen Vorgesetzten den zum persönlichen Besuche der Wahlversammlung (Min.Ausführ.Best. Nr. 5) erforderlichen Urlaub gewähren.

Während der Einziehung zur Dienstleistung ist dagegen ein Militär- oder Marinearzt des Beurlaubtenstandes nach dem Wortlaut der Verordnung vom 23. Januar 1899 (s. unten Anh. I § 4 der Verordn. v. 25. Mai 1887) bei den Wahlen zur Aerztekammer nicht wahlberechtigt oder wählbar.

[6]) Unter Berücksichtigung der Vorschriften der §§ 2 Abs. 2, 43 Abs. 5 und 49 dieses Gesetzes, sowie des § 4 der Verordnung v. 25. Mai 1887 in der Fassung der Verordnung v. 23. Januar 1899 (s. unten Anh. I) läßt sich sonach folgendes Schema aufstellen:

| Es sind | zur Aerztekammer | zum ärztlichen Ehrengericht und Ehrengerichtshof | zur Aerztekammerumlage |
|---|---|---|---|
| 1. beamtete Aerzte u. Privatdocenten (§ 2 Nr. 1 des Gesetzes) | wahlberechtigt und wählbar | nicht wahlberechtigt und nicht wählbar | beitragspflichtig |
| 2. aktive, à la suite und zur Disposition gestellte Militär- und Marineärzte (§ 2 Nr. 2 des Gesetzes) | nicht wahlberechtigt und nicht wählbar | nicht wahlberechtigt und nicht wählbar | nicht beitragspflichtig |
| 3. Militär- und Marineärzte des Beurlaubtenstandes während ihrer Einziehung zur Dienstleistung | nicht wahlberechtigt und nicht wählbar | wahlberechtigt (s. jedoch Anm. 5 zu § 2) und wählbar | beitragspflichtig (s. Anm. zu § 49) |
| 4. alle übrigen approbirten Aerzte des Kammerbezirks (einschließl. der nicht eingezogenen Aerzte der Kategorie 3) | wahlberechtigt und wählbar | wahlberechtigt und wählbar | beitragspflichtig |

## § 3.

Der Arzt ist verpflichtet, seine Berufsthätigkeit gewissenhaft auszuüben und durch sein Verhalten in Ausübung des Berufs sowie außerhalb desselben sich der Achtung würdig zu zeigen, die sein Beruf erfordert.[1])

Ein Arzt, welcher die ihm obliegenden Pflichten verletzt, hat die ehrengerichtliche Bestrafung verwirkt.[2])

Politische, wissenschaftliche und religiöse Ansichten oder Handlungen eines Arztes als solche können niemals den Gegenstand eines ehrengerichtlichen Verfahrens bilden.[3])

Auf Antrag eines Arztes muß eine ehrengerichtliche Entscheidung über sein Verhalten herbeigeführt werden.[4])

Entw. I § 3: Das Ehrengericht hat die Aufrechterhaltung der ärztlichen Standesehre und insbesondere die Erfüllung der ärztlichen Berufspflichten zu überwachen.

Zu diesem Zwecke hat das Ehrengericht

1. die ehrengerichtliche Strafgewalt zu handhaben,
2. die Beilegung von Streitigkeiten zu vermitteln, welche sich aus dem ärztlichen Berufsverhältnisse zwischen Aerzten oder zwischen einem Arzte und einer anderen Person ergeben.

Bei Streitigkeiten zwischen einem Arzte und einer anderen Person findet das ehrengerichtliche Vermittelungsverfahren nur auf Antrag der letzteren statt.

Entw. II u. III § 3 Abs. 1: Das Ehrengericht hat über Verstöße gegen die ärztliche Standesehre und gegen das Verhalten, welches der Beruf des Arztes erfordert, zu entscheiden.

Abs. 2 u. 3 unverändert wie Entw. I.

Entw. I § 14: Jeder Arzt ist verpflichtet, seine Berufsthätigkeit gewissenhaft auszuüben und durch sein Verhalten in Ausübung des Berufs, sowie außerhalb desselben sich der Achtung und des Vertrauens würdig zu zeigen, welche der ärztliche Beruf erfordert.

Ein Arzt, welcher diese Pflichten verletzt, hat ehrengerichtliche Bestrafung verwirkt.

Entw. II § 13 und Entw. III § 14: Ein Arzt, welcher die Pflichten seines Berufs verletzt hat oder sich durch sein Verhalten der Achtung und des Vertrauens unwürdig zeigt, welche der ärztliche Beruf erfordert, hat die ehrengerichtliche Bestrafung verwirkt.

Vorbemerkung: Der § 3 ist der Kernpunkt des ganzen Gesetzes. Seine Formulirung bereitete die erheblichsten Schwierigkeiten. Ein Theil der Aerzte wünschte nur das berufliche Verhalten dem ehrengerichtlichen Spruche unterworfen und gleichzeitig den Begriff dieses Verhaltens durch eine Standesordnung im Einzelnen genau umgrenzt und festgestellt zu sehen.

Demgegenüber hat die Staatsregierung in allen Stadien der Gesetzesberathung die Auffassung festgehalten, daß beides nicht angängig sei und den Interessen des ärztlichen Standes nicht gerecht werde — vergl. oben Einleitung S. 5, 16, 18. — Entsprechend war in dem § 3 aller drei Regierungsentwürfe die Aufgabe der ärztlichen Ehrengerichte umschrieben und in einem an die Spitze des II. Abschnittes gestellten besonderen Paragraphen der Pflichtenkreis des Arztes — theils im Anschluß an die §§ 28 u. 62 der Deutschen Rechtsanwaltsordnung (Entw. I § 14), theils in Anlehnung an den Wortlaut des § 5 der Verordnung v. 25. Mai 1887 (Entw. II § 13, Entw. III § 14) formulirt.

Die der Abgeordnetenhausvorlage (Entw. III) beigegebene Begründung lautete dahin (Drucks. Nr. 29 S. 22):

„Zu § 3. Der Abs. 1 begrenzt die Aufgabe der ärztlichen Ehrengerichtsbarkeit dahin, daß dieselbe über Verstöße

a) gegen die ärztliche Standesehre und

b) gegen das Verhalten, welche der ärztliche Beruf erfordert

zu entscheiden hat. Durch diese Begrenzung wird zugleich zum Ausdruck gebracht, daß politische, wissenschaftliche und religiöse Ansichten und Handlungen eines Arztes als solche niemals den Gegenstand eines ehrengerichtlichen Verfahrens bilden können.

Der Abs. 2 giebt die Mittel an, welche dem ärztlichen Ehrengericht zur Erreichung seiner Aufgabe zu Gebote stehen: einerseits die ehrengerichtliche Strafgewalt zur Feststellung und Sühne verletzter Standesehre oder Berufspflicht, andererseits die ehrengerichtliche Vermittelung zur Verhütung und zum Ausgleich von Streitigkeiten zwischen Aerzten oder zwischen einem Arzte und einer andern Person. Daß das ärztliche Ehrengericht bei einem Streite zwischen einem Arzte und einer nichtärztlichen Person nur auf Antrag der letzteren in ein Vermittelungsverfahren eintreten kann, wie Abs. 3 vorschreibt, ergiebt sich aus der Natur der Sache.

Im Uebrigen ist bezüglich des Abs. 2 noch hervorzuheben, daß die Fassung der Nr. 1 desselben in Verbindung mit den Vorschriften der §§ 17, 18, 20, 23 des Entwurfs jedem Arzte, welcher der Zuständigkeit des ärztlichen Ehrengerichts unterliegt, die in weiten ärztlichen Kreisen gewünschte Möglichkeit gewährt, zum Schutz gegen Vorwürfe oder üble Nachrede eine ehrengerichtliche

Untersuchung gegen sich selbst zu beantragen und einen mit Gründen versehenen ehrengerichtlichen Beschluß oder eine Entscheidung über sein Verhalten herbeizuführen.

(Begründ. S. 26). Die Fassung des § 14 (Entw. III) soll zwar die Möglichkeit offen lassen, einen Arzt, der sich durch sein außerberufliches Verhalten der Achtung und des Vertrauens unwürdig macht, welche der ärztliche Beruf erfordert, zur ehrengerichtlichen Bestrafung zu ziehen, sie soll aber zugleich durch die ausdrückliche Begrenzung, welche dem im § 3 Abs. 1 ausgesprochenen Begriffe der ärztlichen Standesehre gegeben ist, die bereits oben als unzutreffend gekennzeichnete Annahme beseitigen, daß die ehrengerichtliche Bestrafung eines Arztes wegen seiner politischen, wissenschaftlichen oder religiösen Ansichten oder Handlungen angängig sei.

Die Feststellung des Begriffs der ärztlichen Standesehre und der beruflichen Pflichten des Arztes durch eine ins Einzelne gehende Standesordnung erscheint gegenwärtig nicht ausführbar. In dieser Beziehung wird vielmehr erst eine längere Praxis der ärztlichen Ehrengerichte und des Ehrengerichtshofes die nöthigen Unterlagen schaffen müssen, aus denen sich eine einwandfreie ärztliche Standesordnung allmählich von selbst ergeben wird."

Die Vorlage ging aus den Verhandlungen der Kommission des Abgeordnetenhauses in wesentlich veränderter Gestalt hervor. Der Kommissionsbericht (Drucks. Nr. 201 S. 3) äußert sich über diese Verhandlungen dahin:

„Zu § 3 lagen verschiedene Anträge vor; zunächst einen neuen Absatz hinzuzufügen:

„Politische, wissenschaftliche oder religiöse Ansichten oder Handlungen eines Arztes als solche können niemals den Gegenstand eines ehrengerichtlichen Verfahrens bilden."

Ein weiterer Antrag ging dahin, den § 3 zu fassen:

„Der Arzt ist verpflichtet, seine Berufsthätigkeit gewissenhaft auszuüben und durch sein Verhalten in Ausübung des Berufs sowie außerhalb desselben sich der Achtung würdig zu zeigen, die sein Beruf erfordert.

Ein Arzt, welcher die ihm obliegenden Pflichten verletzt, hat die ehrengerichtliche Bestrafung verwirkt."

Ferner im § 3 Abs. 2 die Worte zu streichen: „oder zwischen einem Arzte und einer anderen Person", sowie den Abs. 3 ganz zu streichen und als neuen Abs. 3 einzufügen:

„Auf Antrag eines Arztes muß eine ehrengerichtliche Entscheidung über sein Verhalten herbeigeführt werden."

Es wurde in der Kommission beschlossen, die Diskussion über § 3 des Entwurfs mit derjenigen über § 14 zu verbinden. Wegen Begründung der Anträge wird auf die Motive verwiesen, welche im Allgemeinen als richtig anerkannt wurden; dagegen wurde anerkannt, daß § 14 nicht in den zweiten Abschnitt des Gesetzentwurfes, sondern sinngemäß zum § 3 gehöre. Schließlich wurde § 3 in der Fassung, wie er als Beschluß der Kommission beiliegt, mit großer Mehrheit angenommen.

Daß auf Antrag eines Arztes eine ehrengerichtliche Entscheidung über sein Verhalten herbeigeführt werden muß, wurde in der 2. Lesung als letzter Absatz dem § 3 zugefügt."

Der Kommissionsbeschluß ist in vollem Umfange in das Gesetz übergegangen, nachdem das Plenum des Abgeordnetenhauses in II. Lesung die Anträge Langerhans auf Streichung des § 3 Abs. 1 und Reichardt auf Streichung der Worte in Abs. 1 „sowie außerhalb desselben", und in III. Lesung nach umfangreicher Diskussion den Antrag desselben Abgeordneten auf Streichung der Worte „als solche" in Abs. 3 (s. unten Anm. 5) abgelehnt hatte.

---

[1]) § 3 Abs. 1 des Ges. stimmt wörtlich mit § 28 der Deutschen Rechtsanwaltsordnung v. 1. Juli 1878 (R.G.Bl. S. 177) überein. Die — schon im I. Entw. vorgesehene — Herübernahme dieser Vorschrift ist aus der Ueberzeugung erwachsen, daß die Stellung der Rechtsanwälte mit derjenigen der Aerzte in vielfacher Hinsicht große Aehnlichkeit hat und unleugbare Analogien aufweist.

Diese Analogie besteht in erster Linie mit Bezug auf die Berufsstellung der Rechtsanwälte und der Aerzte.

Mag auch die Ausübung der Heilkunde durch approbirte Aerzte ein Gewerbe sein, wie dies das Reichsgericht in seiner Entscheidung vom 30. September 1897 (Entscheid. des Reichsger. in Civilsachen Bd. 37 S. 134 ff.) im Gegensatz zu dem Preuß. Ober-Verwaltungsgericht (Entsch. des O.V.G. Bd. 24 S. 321) annimmt, so ist diese Auffassung doch nur in Bezug auf die Besteuerung und die damit zusammenhängenden Rechtsverhältnisse aufrecht zu erhalten. Der ärztliche Beruf als solcher ist kein Gewerbe im Sinne der Gewerbeordnung, da mit Ausübung dieser ars liberalis keineswegs überall wesentlich Vermögensinteressen verfolgt werden dürfen.

Vielmehr ist die Aufgabe und das Wesen des ärztlichen Berufs, die Heilung erkrankter Menschen unter Anwendung der durch die Wissenschaft zu Gebote gestellten Hilfsmittel gewissenhaft herbeizuführen. Aus dieser Aufgabe erwachsen dem Arzte Pflichten in erster Linie gegen die Kranken selbst, sodann gegen die bei seiner

Thätigkeit interessirte Allgemeinheit (das öffentliche Interesse) und gegen seine Mitberufsgenossen, endlich gegen seinen Beruf selbst.

Eine Aufzählung dieser Pflichten im Einzelnen ist im Gesetze vermieden. Nur ist deutlich gesondert, daß sich die Pflichten beziehen

a) auf die ärztliche Berufsthätigkeit und das Verhalten in Ausübung des Berufs,

b) auf das Verhalten außerhalb des Berufs (wobei es nicht darauf ankommt, ob der Arzt als solcher auftritt oder erkennbar wird).

Das Gesetz verlangt, daß der Arzt seine Berufsthätigkeit gewissenhaft d. h. nach bestem Wissen und Gewissen ausübe und daß er im Uebrigen sich durch sein Verhalten in Ausübung seines Berufs und außerhalb desselben der Achtung würdig zeigt, die der Beruf erfordert.

[2]) Ob eine Verletzung dieser Berufs- und Standespflichten im einzelnen Falle vorliegt, hat in erster Instanz das ärztliche Ehrengericht (§ 7 d. Ges.) nach freier Ueberzeugung (vergl. § 37 und Erläut. dazu, sowie § 45 Abs. 1 d. Ges.) zu entscheiden.

Die freie Ueberzeugung der Ehrenrichter an eine gesetzlich festzulegende Standesordnung zu binden, ist von den gesetzgebenden Faktoren abgelehnt worden; denn Standesordnungen sind immer nur Zusammenfassung der Standessitte, die nach Ort und Zeit verschieden, sich nicht in allgemeine und dauernde Rechtsätze fassen läßt.

Andererseits ist der Werth solcher Standesordnungen nicht zu unterschätzen, insofern sie eine authentische Feststellung darüber enthalten, was innerhalb des ärztlichen Kreises, von dem sie ausgehen und für den sie bestimmt sind, als Standessitte angesehen wird.

Von diesem Gesichtspunkte aus ist der oben Einl. S. 19 erwähnte Beschluß des Aerztekammerausschusses, den Aerztekammern die Aufstellung von Standesordnungen für ihren Bezirk zu empfehlen, zu verstehen. Es ist deshalb auch im Anhange eine größere Zahl von Standesordnungen und Standesordnungsentwürfen zum Abdruck gebracht.

Unbedingt bindende Kraft für den ärztlichen Ehrenrichter haben Standesordnungen nicht.

³) Der Abs. 3 ist auf Grund eines Beschlusses der Kommission des Abgeordnetenhauses in das Gesetz aufgenommen (s. Vorbemerkung).

In der Rechtsanwaltsordnung (§ 28) findet sich eine solche ausdrückliche Bestimmung nicht. Trotzdem hat der Ehrengerichtshof der deutschen Rechtsanwälte in wiederholten Entscheidungen (insbesondere Bd. III S. 281 f. und Bd. VI S. 241 ff.) den gleichen Rechtssatz aus dem Wortlaut des mit § 3 dieses Gesetzes übereinstimmenden § 28 der Rechtsanwaltsordnung mit folgender Ausführung abgeleitet:

„Es entspricht selbstverständlich den Intentionen des Gesetzes, daß aus den hier aufgestellten Ehrenpflichten keine Beschränkung derjenigen öffentlichen oder politischen Thätigkeit abgeleitet werden soll, die jedem Bürger innerhalb der gesetzlichen Schranken zusteht. Das setzt aber voraus, daß der Anwalt in seiner Eigenschaft *als solcher* in Betracht kommt, daß die politische Thätigkeit außer Zusammenhang steht mit derjenigen, welche er als Organ der Rechtspflege auszuüben hat. Ist letzteres der Fall, so ist selbstverständlich der Maßstab anzulegen, nach welchem seine Standespflichten zu bemessen sind."

Dasselbe will und soll nach den Intentionen der gesetzgebenden Faktoren der Abs. 3 des § 3 zum Ausdruck bringen.

Politische, wissenschaftliche und religiöse Ansichten und Handlungen eines Arztes sollen niemals den Gegenstand eines ehrengerichtlichen Verfahrens bilden, wenn sie *als solche* d. h. in der *jedem Staatsbürger ohne Verstoß gegen die Gesetze* zustehenden Art und Weise ausgeübt werden.

Dagegen unterliegen politische, wissenschaftliche und religiöse Ansichten und Handlungen eines Arztes der Prüfung durch die Ehrengerichte, insoweit dieselben

a) entweder gegen bestehende Gesetze, insbesondere Strafgesetze verstoßen, oder

b) solche sind, bei denen der Arzt nicht als Staatsbürger, sondern als Angehöriger seines Berufs gehandelt und hierbei seine Standespflichten im Sinne des Abs. 1, sei es durch die Form, sei es in sonstiger Hinsicht, verletzt hat.

Dieser Auffassung hat im Wesentlichen auch der Vertreter der Staatsregierung Geheimer Ober-Regierungsrath Dr. Förster in der Sitzung des Abgeordnetenhauses vom 10. Juni 1899 (Stenogr.

Ber. S. 2350) Ausdruck gegeben, wobei er auch zugleich die Bedenken anführt, welche die Staatsregierung an die Fassung des Abs. 3 knüpfte.

Die Ausführungen lauten:

M. H., ich möchte Sie bitten, dem Antrag (Reichardt auf Streichung der Worte: „als solche" vergl. Vorbemerkung) Ihre Zustimmung zu versagen. Ich habe bereits bei der zweiten Lesung des Entwurfs hervorgehoben, daß der § 3 Abs. 3 auch der Königl. Staatsregierung nicht unbedenklich gewesen ist, weniger wegen der Sache, als wegen der Form und Fassung des Beschlusses. Die Ausdrücke „politische, wissenschaftliche und religiöse Ansichten und Handlungen" sind so weite, so unbestimmte und flüssige und inhaltlich so wenig begrenzbare Begriffe, daß die Besorgniß nicht ungerechtfertigt ist, daß den künftigen Ehrengerichten große Schwierigkeiten bereitet werden, wenn man sie nöthigt, mit solchen unbestimmten Begriffen in der Praxis zu operiren.

Nachdem jedoch die Kommission diesen Beschluß nahezu einstimmig gefaßt und nachdem sie weiterhin den zu Grunde liegenden Gedanken durch Einfügung der Worte „als solche" gemildert, hat die Königliche Staatsregierung geglaubt, ihre Bedenken zurückstellen zu sollen und hat sich mit der Fassung einverstanden erklärt. Wenn nun der jetzige Antrag Reichardt die Worte „als solche" beseitigen will, so bitte ich Sie, diesem Antrag nicht stattzugeben. Diese Worte bedeuten eine Einschränkung, des Inhalts, daß, wenn auch religiöse, wissenschaftliche und politische Ansichten an sich straffrei sind, doch nicht ausgeschlossen ist, daß die Form, in der diese Ansichten zum Ausdruck kommen, ein ehrengerichtlich zu ahndendes Vergehen darstellen kann. Ich setze den einfachen Fall, daß ein praktischer Arzt einen öffentlichen Vortrag über medizinische Sachen hält, und daß er sich dabei nicht darauf beschränkt, seine eigenen Ansichten vorzutragen und zu begründen, sondern auch dazu übergeht, das Verfahren seiner Kollegen, die in ihrer Praxis andere Methoden und Grundsätze anwenden, einer unkollegialen, einer nicht blos abfälligen, sondern geradezu beschimpfenden und beleidigenden Kritik zu unterziehen. Ich glaube, daß es Aufgabe der Ehrengerichte sein wird, gerade in solchen Fällen ihres Amtes zu walten und die erforderliche Rektifizirung eintreten zu lassen. Das, glaube ich, wird eine ganz gute erziehliche Wirkung haben. Die Freiheit der politischen, wissenschaftlichen und religiösen Auffassung gewährt keinen Freibrief, Personen, die anderer Ansicht sind, zu beleidigen und herunterzusetzen."

Nach alledem erscheint es ausgeschlossen, daß ein Arzt lediglich wegen seiner Zugehörigkeit zu irgend einer politischen Partei oder wegen seiner Zugehörigkeit zu einer bestimmten wissenschaftlichen Richtung der Heilkunde (z. B. der Homöopathie, bezüglich deren übrigens das Reglement vom 20. Juni 1843 eine staatliche Anerkennung enthält) ehrengerichtliche Bestrafung zu befürchten haben sollte.

[4]) Der Abs. 4 ist gleichfalls von der Kommission des Abgeordnetenhauses hinzugefügt, obwohl es an sich für selbstverständlich zu erachten gewesen wäre, daß ein Arzt zum Schutze gegen üble Nachreden oder behufs einwandfreier Feststellung eines Thatbestandes eine ehrengerichtliche Untersuchung gegen sich selbst beantragen kann.

Nach der Fassung des Abs. 4 muß aber jetzt auch eine Entscheidung, nicht bloß ein Beschluß herbeigeführt werden, d. h. wenn der Arzt dies verlangt, muß nach vorangegangener Voruntersuchung eine Hauptverhandlung nach §§ 30 ff. d. Ges. stattfinden und darf das Verfahren vorher nicht durch Beschluß (§ 29 d. Ges.) eingestellt werden. Wegen der Kosten in diesem Falle vergl. jedoch unten Anm. zu § 46 Abs. 3 d. Ges.

## § 4.

Das Ehrengericht hat zugleich als Ehrenrath [1]) die Beilegung von Streitigkeiten zu vermitteln [2]), welche sich aus dem ärztlichen Berufsverhältnisse [3]) zwischen Aerzten [4]) oder zwischen einem Arzte und einer anderen Person ergeben.

Bei Streitigkeiten zwischen einem Arzte und einer anderen Person findet das Vermittelungsverfahren nur auf Antrag der letzteren statt.[5])

Der Vorsitzende des Ehrengerichts kann die Vermittelung einem Mitgliede übertragen.[6])

Vorbemerkung: Dieser Paragraph ist in der vorliegenden Gestalt (als § 3a) aus der Kommissionsberathung des Abgeordnetenhauses hervorgegangen.

Hierbei wurden § 3 Abs. 2 Nr. 2 und Abs. 3 der Entw. I, II, III (abgedruckt oben bei § 3 d. Ges.) und Entw. I u. II § 6 Abs. 4, Entw. III § 7 Abs. 5 (abgedruckt unten bei § 8 d. Ges.) miteinander verbunden. Außerdem wurden die Worte: „zugleich als Ehrenrath" in Abs. 1 eingefügt und in Abs. 3 statt: „einzelnen seiner Mitglieder" die Worte „einem Mitgliede" gesetzt.

Der Kommissionsbericht äußert sich über den bez. Beschluß und seine Gründe (S. 2) dahin:

„Nach § 3a soll das Ehrengericht zugleich als Ehrenrath die Beilegung von Streitigkeiten vermitteln, welche zwischen Aerzten oder einem Arzt und einer andern Person sich ergeben. Gerade die Stellung des Ehrengerichts als Ehrenrath zur Vermittlung wurde als sehr wünschenswerth angesehen. Ein Antrag, die Worte des Entwurfs: „zwischen Aerzten oder zwischen einem Arzt und einer andern Person" zu streichen, fand keine Billigung. Es wurde von einer Seite betont, daß Streitigkeiten zwischen einem Arzt und dem Publikum auch dem Vermittlungsverfahren unterliegen müßten, und daß die Möglichkeit, chikanöse Anzeigen gegen einen Arzt zurückzuweisen, in der Befugniß des Vorgesetzten (wohl Druckfehler statt „Vorsitzenden") an sich schon liege."

---

[1]) § 4 weist dem ärztlichen Ehrengericht neben seiner disziplinaren Aufgabe auch eine vermittelnde Thätigkeit zu. Ziel und Absicht ist dabei, die vielfach bisher vor den Straf- und Civilgerichten ausgetragenen Streitigkeiten aus dem ärztlichen Berufsverhältnisse zwischen Aerzten oder zwischen Aerzten und dritten Personen nach Möglichkeit in einer dem Ansehen des ärztlichen Standes förderlichen Weise zu beseitigen oder auszugleichen.

Vorbild war auch hier die auf § 49 Nr. 1 u. 2 der Rechtsanwaltsordnung beruhende Vermittelungsthätigkeit der Anwaltskammer-Vorstände.

Das ärztliche Ehrengericht soll in dem Vermittelungsverfahren als Ehrenrath fungiren. Seine Vorladungen und Beschlüsse in dem Verfahren aus § 4 haben nach Min.Ausf.Best. Nr. 1 unter der Bezeichnung: „Der ärztliche Ehrenrath der Provinz . . ." zu ergehen. Hierdurch soll die Möglichkeit der Vorstellung beseitigt werden, als ob das Vermittelungsverfahren gleichbedeutend mit einem ehrengerichtlichen Strafverfahren gegen den betheiligten Arzt wäre.

[2]) Nähere Vorschriften über das Verfahren auf Beilegung von Streitigkeiten sind in dem Gesetz nicht gegeben.

Die Einleitung des Verfahrens ist Sache des Vorsitzenden, die weitere Behandlung Sache des Ehrenrathes oder des von dem Vorsitzenden beauftragten Mitgliedes. Der Ehrenrath oder das beauftragte Mitglied wird die Parteien vorzuladen und zu vernehmen, die zur Klarstellung des Sachverhalts erforderlichen Beweise selbst oder durch Ersuchen (vergl. dazu § 11 d. Ges. und Erläut. dazu) zu erheben und schließlich Vorschläge zur Beilegung des Streites zu machen haben.

Ein Zwang zur Annahme dieser Vorschläge besteht an sich für keine der betheiligten Personen; doch wird unter Umständen der Ehrenrath oder das beauftragte Mitglied in der Lage sein, dem betheiligten Arzte gegenüber die Erklärung abzugeben, daß er bei Nichtannahme des Vergleichsvorschlags sich einer Verletzung des § 3 Abs. 1 d. Ges. schuldig mache und daß er deshalb eventuell die Einleitung des ehrengerichtlichen Strafverfahrens zu gewärtigen habe.

[3]) Das Vermittelungsverfahren findet nur bei Streitigkeiten statt, welche sich aus dem ärztlichen Berufsverhältnisse ergeben. Aerztliches Berufsverhältniß ist dabei als Ausübung der nicht durch staatliche pp. Amtspflicht bedingten ärztlichen Thätigkeit zu definiren.

Bei Streitigkeiten zwischen Aerzten, die nicht aus dem ärztlichen Berufsverhältnisse erwachsen sind, ist das Vermittelungsverfahren aus § 4 ausgeschlossen. Hier wird aber geeignetenfalls die Androhung der Einleitung des ehrengerichtlichen Strafverfahrens die Möglichkeit bieten, solche Streitigkeiten, soweit sie das Ansehen des ärztlichen Standes gefährden, zu beseitigen, sofern der betr. Arzt der Zuständigkeit des Ehrengerichts untersteht.

[4]) Aerzte sind hier, wie sich aus § 10 d. Ges. (vergl. insbes. § 10 Abs. 3 u. Anm. 1, 4, 5 dazu) klar ergiebt, nicht nur die der Zuständigkeit des ärztlichen Ehrengerichts unterliegenden Aerzte, sondern alle approbirten Aerzte des Kammerbezirks, also auch die in § 2 sonst von der Zuständigkeit ausgenommenen beamteten pp. Aerzte.

Schwierigkeiten können sich dabei nicht ergeben, da § 10 Abs. 3 der vorgesetzten Dienstbehörde des bei einem Vermittelungsverfahren in Anspruch genommenen beamteten pp. Arztes ein das Verfahren hinderndes Einspruchsrecht giebt.

Ueber die Pflichten der Aerzte im Vermittelungsverfahren . unten Anm. 1 zu § 10.

[5]) Das Vermittelungsverfahren bei einem Streit aus dem

ärztlichen Berufsverhältnisse zwischen einem Arzt und einem Nichtarzt ist an den Antrag des letzteren gebunden.

Hieraus folgt einerseits, daß das Vermittelungsverfahren bei einem Streit zwischen Aerzten auch von Amtswegen eingeleitet werden kann.

Andererseits ergiebt sich, daß bei Zurücknahme des Antrages der nichtärztlichen Person der Ehrenrath oder das mit der Vermittelung beauftragte Mitglied verpflichtet ist, das Vermittelungsverfahren einzustellen.

Eine Zurückweisung des Antrages auf Beilegung von Streitigkeiten oder die Einstellung des Verfahrens erscheint auch dann zulässig, wenn sich der Antrag von vornherein nach Ansicht des Ehrenrathes als chikanös oder offenbar unbegründet kennzeichnet oder wenn der Antragsteller die ausreichende Begründung ablehnt. Nach dieser Richtung werden die Vorsitzenden der Ehrengerichte eine sorgfältige Prüfung der einlaufenden Anträge vorzunehmen haben, um der vielfach befürchteten unbegründeten Inanspruchnahme von Aerzten innerhalb der berechtigten Grenzen vorzubeugen. Es wird sich jedoch empfehlen, Bescheide, welche die Einleitung des Vermittelungsverfahrens ablehnen, in der Regel erst nach eingeholter Zustimmung des Ehrenrathes zu erlassen.

Vor Anberaumung eines Vermittelungstermins wird jedenfalls eine vorläufige Aeußerung des in Anspruch genommenen Arztes einzuholen sein. Im Uebrigen vergl. unten § 10 und Anm. dazu.

[6]) Nach dem Wortlaut des Gesetzes kann die Vermittelung nur einem Mitgliede (nicht auch, wie die früheren Entwürfe in Aussicht nahmen, mehreren Mitgliedern) des Ehrenrathes übertragen werden. Findet die Beauftragung eines Mitgliedes nicht statt, so muß das Ehrengericht in voller Besetzung (§ 8 Abs. 1 d. Ges.) das Vermittelungsverfahren führen. Der Vorsitzende kann selbstverständlich die Vermittelung auch selbst übernehmen. Die Uebertragung der Vermittelung an ein Mitglied des Ehrengerichts ist durch Verfügung des Vorsitzenden urkundlich zu bewirken. Das beauftragte Mitglied wird seine Vorladungen und Erlasse zu zeichnen haben: „Der ärztliche Ehrenrath der Provinz .... Im Auftrage N. N.“ Die Durchführung des Vermittelungsverfahrens liegt dem beauftragten Mitgliede selbständig ob. Der

Auftrag des Mitgliedes kann jedoch von dem Vorsitzenden oder dem Ehrengerichte selbst jederzeit zurückgezogen werden und entweder ein anderes Mitglied oder das Ehrengericht selbst die weitere Erledigung übernehmen.

Rechtsmittel sind für das Vermittelungsverfahren nicht gegeben.

## § 5.

Kommen in Bezug auf einen der in § 2 Nr. 1 bis 3 bezeichneten Aerzte Thatsachen zur Kenntniß des Ehrengerichts [1]), welche, wenn sie in Bezug auf einen andern Arzt vorlägen, ein ehrengerichtliches Verfahren nach sich ziehen würden, so hat [2]) das Ehrengericht hiervon der vorgesetzten Dienstbehörde des Arztes Mittheilung zu machen.[3])

Die vorgesetzte Dienstbehörde des Arztes wird, sofern nicht dienstliche Interessen entgegenstehen, das Ehrengericht von dem Ausgang des Verfahrens benachrichtigen.[4])

Vergl. oben Einleitung S. 10 f. und 15. —

Entw. I § 4 wie Gesetz § 5 Abs. 1 jedoch am Schlusse: „so hat das Ehrengericht hiervon der vorgesetzten Dienstbehörde des Arztes unter Uebersendung der Verhandlungen zur weiteren Veranlassung Mittheilung zu machen." —

In Entw. II fehlt eine analoge Bestimmung. Vergl. dazu oben Einleitung S. 19.

Entw. III § 4 wie Gesetz § 5.

Vorbemerkung: Die Begründung des Entw. III zu § 4 lautet (Drucks. des Abg.-Hauses Nr. 29 S. 22 f.):

„Die Bestimmung des Abs. 1 ist eine unmittelbare Folge der disziplinaren Stellung der beamteten und Militärärzte sowie der ärztlichen Privatdozenten. Die Aufnahme dieser Bestimmung in das Gesetz empfiehlt sich aber, um die Ehrengerichte im Einzelfalle gegen den Vorwurf einer denunziatorischen Thätigkeit zu schützen. Im Uebrigen ist es selbstverständlich, daß die staatlichen Behörden auf jede an sie abgegebene begründete Anzeige gegen den betreffenden beamteten &c. Arzt das Erforderliche in disziplinarer Hinsicht veranlassen werden.

Da die ärztlichen Ehrengerichte nach dem Entwurfe staatlich anerkannte Behörden sind, so erscheint auch die Vorschrift des

Abs. 2 unbedenklich und um so mehr geboten, als die Ehrengerichte häufig und namentlich in den Fällen, wo die auf ihre Mittheilung hin eingeleitete staatliche Disziplinar-Untersuchung zur Dienstentlassung der betreffenden beamteten oder Militär- 2c. Aerzte und damit zu deren späterer Unterstellung unter die ehrengerichtliche Zuständigkeit führt, ein begründetes amtliches Interesse daran haben werden, über den Ausgang der Disziplinar-Untersuchung eine authentische Mittheilung der zuständigen staatlichen Dienstbehörde zu erhalten. Andererseits ist durch die Bestimmung, daß die vorgesetzten Dienstbehörden des betreffenden Arztes nur insofern Mittheilungen über den Ausgang des staatlichen Verfahrens zu machen haben, als nicht dienstliche Interessen entgegenstehen, den staatlichen Behörden die unbedingt nothwendige Möglichkeit gegeben, auf Grund ihrer pflichtmäßigen Beurtheilung in besonders gearteten Fällen eine Benachrichtigung des ärztlichen Ehrengerichts zu unterlassen."

Der Kommissionsbericht des Abgeordnetenhauses (Drucks. Nr. 201 S. 3) bemerkt:

„Der § 4 wurde nach der Regierungsvorlage angenommen, nachdem ein Regierungskommissar die Erklärung abgegeben hatte, daß die Mittheilungen des Ehrengerichts an die vorgesetzte Dienstbehörde ohne vorhergehende Sachuntersuchung erfolgen sollen, und diese Bestimmung daher unbedenklich sei."

---

[1]) Auf welchem Wege die Thatsachen zur Kenntniß des Ehrengerichts kommen, ist unerheblich. Dagegen wird das Ehrengericht sich darüber schlüssig zu machen haben, ob die Thatsachen solche sind, daß sie ein ehrengerichtliches Verfahren nach sich ziehen würden, wenn sie in Bezug auf einen seiner Zuständigkeit unterstehenden Arzt vorlägen. Verneint das Ehrengericht diese Frage, so wird man es für berechtigt erachten müssen, die Angelegenheit nicht weiter zu verfolgen.

Eine Sachuntersuchung ist jedoch ausgeschlossen, da eine solche in die Zuständigkeit der zuständigen staatlichen Disziplinarbehörde eingreifen würde.

[2]) Das Ehrengericht ist von Amtswegen verpflichtet, der vorgesetzten Dienstbehörde des betr. Arztes von den betr. Thatsachen Kenntniß zu geben, wenn es dieselben für erheblich in dem in Anm. 1 angegebenen Sinne erachtet. Ist das Ehrengericht zweifelhaft, wer die vorgesetzte Dienstbehörde des betr. be-

amteten Arztes ist, so wird die Mittheilung zweckmäßig an den Ober=Präsidenten mit der Bitte um weitere Veranlassung erfolgen.

In Bezug auf einen zur Dienstleistung eingezogenen Militär= oder Marinearzt des Beurlaubtenstandes (§ 2 Nr. 3 d. Ges.) wird man unterscheiden müssen, ob die zur Kenntniß des Ehrengerichts kommenden erheblichen Thatsachen sich a) während dieser oder einer früheren Dienstleistung oder b) außerhalb einer solchen zugetragen haben.

In dem Falle zu a) wird der Begründung des Entw. III zu § 2 (s. oben S. 29 zu 3) beizustimmen und Abgabe an die Militärbehörde nach § 5 zu empfehlen sein.

In dem Falle zu b) wird das Ehrengericht, falls das Verfahren nicht bis zur Beendigung der Dienstleistung ausgesetzt werden kann, mit der vorgesetzten Militärbehörde des betr. Arztes in Benehmen treten müssen, sofern es sich um Vernehmungen oder Vorladungen des Eingezogenen handelt. Dies gilt auch für ein beim Beginne der Dienstleistung bereits anhängiges ehrengerichtliches Straf= oder Vermittelungsverfahren.

[3]) Die Mittheilung wird sich auf die zur Kenntniß des Ehrengerichts gekommenen Thatsachen zu beschränken haben.

[4]) Vergl. die oben in der Vorbemerkung abgedruckte Begründung. Ob ein dienstliches Interesse entgegensteht, ist von der vorgesetzten Dienstbehörde des betr. beamteten pp. Arztes nach ihrem pflichtmäßigen Ermessen zu entscheiden.

## § 6.

Zuständig ist das Ehrengericht derjenigen Kammer, in deren Bezirke der Arzt, gegen welchen das ehrengerichtliche Strafverfahren oder der Antrag auf ehrengerichtliche Vermittelung gerichtet ist, zur Zeit der Erhebung der Klage oder der Einreichung des Antrags seinen Wohnsitz oder in Ermangelung desselben seinen Aufenthalt hatte. [1])

Streitigkeiten über die Zuständigkeit eines Ehren=

gerichts werden von dem Ehrengerichtshof endgültig entschieden.[2])

Wenn der Ehrengerichtshof das Vorhandensein von Gründen anerkennt, aus welchen die Unbefangenheit des Ehrengerichts bezweifelt werden kann, so tritt an die Stelle des letzteren ein anderes von dem Ehrengerichtshofe zu bezeichnendes Ehrengericht.[3])

Entw. I § 5, II § 4 Abs. 1: Die örtliche Zuständigkeit des Ehrengerichts ist begründet, wenn der Arzt u. s. w. wie Gesetz, jedoch hinter „Antrages": „in dem Bezirke der Aerztekammer"; Abs. 2 und 3 unverändert wie Gesetz. Entw. III § 5 Abs. 1 wie Gesetz Abs. 1, bis auf Wort „derjenigen" in Zeile 1, an dessen Stelle es hieß „der". (Die Abänderung dieses Wortes ist in der Kommission des Abg.-Hauses erfolgt.) Abs. 2 und 3 wie Gesetz.

---

[1]) Abs. 1 ordnet die örtliche Zuständigkeit des Ehrengerichts im ehrengerichtlichen Straf- und Vermittelungsverfahren.

Prinzip ist hier (im Gegensatz zu den §§ 7 ff. Str.P.O., wonach der Gerichtsstand in Strafsachen bei mehreren Gerichten begründet sein kann und in Uebereinstimmung mit § 68 der Rechtsanw.O.), daß **ein** Gerichtsstand **genügt** und daß, da die Gerichtsbarkeit des Ehrengerichts auf der Zugehörigkeit des betr. Arztes zu dem Bezirke der Aerztekammer beruht, der Gerichtsstand bei dem Ehrengericht des Kammerbezirkes begründet sein soll, dem der Arzt nach seinem Wohnsitz angehört oder in dem, wenn er keinen Wohnsitz im rechtl. Sinne hat, er sich aufhält.

Entscheidend ist für die Zuständigkeit der Wohnsitz bezw. Aufenthalt zur Zeit der Erhebung der Klage im ehrengerichtlichen Strafverfahren und zur Zeit der Einreichung des Antrages auf Streitbeilegung im ehrengerichtlichen Vermittelungsverfahren.

Erhebung der Klage ist der Antrag des Beauftragten des Ober-Präsidenten auf Beschlußfassung nach § 17 d. Ges. oder auf Eröffnung der Voruntersuchung (§ 20 d. Ges.).

Ist die Zuständigkeit des Ehrengerichts einmal begründet, so wird sie dadurch nicht ausgeschlossen, daß betr. Arzt in einen anderen Aerztekammerbezirk verzieht. Dagegen wird die Zuständigkeit des Ehrengerichts beseitigt, wenn die Approbation des Beschuldigten während des Verfahrens dauernd zurückgenommen wird — s. § 16 Abs. 4 d. Ges. — oder wenn der Betr. auf die Ausübung seiner Approbation als Arzt nachträglich dauernd verzichtet (s. oben Anm. 1 zu § 2 S. 31).

[2]) Ein Streit über die Zuständigkeit zwischen mehreren Ehrengerichten ist wohl nur in den beiden Fällen denkbar, daß ein Arzt (z. B. ein Badearzt) mehrere in den Bezirken verschiedener Aerztekammern belegene Wohnorte hat oder daß mehrere verschiedenen Ehrengerichten unterstehenden Aerzte in ein Verfahren verwickelt sind. In diesen beiden Fällen hat der Ehrengerichtshof nach Abs. 2 das zuständige Ehrengericht zu bestimmen. Bei der Entscheidung wird insbesondere die Frage den Ausschlag geben müssen, welches Ehrengericht am zweckmäßigsten und ohne Aufwendung zu großer Kosten die ehrengerichtliche Untersuchung oder das Verfahren wegen Streitbeilegung führen kann.

[3]) Voraussetzung ist bei Abs. 3, daß die Befangenheit so vieler Mitglieder eines Ehrengerichts (bezw. so vieler Stellvertreter) mit Grund behauptet wird, daß die vorschriftsmäßige Besetzung des Ehrengerichts mit fünf nicht befangenen Mitgliedern oder Stellvertretern unmöglich wird. —

Ueber den Begriff der Befangenheit s. unten Anm. 5 zu § 8 Abs. 4, dessen Bestimmungen die Ergänzung des § 6 Abs. 3 bilden.

## § 7.

Das Ehrengericht besteht [1]):

1. aus dem Vorsitzenden [2]) und drei Mitgliedern der Aerztekammer. Die Aerztekammer wählt [3]) die letzteren sowie vier Stellvertreter aus ihrer Mitte [4]) für die Dauer ihrer Amtszeit und bestimmt die Reihenfolge [5]), in welcher die Stellvertreter zu berufen sind. Gehört der Vorsitzende der Aerztekammer zu den im § 2 bezeichneten Aerzten, so ist

an seiner Stelle von der Aerztekammer ein viertes Mitglied des Ehrengerichts zu wählen [6]);

2. aus einem von dem Vorstande der Aerztekammer für die Dauer von 6 Jahren gewählten richterlichen Mitglied eines ordentlichen Gerichts, für welches zugleich ein richterlicher Stellvertreter zu wählen ist. [7])

Das richterliche Mitglied des Ehrengerichts erhält aus der Kasse der Aerztekammer neben einer Vergütung Tagegelder und Reisekosten für Dienstreisen nach den ihm in seinem Hauptamte zustehenden Sätzen. [8])

Die Geschäfte des Ehrengerichts werden von den ärztlichen Mitgliedern unentgeltlich geführt; baare Auslagen werden ihnen jedoch erstattet; außerdem erhalten sie Tagegelder und Reisekosten nach den von der Aerztekammer zu bestimmenden Sätzen. [9])

Entw. I § 7. Das Ehrengericht besteht:

1. aus dem Vorsitzenden, dem stellvertretenden Vorsitzenden und zwei anderen Mitgliedern des Vorstandes der Aerztekammer. Der Vorstand wählt die letzteren für die Dauer ihrer Amtszeit und bestimmt die Reihenfolge, in welcher die übrigen Mitglieder des Vorstandes als Stellvertreter zu berufen sind;
2. aus einem von dem Vorstande der Aerztekammer für die Dauer seines Hauptamts gewählten richterlichen Mitgliede eines ordentlichen Gerichts.

Das richterliche Mitglied des Ehrengerichts erhält, neben einer Vergütung aus der Kasse der Aerztekammer, Tagegelder und Reisekosten für Dienstreisen nach den ihm in seinem Hauptamte zustehenden Sätzen; im Uebrigen werden die Geschäfte des Ehrengerichts von den Mitgliedern unentgeltlich geführt; baare Auslagen werden ihnen jedoch erstattet.

Entw. II § 5 und III § 6 Abs. 1: Das Ehrengericht besteht:

1. aus dem Vorsitzenden und drei Mitgliedern der Aerztekammer. Die Aerztekammer wählt die letzteren, sowie drei Stellvertreter für sie für die Dauer ihrer Amtszeit und bestimmt die Reihenfolge, in welcher die Stellvertreter zu berufen sind. Gehört der Vorsitzende der Aerztekammer

zu den in § 2 bezeichneten Aerzten, so ist von der Aerztekammer ein viertes Mitglied des Ehrengerichts und ein vierter Stellvertreter zu wählen;

2. aus einem von dem Vorstande der Aerztekammer für die Dauer seines Hauptamts gewählten richterlichen Mitgliede eines ordentlichen Gerichts, für welches zugleich ein richterlicher Stellvertreter zu wählen ist.

Abs. 2 und 3 wie Gesetz.

Vorbemerkung: Die Begründung des Entwurfs III (Drucks. des Abg.-Hauses Nr. 29 S. 23, 24) bemerkt zu dem § 6 (und zugleich zu § 43 = § 43 d. Ges.) Folgendes:

„Bei der Zusammensetzung der Ehrengerichte und des Ehrengerichtshofs ist davon ausgegangen, daß dieselben in der Mehrzahl ihrer Mitglieder aus Aerzten und zwar gewählten Vertrauensmännern der ärztlichen Standesvertretungen bestehen sollen.

Von diesem Gesichtspunkte aus schlägt der Entwurf vor, daß das Ehrengericht außer dem nach § 8 der Verordnung v. 25. Mai 1887 von der Aerztekammer zu wählenden Vorsitzenden aus 4 Mitgliedern, der Ehrengerichtshof aus 7 Mitgliedern einschließlich des Vorsitzenden bestehen soll. Im Ehrengericht sowohl wie im Ehrengerichtshof sitzen mithin 4 ärztliche gewählte Mitglieder.

Daneben ist die Zuziehung eines rechtsverständigen Mitgliedes in erster Instanz unerläßlich, zumal zahlreiche schwierige Rechts- und prozessualische Fragen zur Entscheidung der ärztlichen Ehrengerichte gelangen werden, deren formell und materiell den Gesetzen entsprechende Erledigung durch die Mitwirkung eines rechtsverständigen Mitgliedes am besten gesichert erscheint. Damit dieses Mitglied sowohl hinsichtlich seiner Befähigung als hinsichtlich der besonderen Vertrauensstellung den Aerzten gegenüber allen Anforderungen entspreche, ist einerseits die Wahl desselben durch den Vorstand der Aerztekammern, andererseits die Beschränkung der Wahlfähigkeit auf die Mitglieder eines ordentlichen Gerichts (Amtsrichter, Landrichter oder Oberlandesgerichtsräthe) in Aussicht genommen.

Selbstverständlich werden die gewählten Richter ihr Nebenamt nur für die Dauer ihres richterlichen Hauptamts annehmen und ausüben dürfen.

Das richterliche Mitglied auf die Amtsdauer der ärztlichen Mitglieder des Ehrengerichts wählen zu lassen, erschien sowohl mit Rücksicht auf die richterliche Würde, als auch im Hinblick auf die besondere Schwierigkeit der Stellung, die ein dauerndes Verbleiben darin von vornherein wünschenswerth macht, nicht zweckmäßig.

Noch weniger konnte in Frage kommen, dem ärztlichen Ehrengerichte zwar einen Richter als Rechtsberather beizugeben, demselben aber das Stimmrecht und die Mitgliedschaft zu versagen, zumal es alsdann überhaupt nicht möglich wäre, demselben die Stellung eines Untersuchungs-Kommissars zu übertragen (vergl. § 21).

Bei dem Ehrengerichtshof soll der Vorsitz dem Direktor der Medizinalabtheilung des Ministeriums der Medizinal-Angelegenheiten übertragen werden, da derselbe nach seiner Stellung als Vertreter des Chefs der höchsten Medizinalbehörde dafür besonders geeignet erscheint. Daneben ist die Königl. Ernennung zweier ärztlicher Mitglieder vorgesehen, um die staatliche Anerkennung der Wichtigkeit, welche den Entscheidungen dieses Ehrengerichtshofes beizulegen sein wird, auch äußerlich zum Ausdruck zu bringen.

Die Vorschriften über die Wahl bezw. Ernennung von Stellvertretern für die Mitglieder beider Instanzen bedürfen keiner Erläuterung.

An und für sich hätte es einer besonderen Hervorhebung im Gesetze kaum bedurft, daß sowohl die Vorsitzenden der Ehrengerichte, als auch die ärztlichen Mitglieder des Ehrengerichtshofes zu den der Zuständigkeit der ärztlichen Ehrengerichte unterstehenden Aerzten gehören müssen, da diese Folgerung sich aus dem Prinzip des § 2 Abs. 3 von selbst ergab. Um indessen den Wünschen der ärztlichen Standesvertretungen zu entsprechen, ist dies im § 6 Nr. 1, im § 8 Abs. 1 und im § 44 Abs. 5 noch ausdrücklich hervorgehoben.

Die Dauer der Amtszeit der gewählten ärztlichen Mitglieder der Ehrengerichte und des Ehrengerichtshofes und ebenso die Amtszeit der beiden Allerhöchst ernannten Mitglieder richtet sich nach der durch § 6 der Verordnung v. 25. Mai 1887 (G.S. S. 169) bestimmten Amtsdauer der Aerztekammer, beträgt also in Zukunft regelmäßig drei Jahre.

Ueber die Höhe der Vergütung, welche das richterliche Mitglied des Ehrengerichts nach § 6 Abs. 2 aus der Kasse der Aerztekammer erhalten soll, hat der Vorstand der Aerztekammer (vergl. auch § 51) Beschluß zu fassen.

Ueber die Verhandlungen der Kommission des Abg.-Hauses äußert sich der Kommissionsbericht (Drucks. d. Abg.-Hauses Nr. 201 S. 4) dahin:

„Bei der Debatte über § 6 wurde der Antrag gestellt, statt: „drei Stellvertreter" zu setzen: „vier Stellvertreter". Die Anträge, welche zu diesem Paragraphen als nöthig erachtet waren, wurden dahin gestellt, daß es in Abs. 1 heißen sollte: „aus dem Vorsitzenden der Aerztekammer und drei Aerzten des Kammerbezirks." Es wurde weiter der Antrag zur Debatte gestellt, hinter den Worten: „Gehört der Vorsitzende zu den in § 2 bezeichneten Aerzten", einzuschieben: „oder ist derselbe sonst dauernd behindert".

Der Regierungskommissar erblickte keine Verbesserung in diesen Anträgen. Dieselben wurden abgelehnt, dagegen § 6 in der anliegenden Form angenommen.

Die Ziffer 2 dieses Paragraphen wurde dahin abgeändert, daß das richterliche Mitglied nur auf die Dauer von 6 Jahren zu wählen sei, nicht, wie der Entwurf vorsah, für die Dauer seines Hauptamts. Man ging davon aus, daß die Wahl auf die Dauer des Hauptamtes in einzelnen Fällen Schwierigkeiten bereiten könne; der Zeitraum von 6 Jahren sei genügend, um das richterliche Mitglied mit den im Ehrengericht abzuurtheilenden Fällen vertraut zu machen. Die Wiederwahl ist nicht ausgeschlossen. Es wurde ein Antrag angenommen, daß neben einer Vergütung aus der Kasse der Aerztekammer auch Reisekosten und Tagegelder gewährt werden sollen. Ein anderer Antrag ging dahin, die Worte einzufügen: „Bei einem Verfahren gegen einen außerhalb der Schulmedizin stehenden Arzt muß auf seinen Antrag eins der von der Aerztekammer gewählten Mitglieder durch einen seiner Richtung angehörenden Arzt ersetzt werden, welcher vom Oberpräsidenten zu ernennen ist.“ Verschiedene Mitglieder der Kommission erblickten darin eine Schädigung der freien Wahl der Mitglieder des Ehrengerichts, und wurde der Antrag darauf zurückgezogen. Der Abs. 3 wurde nach dem Entwurf der Regierung angenommen.“

---

1) Das Ehrengericht besteht aus fünf Mitgliedern (einschließlich des Vorsitzenden) und fünf Stellvertretern. Vier Mitglieder und vier Stellvertreter sind Aerzte, welche der Zuständigkeit des Ehrengerichts unterworfen sein müssen (vergl. oben § 2 d. Ges.); das fünfte Mitglied und der fünfte Stellvertreter müssen richterliche Mitglieder eines ordentlichen Gerichts sein.

2) Ueber den Vorsitzenden vergl. unten Erläut. zu § 9.

3) Ueber die Wahlen der ärztlichen Mitglieder des Ehrengerichts und Stellvertreter und über die in der Wahlversammlung zu fassenden Beschlüsse vergl. Min.Ausf.Best. v. 21. Dezember 1899 Nr. 5 und 6 (abgedruckt hinter § 58 d. Ges.).

4) Die Worte „aus ihrer Mitte“ sollen nicht bedeuten, daß die gewählten Mitglieder des Ehrengerichts oder deren Stellvertreter in der Wahlversammlung anwesend sein müssen — vergl. § 8 Abs. 10 der Verordn. v. 25. Mai 1887. Vielmehr ist der Sinn, daß die ärztlichen Mitglieder des Ehrengerichts und deren Stellvertreter aus dem Kreise der Aerztekammer gewählt werden müssen, d. h. von den in der Wahlversammlung anwesenden nach § 2 d. Ges. wahlberechtigten Mitgliedern und den einberufenen

wahlberechtigten Stellvertretern behinderter Mitglieder der Aerztekammer aus der Zahl der nach § 2 d. Ges. wählbaren sämmtlichen Mitglieder und Stellvertreter der Aerztekammer. Bezüglich der nichteinberufenen Stellvertreter könnte dies allerdings fraglich erscheinen, doch würde eine Unterscheidung in dieser Hinsicht zu sonderbaren Konsequenzen führen.

[5]) Die Reihenfolge, in welcher die Stellvertreter zu berufen sind, kann entweder so bestimmt werden, daß für jedes Mitglied (einschließlich des Vorsitzenden) ein bestimmter Stellvertreter gewählt wird, der also einzutreten hat, wenn das betr. Mitglied, als dessen Stellvertreter er gewählt ist, verhindert ist. Oder es kann ein erster, zweiter, dritter, vierter Stellvertreter bestimmt werden, die, je nachdem ein Mitglied oder mehrere Mitglieder behindert sind, nach einander einberufen werden; vergl. auch § 8 Abs. 3 der Verordn. v. 25. Mai 1887 (Anh. I).

Der für den Vorsitzenden gewählte Stellvertreter hat jedoch keineswegs einen Anspruch auf den Vorsitz, da der stellvertretende Vorsitzende nach § 9 Abs. 3 d. Ges. von den Mitgliedern des Ehrengerichts aus ihrer Mitte gewählt wird.

[6]) Gehört der Vorsitzende der Aerztekammer zu den im § 2 bezeichneten, für das Ehrengericht weder wahlberechtigten noch wählbaren Aerzten, so kann er den Vorsitz des Ehrengerichts naturgemäß nicht führen. In diesem Falle hat das Gesetz die Wahl eines vierten ärztlichen Mitgliedes des Ehrengerichts vorgesehen, das die Wählbarkeit nach § 2 besitzen muß.

Ueber die Wahl des Vorsitzenden in diesem Falle s. unten § 9 und Erläut. dazu.

[7]) Das richterliche Mitglied des Ehrengerichts und der richterliche Stellvertreter müssen Mitglieder eines odentlichen Gerichts, also Amtsrichter, Landrichter, Landgerichtsdirektoren oder Oberlandes-(Kammer-)gerichtsräthe 2c. sein. Ein Gerichtsassessor ist nicht wählbar, auch wenn er als Hülfsrichter beschäftigt sein sollte.

Die Wahl des richterlichen Mitgliedes und des Stellvertreters erfolgt nicht durch die Aerztekammer, sondern durch den Vorstand derselben. Die Wahl und die Erwirkung der erforderlichen Genehmigung des Oberlandesgerichts-Präsidenten ist durch Min.-Ausf.Best. Nr. 8 (abgedruckt hinter § 58 d. Ges.) geregelt.

[8]) Die als jährliche Pauschalsumme gedachte Vergütung des richterlichen Mitgliedes und ev. seines Stellvertreters wird nach dem Geschäftsumfange und der Finanzlage der Aerztekammer zu bemessen sein.

Die Festsetzung erfolgt bei der Wahl — vergl. Min.Ausf.Best. Nr. 8 — durch einen Beschluß des Vorstandes der Aerztekammer. Einer späteren Erhöhung bei anfänglich unzureichender Bemessung steht nichts im Wege. Die Zahlung erfolgt durch den Kassenführer auf Anweisung des Vorsitzenden der Aerztekammer aus der Kasse der letzteren — s. unten § 50 Abs. 3 Nr. 1 und § 52 Abs. 1 d. Ges.

Die Tagegelder und Reisekosten für Dienstreisen des richterlichen Mitgliedes sind nach dem Gesetz v. 21. Juni 1897 (G.S. S. 193) zu berechnen, wobei zu bemerken ist, daß Amts- und Landrichter der fünften Rangklasse, Oberlandesgerichtsräthe der vierten Rangklasse der höheren Provinzialbeamten angehören.

[9]) Der Vorsitzende und die Mitglieder des ärztlichen Ehrengerichts sollen ihr Amt als Ehrenamt und deshalb unentgeltlich führen.

Baare Auslagen (wozu namentlich Portokosten gehören werden) sind von ihnen zu liquidiren und von dem Vorsitzenden ebenso wie die ihnen zustehenden Tagegelder und Reisekosten auf die Kasse der Aerztekammer anzuweisen.

Wegen des Beschlusses der Aerztekammer auf Festsetzung der Tagegelder und Reisekosten s. Min.Ausf.Best. Nr. 6b.

## § 8.

Das Ehrengericht beschließt und entscheidet nach absoluter Stimmenmehrheit in der Besetzung von fünf Mitgliedern. [1])

Zu jeder dem Angeschuldigten nachtheiligen Entscheidung, welche die Schuldfrage betrifft, ist jedoch eine Mehrheit von vier Fünftel der Stimmen erforderlich. [2])

Die das Verfahren leitenden Beschlüsse [3]) des Ehrengerichts können mittelst schriftlicher Abstimmung gefaßt werden, sofern nicht ein Mitglied mündliche Berathung verlangt.

Die bei einer Angelegenheit betheiligten [4]) oder für befangen erklärten [5]) Mitglieder des Ehrengerichts sind bei einer Beschlußfassung oder Entscheidung über dieselbe ausgeschlossen und werden durch Stellvertreter ersetzt. [6]) Der Ausschluß und die Ersetzung durch Stellvertreter tritt ohne Weiteres ein, wenn die betreffenden Mitglieder des Ehrengerichts sich selbst für betheiligt oder befangen erklären; andernfalls entscheidet darüber endgültig der Ehrengerichtshof. [7])

Entw. I § 6 Abs. 1 wie Gesetz § 8 Abs. 1; Abs. 2: „Die Beschlüsse des Ehrengerichts u. s. w. wie Gesetz § 8 Abs. 3; Abs. 3 wie Gesetz § 8 Abs. 4 Satz 1, jedoch fehlen die Worte: „oder für befangen erklärten"; Abs. 4: In den Fällen des § 3 Nr. 2 kann das Ehrengericht die Vermittelung einzelnen seiner Mitglieder übertragen.

Entw. II § 6 Abs. 1 wie Entw. I Abs. 1, jedoch fehlt das Wort: „absoluter"; Abs. 2 = Entw. I Abs. 2; Abs. 3 = Ges. § 8 Abs. 3; Abs. 4 = Entw. I Abs. 4.

Entw. III § 7 Abs. 1—4 = Gesetz § 8 Abs. 1—4; Abs. 5 = Ges. § 4 Abs. 3 ist von der Kommission des Abg.-Hauses als Schlußabsatz des neuen Paragraphen dorthin übertragen.

Vorbemerkung: Die Begründung des Entw. III (Drucks. des Abg.-Hauses Nr. 29 S. 24) bemerkt Folgendes (zugleich zu § 44 Entw. III = § 44 d. Ges.):

„Die Bestimmungen der §§ 7 Abs. 1 und 44 Abs. 1 über die zu Beschlüssen und Entscheidungen der Ehrengerichte und des Ehrengerichtshofs erforderlichen Stimmzahlen, namentlich auch die besondere Vorschrift über die Stimmzahl bei einer dem Angeschuldigten nachtheiligen Bestimmung über die Schuldfrage entsprechen den analogen Vorschriften in § 66 der Rechtsanwaltsordnung bezw. den dort angezogenen §§ 198 des Gerichtsverfassungsgesetzes und 262 der Straf-Prozeßordnung. Hervorzuheben ist, daß die Abmessung der Strafe nach absoluter Stimmenmehrheit zu erfolgen hat.

Die Vorschrift des § 7 Abs. 3 bezweckt eine Erleichterung der Geschäftsführung der ärztlichen Ehrengerichte und da sie nach § 45

Abs. 1 auch auf den Ehrengerichtshof Anwendung findet, auch dieses Gerichtshofes. Da die Mitglieder der Ehrengerichte und des Ehrengerichtshofes an verschiedenen Orten wohnhaft sind, so erscheint ihre persönliche Zusammenkunft zur Fassung jedes Beschlusses nicht immer leicht durchführbar oder doch mit erheblichen Kosten verknüpft. Es ist daher in Aussicht genommen, die Möglichkeit zu eröffnen, Beschlüsse des Ehrengerichts — aber nur die sogenannten prozeßleitenden Beschlüsse, nicht einen entscheidenden Beschluß aus § 17 und noch weniger ehrengerichtliche Entscheidungen — im Wege schriftlicher Abstimmung fassen zu lassen. Die schriftliche Abstimmung setzt jedoch voraus, daß sämmtliche Mitglieder des Ehrengerichts mit der schriftlichen Beschlußfassung einverstanden sind, widrigenfalls mündliche Berathung und Beschlußfassung erfolgen muß.

Ebenso ist die Vorschrift des § 7 Abs. 5, wonach das Ehrengericht die Vermittelung der Beilegung von Streitigkeiten einzelnen seiner Mitglieder übertragen kann, behufs der Erleichterung des Geschäftsganges getroffen."

Entw. III ist bis auf Abs. 5, der eine andere Stelle erhalten hat (§ 4 Abs. 3 d. Ges.), unverändert in das Gesetz übergegangen.

---

[1]) Bei allen Beschlüssen und Entscheidungen des Ehrengerichts haben (einschließlich des Vorsitzenden) nicht weniger und nicht mehr als fünf Mitglieder bezw. deren berufene Stellvertreter mitzuwirken.

Zu jedem Beschlusse und zu jeder Entscheidung ist, soweit es sich nicht um die Schuldfrage handelt (vergl. Abs. 2 u. Anm. 2), die absolute Stimmenmehrheit, also die Uebereinstimmung von drei Mitgliedern des Ehrengerichts nöthig.

Dabei werden die Bestimmungen der §§ 194 Abs. 1 und 2, 195, 196, 197, 198, 199 Abs. 1 und 200 des Gerichts-Verfassungsgesetzes zur entsprechenden Anwendung zu bringen sein. Dieselben lauten:

§ 194. Bei Entscheidungen dürfen Richter nur in der gesetzlich bestimmten Anzahl mitwirken.

Bei Verhandlungen von längerer Dauer kann der Vorsitzende die Zuziehung von Ergänzungsrichtern anordnen, welche der Verhandlung beizuwohnen und im Falle der Verhinderung eines Richters für denselben einzutreten haben.

§ 195. Bei der Berathung und Abstimmung dürfen außer den zur Entscheidung berufenen Richtern nur die bei demselben Gerichte zu ihrer juristischen Ausbildung beschäftigten Personen zugegen sein, soweit der Vorsitzende deren Anwesenheit gestattet.

§ 196. Der Vorsitzende leitet die Berathung, stellt die Fragen und sammelt die Stimmen.

Meinungsverschiedenheiten über den Gegenstand, die Fassung und die Reihenfolge der Fragen oder über das Ergebniß der Abstimmung entscheidet das Gericht.

§ 197. Kein Richter darf die Abstimmung über eine Frage verweigern, weil er bei der Abstimmung über eine vorhergegangene Frage in der Minderheit geblieben ist.

§ 198 (Abs. 2 u. 3). Bilden sich in Beziehung auf Summen (= Geldbeträge), über welche zu entscheiden ist, mehr als zwei Meinungen, deren keine die Mehrheit für sich hat, so werden die für die größte Summe abgegebenen Stimmen den für die zunächst geringere abgegebenen so lange hinzugerechnet, bis sich eine Mehrheit ergiebt.

Bilden sich in einer Strafsache, von der Schuldfrage abgesehen, mehr als zwei Meinungen, deren keine die Mehrheit für sich hat, so werden die dem Beschuldigten nachtheiligsten Stimmen den zunächst minder nachtheiligen so lange hinzugerechnet, bis sich eine Mehrheit ergiebt.

§ 199. Die Reihenfolge bei der Abstimmung richtet sich nach dem . . . . Lebensalter; der Jüngste stimmt zuerst, der Vorsitzende zuletzt. Wenn ein Berichterstatter ernannt ist, so giebt dieser seine Stimme zuerst ab.

§ 200. Schöffen und Geschworene sind verpflichtet, über den Hergang bei der Berathung und Abstimmung Stillschweigen zu beobachten. (Bei den Richtern ist dies selbstverständliche Amtspflicht.)

[2]) Die Vorschrift des Abs. 2 soll zum besonderen Schutz des Angeschuldigten dienen. Schuldfrage ist nur die Frage: ob der Angeschuldigte der ihm zur Last gelegten Verfehlung schuldig sei oder nicht. Diese Frage kann nur mit „Ja" oder „Nein" beantwortet werden, sofern die Beweisaufnahme erschöpft ist. Zu dem „Ja" sind vier Mitgliederstimmen erforderlich. Vereinen sich nur drei Stimmen auf Ja, so ist die erforderliche Mehrheit nicht vorhanden und demgemäß der Angeschuldigte freizusprechen.

Für die Abmessung der Strafe ist — wie bereits in der Begründung des Entw. III hervorgehoben wird — nur absolute Stimmenmehrheit erforderlich.

Die Vorschrift des Abs. 2 bezieht sich ferner nur auf Entscheidungen des Ehrengerichts, d. h. auf die Endurtheile, wozu auch ein entscheidender Beschluß aus § 17 d. Ges. gehört, nicht auf Beschlüsse im eigentlichen Sinne, insbesondere nicht auf den die Voruntersuchung eröffnenden Beschluß aus § 20 d. Ges. oder den Einstellungsbeschluß (§ 29 d. Ges.).

[3]) Zu den das Verfahren leitenden Beschlüssen gehören insbesondere der Beschluß über die Eröffnung der Voruntersuchung (§ 20 d. Ges.) und über den Abschluß derselben (§ 27 d. Ges.), Beweisbeschlüsse jeder Art, Beschlüsse auf Anberaumung oder Vertagung der Hauptverhandlung u. s. w.

Nicht dagegen gehören zu den auf schriftlichem Wege herbeizuführenden Beschlüssen ein Beschluß nach § 17 d. Ges. (s. oben Begründung zu Entw. III) oder der Einstellungsbeschluß (§ 29 d. Ges.).

Verlangt ein Mitglied (oder ein einberufener Stellvertreter) mündliche Berathung, so muß diesem Verlangen entsprochen werden.

[4]) Welches Mitglied des Ehrengerichts als „bei einer Angelegenheit betheiligt" anzusehen ist, wird in diesem Gesetze nicht ausdrücklich bestimmt. Die Vorschrift des § 22 des Reichs-Straf-Prozeßordnung v. 1. Februar 1877 (R.G.Bl. S. 256) wird aber analog anzuwenden sein.

§ 22 cit. lautet:

„Ein Richter ist von der Ausübung des Richteramtes kraft Gesetzes ausgeschlossen:

1. wenn er selbst durch die strafbare Handlung verletzt ist;
2. wenn er Ehemann oder Vormund (der beschuldigten oder) der verletzten Person ist oder gewesen ist;
3. wenn er mit dem Beschuldigten oder mit dem Verletzten in grader Linie verwandt, verschwägert oder durch Adoption verbunden, in der Seitenlinie bis zum dritten Grade verwandt oder bis zum zweiten Grade verschwägert ist, auch wenn die Ehe, durch welche die Schwägerschaft begründet ist, nicht mehr besteht;
4. wenn er in der Sache als Beamter der Staatsanwaltschaft, als Polizeibeamter, als Anwalt des Verletzten oder als Vertheidiger thätig gewesen ist;
5. wenn er in der Sache als Zeuge oder Sachverständiger vernommen ist."

[5]) Befangenheit ist dann vorhanden, wenn ein Grund vorliegt, welcher geeignet ist, Mißtrauen gegen die Unparteilichkeit eines Mitgliedes des Ehrengerichts zu rechtfertigen (so St.P.O. § 24 Abs. 2).

In solchen Fällen steht, wenn das betr. Mitglied sich nicht selbst schon von Amtswegen für befangen erklärt, die Ablehnung sowohl dem Beauftragten des Ober-Präsidenten, als dem beschuldigten Arzte, im Verfahren auf Beilegung von Streitigkeiten jeder Partei zu.

[6]) Ausschluß und Ersatz durch Stellvertreter kann durch Beschluß des Ehrengerichts erfolgen, wenn sich das betr. Mitglied nicht selbst für betheiligt oder befangen erklärt.

[7]) Der Ehrengerichtshof hat nur dann endgültig zu entscheiden, wenn das Ehrengericht nicht selbst schon den Ausschluß des betr. Mitgliedes beschlossen und das betr. Mitglied sich diesem Beschlusse gefügt hat.

Wegen Befangenheit eines ganzen Ehrengerichts s. oben § 6 Abs. 3 und Anm. 3 dazu.

## § 9.

Den Vorsitz des Ehrengerichts führt der Vorsitzende der Aerztekammer, oder, falls dieser zu den im § 2 bezeichneten Aerzten gehört, den Vorsitz ablehnt oder sonst dauernd behindert ist, ein von den Mitgliedern des Ehrengerichts aus ihrer Mitte für die Dauer ihrer Amtszeit zu wählender Vorsitzender.[1])

Der Vorsitzende vertritt das Ehrengericht nach Außen und vollzieht die von demselben auszustellenden Urkunden im Namen desselben. Er beruft die Sitzungen und ist verpflichtet, die Beschlüsse und Entscheidungen des Ehrengerichts zur Ausführung zu bringen.[2])

Bei zeitweiliger Behinderung wird der Vorsitzende des Ehrengerichts durch den stellvertretenden Vorsitzenden vertreten, welcher von den Mitgliedern des Ehrengerichts aus ihrer Mitte für die Dauer ihrer Amtszeit gewählt wird.[3])

Entw. I § 8 Abs. 1: Den Vorsitz des Ehrengerichts führt der Vorsitzende des Vorstandes der Aerztekammer und bei seiner Verhinderung der stellvertretende Vorsitzende.

Abs. 2 wie Gesetz § 9 Abs. 2.

Entw. II § 7 Abs. 1 wie Gesetz § 9 Abs. 1; jedoch fehlen die Worte: „den Vorsitz ablehnt" und heißt es statt § 2: „§ 2 Nr. 1—3" und statt: für die Dauer ihrer Amtszeit, „für die Dauer der Ehrengerichtssitzung".

Abs. 2 wie Entw. I.

Entw. III § 8 Abs. 1—3 wie Gesetz § 9, jedoch fehlen die Worte in Abs. 1: „den Vorsitz ablehnt", welche von der Kommission des Abg.-Hauses eingefügt sind.

Vorbemerkung: Die Begründung des Entw. III § 8 (Drucks. des Abg.-Hauses Nr. 29 S. 24 f.) lautet:

„Der § 8 umfaßt drei Fälle:

1. Gehört der Vorsitzende der Aerztekammer zu den der Zuständigkeit des Ehrengerichts nicht unterworfenen Aerzten, so kann er den Vorsitz des Ehrengerichts nicht führen. Es ist alsdann für die Amtsdauer der in diesem Falle nach § 6 Nr. 1 zu wählenden 4 ärztlichen Mitglieder von sämmtlichen Mitgliedern des Ehrengerichts mit Stimmenmehrheit ein Vorsitzender aus ihrer Mitte zu wählen.
2. Gehört der Vorsitzende der Aerztekammer nicht zu den im § 2 Nr. 1 bezeichneten Aerzten, so führt er kraft Gesetzes zugleich den Vorsitz des Ehrengerichts.
3. Ist der Vorsitzende des Ehrengerichts nur zeitweilig behindert, so wird er für die Dauer der Behinderung durch den stellvertretenden Vorsitzenden vertreten, der bei Konstituirung des Ehrengerichts von den Mitgliedern desselben aus ihrer Mitte für die Dauer der ehrengerichtlichen Amtszeit zu wählen ist."

Ueber die Verhandlungen der Kommission des Abg.-Hauses bemerkt der Kommissionsbericht (Drucks. des Abg.-Hauses Nr. 201 S. 4/5):

„Zu § 8 lag ein Antrag vor:

„Die Mitglieder des Ehrengerichts wählen ihren Vorsitzenden aus ihrer Mitte und zwar auf die Dauer der Amtsperiode der Kammer."

Seitens der Königl. Staatsregierung wurde erklärt, daß zwischen dem Ehrengericht und der Aerztekammer ein genauer Zusammenhang hergestellt werden solle und daher der Vorsitzende der Aerztekammer auch Vorsitzender des Ehrengerichts sein müsse. Daraufhin wurde der Antrag zurückgezogen.

Eine andere Frage ging dahin, ob der Vorsitzende des Ehrengerichts den Vorsitz ablehnen könne. Es wurde hervorgehoben, daß ohne sachliche Gründe der Vorsitzende den Vorsitz nicht ablehnen werde; aber eine Ablehnung könne wohl im Falle dauernder

Behinderung erfolgen. Nachdem über die Behinderung und Ablehnung länger gesprochen war, wurde der Antrag, daß die Wahl des Vorsitzenden durch die Mitglieder des Ehrengerichts aus ihrer Mitte, und zwar auf die Dauer der Amtsperiode der Kammer erfolgen solle, nochmals aufgenommen, und nach dessen wiederholter Ablehnung der § 8 des Entwurfes, mit dem Zusatz hinter dem Worte „gehört" einzuschalten „den Vorsitz ablehnt" angenommen."

---

[1]) Nach Abs. 1 hat die Wahl eines Vorsitzenden des Ehrengerichts zu erfolgen, wenn der Vorsitzende der Aerztekammer

a) zu den im § 2 Abs. 2 bezeichneten, bei den Wahlen für das Ehrengericht nicht wahlberechtigten und nicht wählbaren Aerzten gehört, oder

b) den Vorsitz des Ehrengerichts ablehnt, oder

c) dauernd behindert ist, diesen Vorsitz zu führen.

Die näheren Bestimmungen über die Vollziehung der Wahlen sind durch Min.Ausf.Best. Nr. 9 (abgedruckt hinter § 58 d. Ges.) gegeben.

[2]) Der Vorsitzende ist nicht nur der Leiter der Ehrengerichtssitzungen, sondern auch Leiter des gesammten Geschäftsbetriebes. Er vertritt das ärztliche Ehrengericht als Behörde rechtsgültig nach Außen, d. h. allen Dritten gegenüber. Insbesondere wird er Miethverträge für die Geschäftsräume des Ehrengerichts, Anstellungsverträge mit den zur Erledigung der ehrengerichtlichen Bureaugeschäfte anzunehmenden Sekretären und Bureaudienern, ebenso auch die Beschlüsse und Entscheidungen des Ehrengerichts, sowie die zu erstattenden Berichte zu vollziehen haben.

Andererseits ist der Vorsitzende des Ehrengerichts aber nicht selbständiger Leiter, sondern er ist einerseits dem Ehrengerichte, andererseits dem Ober-Präsidenten als der Staatsaufsichtsbehörde (s. u. § 12) für die Geschäftsführung verantwortlich. Insbesondere ist er verpflichtet, die Beschlüsse (auch die auf den Geschäftsbetrieb bezüglichen Beschlüsse) und die Entscheidungen des Ehrengerichts zur Ausführung zu bringen.

Das Recht des Vorsitzenden, die Sitzungen des Ehrengerichts zu berufen, schließt auch das Recht ein, geeignetenfalls Sitzungen außerhalb des Sitzes des Ehrengerichts anzuberaumen.

[3]) Der stellvertretende Vorsitzende des Ehrengerichts wird nach Analogie der in den Min.Ausf.Best. Nr. 9 gegebenen Vorschriften von sämmtlichen Mitgliedern des Ehrengerichts zu wählen sein.

Er vertritt ohne Weiteres den Vorsitzenden in allen seinen Funktionen, sobald derselbe zeitweilig behindert ist.

Während der Vorsitzende unter die Amtsbezeichnung des Ehrengerichts (s. oben § 1 Anm. 2) seinen Namen setzt, wird der stellvertretende Vorsitzende mit dem Zusatz: „In Vertretung" zu zeichnen haben.

## § 10.

Die Aerzte im Bezirke des Ehrengerichts sind verpflichtet, im Vermittelungsverfahren die verlangten Aufschlüsse zu geben, auch, wenn es wegen Streitigkeiten zwischen Aerzten schwebt, auf die an sie ergehenden Ladungen zu erscheinen und den dieserhalb erlassenen Anordnungen des Ehrengerichts und seiner beauftragten Mitglieder Folge zu leisten.[1])

Zur Erzwingung einer solchen Anordnung können Geldstrafen bis zum Gesammtbetrage von dreihundert Mark festgesetzt werden. Der Festsetzung einer Strafe muß deren schriftliche Androhung vorangehen.[2])

Gegen die Anordnungen oder Straffestsetzungen eines beauftragten Mitglieds des Ehrengerichts findet Beschwerde an das Ehrengericht statt.[3])

Die nach Absatz 1 an die im § 2 Nr. 1 bis 3 bezeichneten Aerzte ergehenden Ladungen oder sonstigen Anordnungen sind der vorgesetzten Dienstbehörde des Arztes mit dem Ersuchen um Zustellung zu übermitteln.[4]) Die Vorschriften der Absätze 1 bis 3 bleiben außer Anwendung, wenn die vorgesetzte Dienstbehörde des Arztes gegen die Ladung oder die sonst getroffene Anordnung Einspruch erhebt.[5])

Entw. I § 9, Entw. II § 8, Entw. III § 9.

In allen drei Entwürfen lautet der Abs. 1: „Die Aerzte im Bezirke des Ehrengerichts sind verpflichtet, auf die im Vermittelungsverfahren (§ 3 Nr. 2) an sie ergehenden Ladungen zu erscheinen, die verlangten Aufschlüsse zu ertheilen und den zu diesem Zwecke erlassenen Anordnungen des Ehrengerichts und seiner beauftragten Mitglieder Folge zu leisten." —

Abs. 2—4 unverändert wie Gesetz.

Vorbemerkung: Die Begründung des Entw. III (Drucks. des Abg.-Hauses Nr. 29 S. 25) bemerkt:

„Die Vorschrift des § 9 bezweckt die Durchführung des Vermittelungsverfahrens sicherzustellen. Es kommen dabei nur Aerzte in Betracht, da ein Vermittelungsverfahren zwischen einem Arzte und einer anderen Person einen Antrag der letzteren voraussetzt und deshalb angenommen werden kann, daß der Antragsteller auf Ladung erscheinen und die verlangten Aufschlüsse ertheilen wird.

Ueber den Fall eines Vermittelungsverfahrens, bei welchem ein der Zuständigkeit des Ehrengerichts nicht unterworfener beamteter pp. Arzt betheiligt ist, giebt Abs. 4 die im dienstlichen Interesse erforderliche besondere Bestimmung."

Der Abs. 1 des § 9 Entw. III wurde von der Kommission des Abg.-Hauses geändert. Ueber diese Verhandlungen äußert sich der Kommissionsbericht (Drucks. des Abg.-Hauses Nr. 201 S. 3) dahin:

„Der § 9 gab Veranlassung zu weitergehenden Debatten, und wurden dazu mehrere Anträge gestellt, namentlich im Abs. 1 hinter das Wort „Ladungen" die Worte zu setzen: „an ihrem Wohnort", sowie den Eingang dieses Absatzes zu fassen: „Bei Streitigkeiten unter sich sind die Aerzte verpflichtet . . . ." Die Beschlußfassung über diesen Paragraphen wurde bis zur zweiten Lesung ausgesetzt. In der zweiten Lesung wurde beschlossen, daß mit dem § 4 (= § 5 d. Ges.) die Diskussion über § 9 verbunden werden solle. Allseitig war man dahin einverstanden, daß nur im Ehrengerichtsverfahren (richtig: Vermittelungsverfahren) zwischen Aerzten ein größerer Zwang am Platze sei; andererseits wurde aber auch nicht verkannt, daß der Paragraph nothwendig sei, um dem Vermittelungsverfahren die nöthige Kraft zu verleihen; auch wurde nicht befürchtet, daß bei Streitigkeiten eines Arztes mit dem Publikum hieraus große Weitläufigkeiten für die Aerzte erwachsen würden (s. Bemerkungen des Kommissionsberichts zu § 3a, abgedruckt oben S. 44 Vorbemerkung zu § 4 d. Ges.)."

Die Vorschrift des § 10 ist dem § 58 des Rechtsanwaltsordnung nachgebildet. Indessen besteht hier doch ein wesentlicher Unterschied.

Die Rechtsanwaltsordnung beschränkt die Erzwingbarkeit der Pflichten des persönlichen Erscheinens der Rechtsanwälte und des Aufschlußgebens nicht auf das Vermittelungsverfahren bei Streitigkeiten zwischen Rechtsanwälten oder bei Streitigkeiten aus dem Auftragsverhältnisse zwischen einem Rechtsanwalt und seinem Auftraggeber, sondern dehnt dieselben auch auf den Aufsichtsbereich des Anwaltskammer-Vorstandes hinsichtlich der Erfüllung der den Mitgliedern der Kammer obliegenden Pflichten und das ehrengerichtliche Verfahren aus. Es kann also ein Rechtsanwalt, der bei einem Ermittelungsverfahren die Anordnungen seines Ehrengerichts nicht befolgt oder auf Ladung als Angeschuldigter nicht erscheint, schon deswegen in Geldstrafen bis zu 300 Mk. genommen werden.

Eine derartige Ausdehnung der Zwangsbefugnisse ist dem ärztlichen Ehrengerichte einem beschuldigten Arzte im ehrengerichtlichen Verfahren gegenüber hier nicht gegeben. Jedoch wird Aufschlußverweigerung oder grundloses Ausbleiben auf Ladungen des Ehrengerichts im ehrengerichtlichen Verfahren bei der Abwägung des Strafmaßes Berücksichtigung finden können, sofern die Absicht einer Renitenz oder der Verdunkelung der Sachlage ersichtlich ist.

---

[1]) Die Verpflichtungen der Aerzte im Vermittelungsverfahren beschränken sich nach Abs. 1 des Gesetzes

a) auf die Ertheilung der von dem Ehrengericht als Ehrenrath oder seinen beauftragten Mitgliedern verlangten Aufschlüsse und die Befolgung der dieserhalb erlassenen Anordnungen ohne Rücksicht darauf, ob das Vermittelungsverfahren zwischen Aerzten oder zwischen einem Arzte und einer dritten Person schwebt;

b) auf die Pflicht zum persönlichen Erscheinen vor dem ärztlichen Ehrenrath oder seinen beauftragten Mitgliedern auf Ladung und Befolgung der dieserhalb erlassenen Anordnungen, wenn das Vermittelungsverfahren wegen Streitigkeiten aus dem ärztlichen Berufsverhältnisse zwischen Aerzten schwebt.

In dieser Beschränkung gelten beide Pflichten aber für sämmtliche approbirten Aerzte im Bezirke des Ehrengerichts, also auch für die im § 2 Nr. 1—3 des Gesetzes von der Zuständigkeit des Ehrengerichts ausgenommenen Aerzte (beamtete Aerzte und Privatdozenten, Militär- und Marineärzte und Militär- und Marineärzte des Beurlaubtenstandes während ihrer Einziehung zur Dienstleistung). Für die letzteren zieht jedoch Abs. 4 die im dienstlichen Interesse gebotenen Schranken (s. unten Anm. 4).

Unerheblich ist, ob der betr. Arzt als Partei oder als Zeuge oder Sachverständiger oder aus sonstigen Gründen an dem Vermittelungsverfahren betheiligt ist.

[3]) Die Androhung und Festsetzung der Geldstrafe muß durch zwei getrennte, nach einander folgende Beschlüsse des Ehrengerichts als Ehrenrathes oder seiner beauftragten Mitglieder erfolgen. Androhung und Festsetzung weiterer Geldstrafen sind, wenn die erstmalig festgesetzte Geldstrafe erfolglos geblieben ist, zulässig. Doch dürfen die Strafen zusammen den Betrag von 300 Mk. nicht übersteigen. Wegen des Mindestbetrages s. unten S. 80 Abs. 4.

Der Androhungs- und der mit Gründen versehene Festsetzungsbeschluß werden nach Analogie des § 18 d. Ges. dem von der Geldstrafe betroffenen Arzte oder im Falle des Abs. 4 der vorgesetzten Dienstbehörde desselben zuzustellen sein (§ 48 d. Ges.). Die Vollstreckung erfolgt nach § 47 d. Ges.

Durch die Festsetzung von Geldstrafen nach § 10 wird der Weg einer ehrengerichtlichen Bestrafung der säumigen Aerzte wegen der in der Nichtbefolgung der Anordnung liegenden Pflichtverletzung nicht ausgeschlossen, sofern der betr. Arzt der Zuständigkeit des Ehrengerichts unterliegt und die Anordnung Berechtigtes von dem Arzte verlangt. Dieser Weg der Eröffnung des ehrengerichtlichen Verfahrens wird sogar allein übrig bleiben, wenn der zulässige höchste Strafgesammtbetrag ohne Erfolg verhängt ist. — Vergl. Begründung des Entw. der Rechtsanw.O. Stenogr. Ber. des Reichst. 1878 Bd. III S. 91 und Entscheidungen des Ehrengerichtshofes der Rechtsanwälte Bd. III S. 109, 184; IV S. 160, 192, 283, 288; V S. 101, 212; VI S. 16, 179, 190, 195; VII S. 6, 8, 39; VIII S. 30, 45, 47, 68, 223, 267.

[3]) Eine Frist für die Einlegung der Beschwerde an des Ehrengericht ist nicht vorgeschrieben; ebensowenig, ob die Beschwerde bei dem beauftragten Mitgliede oder bei dem Ehrengericht einzulegen ist.

Daß das Ehrengericht (Ehrenrath) endgültig entscheidet, ist in dem Gesetze nicht ausgesprochen; man könnte vielmehr auf Grund des § 45 Abs. 2 d. Ges. annehmen, daß gegen den Geldstrafe festsetzenden Beschluß des Ehrengerichts binnen einem Monat nach Zustellung des Beschlusses (§ 39 Abs. 4) die weitere Beschwerde an den Ehrengerichtshof zulässig sei; vgl. jedoch S. 47 Abs. 2.

[4]) Die Beobachtung der Vorschriften des Abs. 4 Satz 1 ist die unbedingte Voraussetzung jeder Maßnahme des Ehrenrathes oder seiner beauftragten Mitglieder gegen einen der im § 2 Nr. 1—3 bezeichneten Aerzte.

Auch die Aufforderung zur Aufschlußertheilung ist der vorgesetzten Dienstbehörde des betr. Arztes behufs Zustellung zu übermitteln.

[5]) Der Einspruch soll nach der Absicht des Gesetzes nur erfolgen, „wenn dienstliche Interessen entgegenstehen". Ob dies der Fall ist, hat die vorgesetzte Dienstbehörde aber lediglich nach ihrem pflichtmäßigen Ermessen zu entscheiden. Eine Verpflichtung, über die Gründe des Einspruches dem ersuchenden Ehrengericht oder seinen beauftragten Mitgliedern Auskunft zu geben, besteht dabei nicht.

Die Thatsache des Einspruches der vorgesetzten Dienstbehörde genügt, um jede Anforderung an den betreffenden Arzt aus § 10 Abs. 1 und jede Zwangsmaßnahme außer Kraft zu setzen. Beschwerde des Ehrengerichts (Ehrenrathes) an die vorgesetzte Dienstbehörde höherer Instanz ist jedoch nicht ausgeschlossen.

## § 11.

**Gerichts-, Verwaltungs- und Verwaltungsgerichtsbehörden sind, soweit ein dienstliches Interesse nicht entgegensteht[1]), verpflichtet, auf Ersuchen des Ehrengerichts oder seiner**

beauftragten Mitglieder behufs Aufklärung des Thatbestandes Auskunft zu ertheilen.

Das Ehrengericht und seine beauftragten Mitglieder sind berechtigt, auch die Ortspolizeibehörden [2]) um Auskunft oder um protokollarische Vernehmung von Personen zu ersuchen.[3])

Das Recht, Zeugen oder Sachverständige eidlich zu vernehmen [4]) oder die Gerichte um Vernehmung von solchen zu ersuchen [5]), steht dem Ehrengericht und seinen beauftragten Mitgliedern nur im förmlichen ehrengerichtlichen Strafverfahren zu.[6])

Entw. I § 10 u. Entw. II § 9: „Gerichts- und Verwaltungsbehörden" pp., sonst wie Gesetz.
Entw. III § 10 unverändert wie Gesetz.

Vorbemerkung: In der Begründung zu § 10 Entw. III (Drucks. des Abg.-Hauses Nr. 29 S. 25) heißt es:

„Für die Möglichkeit einwandfreier Feststellung des Thatbestandes durch das Ehrengericht ist sowohl in dem ehrengerichtlichen, wie im Vermittelungsverfahren die im Abs. 1 festgestellte Auskunftsertheilung sämmtlicher Gerichts- und Verwaltungsbehörden sowie der Verwaltungsgerichte, soweit nicht dienstliche Interessen entgegenstehen, unerläßlich. Das Recht auf Auskunftsertheilung umfaßt zugleich unter der angegebenen Beschränkung ein Recht auf Vorlegung und Uebersendung des erforderlichen Aktenmaterials.

Eine unbedingte Nothwendigkeit zur eidlichen Vernehmung von Zeugen und Sachverständigen oder ein Anrecht auf Requisition der Gerichte zu diesem Zwecke konnte dagegen nur für das förmliche ehrengerichtliche Strafverfahren anerkannt werden. (§ 10 Abs. 3.) In allen übrigen Fällen wird die im zweiten Absatze gegebene Berechtigung genügen."

---

[1]) Ob und inwieweit ein dienstliches Interesse entgegensteht, entscheidet die ersuchte Behörde nach pflichtmäßigem Ermessen. Doch bleibt es dem Ehrengericht oder dessen beauftragten Mitgliedern selbstverständlich unbenommen, wenn es die Ablehnung des Ersuchens für ungerechtfertigt ansieht, an die vorgesetzte Dienst-

behörde der ersuchten Behörde, nöthigenfalls an deren Ressortchef sich zu wenden.

Soweit ein dienstliches Interesse nicht entgegensteht, muß dem Ersuchen stattgegeben werden; jedoch selbstverständlich nur von Preußischen Behörden. Ersuchen um Vernehmung von Personen in anderen Bundesstaaten oder im Auslande sind dem Ober-Präsidenten zur weiteren Veranlassung einzureichen.

[2]) Die Ortspolizeibehörden sind in den Städten die betr. Stadt-Polizeiverwaltungen, in Königsberg,* Danzig, Berlin,* Charlottenburg, Schöneberg, Rixdorf, Potsdam, Stettin, Posen, Breslau,* Magdeburg,* Kiel, Hannover, Göttingen, Celle, Kassel, Hanau, Fulda, Marburg, Frankfurt a/M.,* Wiesbaden, Koblenz, Köln* und Aachen die K. Polizei-Präsidien (mit * bezeichnet) und K. Polizei-Direktionen. Auf dem Lande erfolgt die Verwaltung der Ortspolizei in der Provinz Posen durch die Distrikts-Kommissarien, in den übrigen östlichen Provinzen (Ost- und Westpreußen, Pommern, Schlesien, Brandenburg, Sachsen) sowie in Schleswig-Holstein durch die Amtsvorsteher, in Westfalen durch die Amtmänner, in Hessen-Nassau und in der Rheinprovinz durch die Landbürgermeister, während sie in Hannover und Hohenzollern im Wesentlichen von den Gemeindebehörden unter Aufsicht der Kreislandräthe bezw. in Hohenzollern der Oberamtmänner geführt wird.

[3]) Die ortspolizeiliche Vernehmung von Zeugen oder Sachverständigen, welche nicht am Sitze des Ehrengerichts selbst oder in unmittelbarer Nähe wohnen, wird im Vermittelungsverfahren, wie im nichtförmlichen ehrengerichtlichen Verfahren schon der Kostenersparniß wegen die Regel bilden. Es steht gesetzlich auch nichts im Wege, einen auswärts wohnhaften Arzt, gegen welchen Anträge auf Streitvermittelung gestellt sind oder ein ehrengerichtliches Ermittelungsverfahren schwebt, durch die Ortspolizeibehörde vernehmen zu lassen; doch wird eine derartige polizeiliche Vernehmung nur in ganz vereinzelten Ausnahmefällen — etwa auf begründeten Antrag oder Wunsch des betr. Arztes — zweckmäßig sein; abgesehen hiervon wird schon zur Wahrung der Standesinteressen, die Vernehmung des Arztes durch das richterliche oder durch ärztliche Mitglieder des Ehrengerichts angezeigt sein. Im förmlichen ehrengerichtlichen Verfahren ist in der Regel die uneidliche Vernehmung

von Zeugen und Sachverständigen oder des Angeschuldigten durch die Ortspolizeibehörden ausgeschlossen (vergl. § 24 d. Ges.).

[4]) Aus der Vorschrift des Abs. 3 folgt, daß das Ehrengericht oder seine beauftragten Mitglieder berechtigt sind, im Vermittelungsverfahren oder im nichtförmlichen ehrengerichtlichen Verfahren Zeugen und Sachverständige uneidlich selbst zu vernehmen — vergl. Anm. 2 zu § 4 und Anm. 3 zu § 17.

Wegen der Form der eidlichen Vernehmung von Zeugen und Sachverständigen durch das Ehrengericht oder seine beauftragten Mitglieder vergl Anm. 5 zu § 24.

[5]) Das Ersuchen um eidliche Vernehmung von Zeugen und Sachverständigen ist an das über den Wohn- bezw. Aufenthaltsort der zu vernehmenden Person zuständige Amtsgericht zu richten. Auf das Ersuchen finden die §§ 158—160 und 166 des Gerichtsverfassungsgesetzes vom 27. Januar 1877 (in der v. 1. Januar 1900 ab geltenden Fassung abgedruckt im R.G.Bl. 1898 S. 374 ff.) Anwendung — vergl. deren Wortlaut unten Anm. 7 zu § 24.

[6]) Ein Ersuchen an die Gerichte um (uneidliche) Vernehmung von Zeugen und Sachverständigen im Vermittelungs- und nichtförmlichen ehrengerichtlichen Verfahren ist unzulässig.

## § 12.

Die allgemeine Staatsaufsicht über den Geschäftsbetrieb des Ehrengerichts führt der Ober-Präsident.[1])

Im ehrengerichtlichen Strafverfahren wird derselbe durch einen von ihm dauernd oder für den einzelnen Fall bestellten Beauftragten vertreten.[2])

Entw. I § 11; II § 10; III § 11 unverändert.

Vorbemerkung: Die Vorschrift des § 12 Abs. 1 ist dem § 59 der Rechtsanwaltsordnung nachgebildet. In der Begründung des Entw. III (Drucks. des Abg.-Hauses Nr. 29 S. 25) wird dazu bemerkt:

„Daß die allgemeine Staatsaufsicht dem Ober-Präsidenten übertragen ist und dieser auch einen Beauftragten für das ehrengerichtliche Verfahren zu bestellen hat, rechtfertigt sich sowohl aus der sonstigen Zuständigkeit desselben, als auch aus dem Zusammenhange mit den ihm durch die Verordnung vom 25. Mai 1887 übertragenen Befugnissen gegenüber den Aerztekammern."

---

[1]) Absicht der Bestimmung ist nur die allgemeine Staatsaufsicht über den Geschäftsbetrieb des Ehrengerichts zu regeln. Unter den Begriff des Geschäftsbetriebs gehört auch die ordnungsmäßige Vollziehung der Wahlen und der Zusammensetzung der Ehrengerichte.

Die hier dem Ober-Präsidenten übertragene Aufsicht bezieht sich demgemäß nur darauf, daß das Ehrengericht in formeller Beziehung seine Geschäfte gesetzmäßig betreibt, insbesondere nicht durch Lässigkeit in der Erledigung derselben seine Pflichten verletzt. Abgesehen von dem Geschäftsbetrieb in diesem formellen Sinne soll das Ehrengericht in materieller Hinsicht einer Kritik seitens des Ober-Präsidenten oder sonstiger staatlicher Behörden nicht unterliegen. In materieller Hinsicht hat allein der Ehrengerichtshof innerhalb der gesetzlichen Vorschriften zu prüfen, ob und inwieweit die Amtshandlungen des Ehrengerichts in dem sich ihm gesetzlich zugewiesenen Bereiche bewegen oder ob sie dem Gesetz widerstreiten. — Vergl. wegen der analogen Bestimmung des § 59 der Rechtsanwaltsordnung: Begründung des Entwurfs ders. zu § 54 (Stenogr. Ber. des deutsch. Reichstags 3. Leg.-Per. II. Sess. 1878 Bd. III Aktenstück Nr. 5 S. 91) und Thesen des Geh. Justizraths v. Wilmowski-Berlin in der Jur. Wochenschrift 1881 S. 126 f. — s. ferner auch unten § 37 Abs. 2 des Ges. —

Der Geschäftsbetrieb des Ehrengerichts wird durch die seitens des Ministers der Medizinal-Angelegenheiten erlassene „Geschäftsordnung für die ärztlichen Ehrengerichte" geregelt. — vergl. Min. Ausf.Best. Nr. 14. —

Formelle Verletzungen dieser Geschäftsordnung ist der Ober-Präsident zu untersuchen und abzustellen berechtigt. Ebenso hat er auch über alle den formellen Geschäftsbetrieb des Ehrengerichts betreffenden Beschwerden zu entscheiden, soweit nicht der Ehrengerichtshof zuständig ist.

In Ausübung seines Aufsichtsrechts ist der Ober-Präsident

auch befugt, Berichte von dem Ehrengericht zu erfordern, oder Akten und Bücher desselben einzusehen.

[2]) Durch Min.Ausf.Best. Nr. 10 ist es dem Ermessen des Ober-Präsidenten anheimgestellt, ob er sich in dem ehrengerichtlichen Strafverfahren durch einen dauernd oder für den einzelnen Fall bestellten Beauftragten vertreten lassen will.

Der Beauftragte des Ober-Präsidenten hat in allen Stadien des ehrengerichtlichen Strafverfahrens das öffentliche Interesse wahrzunehmen. Er hat nicht nur einseitig als Vertreter der Anklage zu fungiren (§ 22), sondern auch nöthigenfalls zu Gunsten des Angeschuldigten thätig zu werden.

## § 13.

Die Verhandlungen und Erlasse [1]) der Ehrengerichte und ihrer beauftragten Mitglieder, sowie die an diese gerichteten Schriftstücke sind, soweit dieselben nicht eine Beurkundung von Rechtsgeschäften enthalten, frei von Gebühren und Stempeln.[2])

Entw. I § 12: „Die Schriftstücke" pp. sonst wie Gesetz; Entw. II § 11 fehlen die Worte: „soweit sie nicht eine Beurkundung von Rechtsgeschäften enthalten"; Entw. III § 12 wie Gesetz. —

Die vorliegende Vorschrift stimmt wörtlich mit § 60 der Rechtsanwaltsordnung überein.

---

[1]) Zu den Erlassen der Ehrengerichte und ihrer beauftragten Mitglieder gehören auch alle Beschlüsse und Entscheidungen im ehrengerichtlichen, wie im Vermittelungsverfahren, ebenso Ermittelungshandlungen jeder Art.

[2]) Die Gebühren- und Stempelfreiheit, welche mit Rücksicht auf das bei den Amtshandlungen der ärztlichen Ehrengerichte obwaltende öffentliche Interesse diesen ebenso wie den Anwaltskammern und ihren Vorständen bewilligt ist — vergl. Begründung zu § 55 des Entwurfs der Rechtsanwaltsordnung in den Stenogr. Ber. über die Verh. des deutsch. Reichstages, 3. Leg.-Per. II. Sess. 1878 III. Bd. Aktenstück Nr. 5 S. 92 — greift für gebühren- und

stempelpflichtige Rechtsgeschäfte, welche bei Gelegenheit der Thätigkeit der Ehrengerichte beurkundet werden, nicht Platz.

Hiernach unterliegen insbesondere Vollmachten, welche ein Angeschuldigter einem Rechtsanwalt oder einem Arzt für die Vertretung im ehrengerichtlichen Verfahren ertheilt (§ 30 Abs. 2, § 36 d. Ges.), dem in der Tarifposition 73 zu dem Stempelsteuergesetz v. 31. Juli 1895 (G.S. S. 413) festgesetzten Stempel von 1,50 Mk. Vergleiche, welche durch das Vermittelungsverfahren zu Stande kommen, werden jedoch nur dann als stempelpflichtige Vergleiche im Sinne der Tarifposition 67 a. a. O. zu erachten sein, wenn dadurch streitige Honorarforderungen oder sonstige geldwerthe Ansprüche in rechtsgültiger Form anerkannt und entsprechend beurkundet werden. Sonst fallen die im Vermittelungsverfahren zu Stande kommenden Vergleiche unter die stempelfreien Amtshandlungen des Ehrengerichts.

## § 14.

Der Vorsitzende des Ehrengerichts hat alljährlich dem Ober-Präsidenten einen schriftlichen Bericht über die Thätigkeit des Ehrengerichts zu erstatten.[1])

Entw. I § 13, II § 12, III § 13 unverändert — vergl. § 61 der Rechtsanwaltsordnung.

---

[1]) Die Berichterstattung wird zweckmäßig gegen Ende Dezember zu erfolgen haben. Sie soll ein übersichtliches Bild über die Thätigkeit des Ehrengerichts während des abgelaufenen Geschäftsjahres geben. Zu diesem Zwecke werden in erster Linie die erforderlichen statistischen Daten über die Zahl der im Laufe des Jahres stattgehabten Sitzungen des Ehrengerichts, der beantragten, eingeleiteten, abgelehnten, beendigten oder noch schwebenden ehrengerichtlichen Untersuchungen, der ehrengerichtlichen Entscheidungen im förmlichen und nichtförmlichen Verfahren (§ 17 d. Ges.) die Art der erkannten Strafen, insbesondere die Höhe der Geldstrafen, sowie der Fälle erfolgreicher oder nicht erfolgreicher Vermittelung zu geben sein. Daneben wird aber auch eine eingehende Erörterung der einzelnen Fälle von allgemeinem Interesse und der bei

ihrer Entscheidung von dem Ehrengericht befolgten Grundsätze am Platze sein.

Der Bericht ist an sich nur zur Orientirung des Ober-Präsidenten und da dieser ihn regelmäßig der Centralstelle vorlegen wird, auch des Ministers der Medizinal-Angelegenheiten bestimmt. In der Regel wird aber nichts im Wege stehen, daß der Berichtsinhalt mit Genehmigung des Ober-Präsidenten zur Kenntniß der Aerzte des Kammerbezirks gebracht oder sonst veröffentlicht wird.

Verantwortlich für die Richtigkeit des Inhalts ist der Vorsitzende des Ehrengerichts. Selbstverständlich ist es nicht ausgeschlossen, im Gegentheil sogar wünschenswerth, daß der Vorsitzende den Mitgliedern des Ehrengerichts vor dem Abschlusse des Berichts von dem Inhalte Kenntniß giebt und ihre begründeten Ergänzungen berücksichtigt.

---

Zweiter Abschnitt.

# Ehrengerichtliches Strafverfahren.

## § 15.

Die ehrengerichtlichen Strafen sind:

1. Warnung,
2. Verweis [1]),
3. Geldstrafe bis zu 3000 Mark [2]),
4. auf Zeit beschränkte oder dauernde Entziehung des aktiven und passiven Wahlrechts zur Aerztekammer. [3])

Verweis, Geldstrafe und Entziehung des Wahlrechts können gleichzeitig als Strafe ausgesprochen werden. [4])

In besonders geeigneten Fällen kann auf Veröffentlichung der ehrengerichtlichen Entscheidung erkannt werden. [5])

Die Veröffentlichung erfolgt durch die von dem Ehrengericht alljährlich bestimmten Blätter, falls das Ehrengericht nicht in dem einzelnen Falle eine andere Art der Veröffentlichung für angemessen erachtet.[6]) Die Kosten der Veröffentlichung gehören zu den Kosten des ehrengerichtlichen Verfahrens.[7])

Entw. I § 15; Entw. II § 14; wie Gesetz; nur in Entw. I Nr. 4 statt „auf Zeit beschränkte“: „zeitweise“ und in Entw. I und II Abs. 2 hinter „können“: „mit Ausnahme der Fälle des § 16 (bezw. Entw. II § 15)“. Entw. III § 15 unverändert wie Gesetz.

Vorbemerkung: Die Begründung des Entw. III (S. 26) bemerkt:

„Das Strafsystem des Gesetzentwurfs entspricht dem System des § 63 der Rechtsanwaltsordnung. Während aber dort als schwerste Strafe die Ausschließung von der Rechtsanwaltschaft vorgesehen ist, war die Zulassung dieser Strafart hier schon wegen der Bestimmung des § 53 der Reichsgewerbe-Ordnung ausgeschlossen. Es ist vielmehr im § 15 (Entw. III) als 4. Strafart die auf Zeit beschränkte oder dauernde Entziehung des aktiven und passiven Wahlrechts zur Aerztekammer vorgesehen.

Als Strafschärfungsmittel ist die Publikation der ehrengerichtlichen Entscheidung zugelassen.“

In der Kommission des Abgeordnetenhauses wurde der Antrag gestellt, den Paragraph ganz zu streichen oder ev. Geldstrafen nur bis zu 300 Mk. zuzulassen. Dieser Antrag wurde indessen ebenso wie später im Plenum ein gleicher Antrag Langerhans abgelehnt.

Bei den Vorverhandlungen wurden wiederholt (so namentlich auch von Rechtsanwalt A. Hamburger in der Deutschen Juristen-Zeitung 1896 S. 294) Bedenken aufgeworfen, ob landesgesetzliche Vorschriften über die Festsetzung ehrengerichtlicher Strafen gegen Aerzte mit den Bestimmungen der Reichsgewerbe-Ordnung vereinbar seien. Mit Bezug hierauf heißt es in der Begründung des Entw. III (Drucks. des Abg.-Hauses Nr. 29 S. 19):

„Diese Bedenken sind bereits in den deutschen Einzelstaaten, welche derartige Landesgesetze erlassen haben (z. B. Baden, Hamburg, Sachsen), einer eingehenden Prüfung unterzogen worden. In der Begründung der Vorlage der Hamburger Aerzte-

Ordnung (Vorlage des Senats an die Bürgerschaft am 14. März 1894 S. 134 f.) wird darüber Folgendes ausgeführt:

„Nach § 29 der Gewerbe-Ordnung bedürfen diejenigen Personen, welche sich als Aerzte oder mit gleichlautenden Titeln bezeichnen, einer Approbation, über deren Ertheilung bestimmte Vorschriften erlassen sind, und können Personen, welche eine solche Approbation erlangt haben, innerhalb des Reichs in der Wahl des Ortes, wo sie ihr Gewerbe betreiben wollen, nicht beschränkt werden. Nach § 53 a. a. O. können ferner „die Approbationen von der Verwaltungsbehörde nur dann zurückgenommen werden, wenn die Unrichtigkeit der Nachweise dargethan wird, auf Grund deren solche ertheilt worden sind, oder wenn dem Inhaber der Approbation die bürgerlichen Ehrenrechte aberkannt sind, in letzterem Falle jedoch nur für die Dauer des Ehrverlustes.“ Weiter ist in § 143 a. a. O. bestimmt:

„Die Berechtigung zum Gewerbebetriebe kann, abgesehen von den in den Reichsgesetzen vorgesehenen Fällen ihrer Entziehung weder durch richterliche noch durch administrative Entscheidung entzogen werden“, und in § 40:

„Die in § 29 erwähnten Approbationen dürfen weder auf Zeit ertheilt, noch vorbehaltlich der Bestimmungen in den §§ 53 und 143 widerrufen werden.“

Hiernach kann die Entziehung einer ärztlichen Approbation nur in den kaum wesentlich in Betracht kommenden Ausnahmefällen des § 53 erfolgen. Dagegen ist in § 144 a. a. O. bestimmt:

„Inwiefern, abgesehen von den Vorschriften über die Entziehung des Gewerbebetriebes (§ 143), Zuwiderhandlungen der Gewerbtreibenden gegen ihre Berufspflichten außer den in diesem Gesetze erwähnten Fällen einer Strafe unterliegen, ist nach den darüber bestehenden Gesetzen zu beurtheilen.

Jedoch werden aufgehoben die für die Medizinalpersonen bestehenden besonderen Bestimmungen, welche ihnen unter Androhung von Strafen einen Zwang zur ärztlichen Hilfe auferlegen.“

Endlich heißt es in den Motiven zu § 6 a. a. O., demzufolge die Gewerbeordnung auf die Ausübung der Heilkunde nur insoweit Anwendung findet, als sie ausdrückliche Bestimmungen über dieselbe enthält:

Die Landesgesetze über die Ausübung der Heilkunde mußten vorbehalten bleiben, weil es nicht in der Absicht liegen kann, durch die Gewerbeordnung in die Medizinalverfassung der einzelnen Bundesstaaten weiter einzugreifen, als es nothwendig ist, um für das ärztliche und für das Apothekergewerbe, wie es im § 29 geschehen, die Freizügigkeit herzustellen.

Der Senat ist der Ansicht, daß der § 144 der Gewerbeordnung im Zusammenhang mit den anderen vorerwähnten Bestimmungen dieses Gesetzes und dem angeführten Passus der Motive zu § 6 desselben der Landesgesetzgebung bezüglich der Einführung von Disziplinarstrafen gegen Aerzte, soweit es sich bei denselben nicht um eine über die Bestimmungen des § 53 hinausgehende Entziehung der Approbation handelt, freie Hand läßt und er sieht eine Bestätigung dieser Auffassung darin, daß die Rechtsgiltigkeit der oben erwähnten landesgesetzlichen Bestimmungen (anderer deutscher Staaten) über das Disziplinarverfahren gegen Aerzte auch von den dieselben ausdrücklich erwähnenden wissenschaftlichen Vertretern des Staats- und Verwaltungsrechts nicht in Zweifel gezogen worden ist." Diesen Ausführungen kann nur vollständig beigepflichtet werden.""

Unter den von dem Hamburger Senat angeführten wissenschaftlichen Vertretern des Staats- und Verwaltungsrechts befinden sich Laband und v. Landmann. Neuerdings haben die Frage in dem gleichen Sinne behandelt Appelius in der Deutsch. Med. Wochenschr. 1896 S. 650 und Prof. v. Seydel in der Münch. Med. Wochenschr. 1897 S. 1052.

---

[1]) Verweis ist härtere Strafe als die Warnung, die als die mildeste der zulässigen Strafarten anzusehen ist.

Andererseits ist aber in dem vorliegenden Gesetze der „Verweis" als mildere Strafart gegenüber der „Geldstrafe" gedacht. Insofern ist doch eine gewisse Abweichung von dem Strafensystem der Rechtsanwaltsordnung vorhanden. Denn in dieser ist nach der Rechtsprechung des Ehrengerichtshofes der Verweis für eine härtere Ahndung, als eine Geldstrafe bis zu 150 Mk. anzusehen, weil dort (nach den §§ 6 Nr. 3, 15 Nr. 1 und 43 Nr. 3 RAO.) gewisse Rechtsnachtheile an eine Bestrafung mit einem Verweis, nicht aber an eine Bestrafung mit einer Geldstrafe von 150 Mk. oder darunter geknüpft sind. Aehnliche Folgen sind in dem vorliegenden Gesetze nicht festgesetzt; es unterliegt daher die obige Graduirung des Verweises nach der ihm im Gesetze gegebenen Stellung keinem Bedenken.

[2]) Geldstrafe wird stets dann anzuwenden sein, wenn Warnung oder Verweis nach Lage des Falles nicht angemessen oder als unreichende Strafe erscheinen. Namentlich wird sie bei eigennützigen Motiven am Platze sein, wie dies auch der Ehrengerichtshof der Rechtsanwälte angenommen hat (vergl. Entscheid. dieses Gerichtsh. Bd. II S. 67, VII S. 116). Andererseits bedarf es zur Ver-

hängung von Geldstrafen nicht der Feststellung der Gewinnsucht (Entsch. a. a. O. Bd. V S. 66).

Ebenso ist das Unvermögen des Angeschuldigten zur Aufbringung einer Geldstrafe für die Wahl und Ausmessung der letzteren unerheblich (so Entscheid. a. a. O. Bd. III S. 191, Bd. IV S. 206, Bd. VII S. 133).

Selbstredend wird aber bei der Abmessung der Höhe der Geldstrafe die wirthschaftlich gute Lage des Angeschuldigten, der Gewinn, den er aus der Pflichtverletzung gezogen, nicht außer Acht zu lassen sein.

Der Mindestbetrag der Geldstrafe ist (im Gegensatz z. B. zu dem Sächs. Gesetz, wo er auf 20 Mk. normirt ist) nicht bestimmt. Nach der Analogie des § 27 des Reichs-Straf-Gesetzbuches wird man daher 1 Mk. als Mindestsatz einer zulässigen Geldstrafe ansehen müssen. Praktisch wird dies indessen hier kaum werden, da die Ehrengerichte es wohl stets vorziehen werden, statt auf eine so niedrige Geldstrafe, auf Verweis zu erkennen. Anders dagegen steht es mit der Ordnungsstrafe im Vermittelungsverfahren, s. § 10 Abs. 2.

Eine Umwandlung der Geldstrafe in Freiheitsstrafe im Falle der Uneinziehbarkeit der ersteren ist ausgeschlossen.

[3]) Die Entziehung des aktiven und passiven Wahlrechts zur Aerztekammer soll nach der Absicht des Gesetzes die schwerste zulässige Strafart sein. Ideell gedacht ist dies auch richtig. In der Praxis aber wird — und wie sich nach den Erfahrungen mit der analogen Vorschrift des § 5 der Verordn. v. 25. Mai 1887 nicht verkennen läßt, mit Recht (s. oben Einleitung S. 4 ff.) — die Geldstrafe als eine wirksamere und schwerwiegendere Form der Bestrafung angesehen und demgemäß in schweren Verfehlungsfällen wohl stets auf hohe Geldstrafe und Entziehung des Wahlrechts erkannt werden (s. auch folg. Anm.).

Ueber die Höchstgrenze der auf Zeit beschränkten Entziehung des Wahlrechts ist im Gesetz eine Bestimmung nicht getroffen. Die Höchstgrenze allzuhoch zu setzen, dürfte sich kaum empfehlen.

[4]) Die Zulässigkeit der Verbindung mehrerer Strafarten soll die Möglichkeit steigern. der Individualität des Falles gerecht zu werden.

Es kann daher für eine Verfehlung kumulativ gleichzeitig auf Verweis, Geldstrafe und Entziehung des Wahlrechts erkannt werden.

Andererseits ist aber auch in dem Verfahren vor den ärztlichen Ehrengerichten der auf Grund der analogen Vorschriften der Rechtsanwaltsordnung von dem Ehrengerichtshofe ausgesprochene Rechtsgrundsatz (Entsch. Bd. IV S. 26, 81, 91) festzuhalten, daß, auch wenn mehrere an sich selbständige Handlungen vorliegen, stets auf eine Gesammtstrafe zu erkennen ist.

[5]) Die Veröffentlichung der ehrengerichtlichen Entscheidung ist als weiteres Strafschärfungsmittel gedacht. Dieselbe wird wörtlich mit dem vollen Namen des Verurtheilten zu erfolgen haben, da der Zweck ist, der Oeffentlichkeit von dem strafwürdigen Verhalten des betr. Arztes Kenntniß zu geben.

Selbstverständlich wird zu diesem Mittel nur in sehr schweren Fällen gegriffen werden können.

Von dieser Veröffentlichung eines ehrengerichtlichen Urtheils zu Strafzwecken ist die Veröffentlichung ergangener Entscheidungen der Ehrengerichte und des Ehrengerichtshofes behufs Feststellung von Rechts- und Verfahrensgrundsätzen wohl zu unterscheiden. Letztere Publikation wird hoffentlich bald in ähnlicher Weise erfolgen, wie dies bezüglich der Entscheidungen des Ehrengerichtshofes der deutschen Rechtsanwälte geschehen ist. Von letzteren Entscheidungen sind bis jetzt 8 Bde. in Berlin — Möser's Hofbuchhandlung — erschienen. Sie können vielfach in Bezug auf Form und Inhalt den Entscheidungen der ärztlichen Ehrengerichte als Vorbild dienen. Sie werden daher in der Bibliothek der ärztlichen Ehrengerichte nicht fehlen dürfen.

[6]) Das Ehrengericht wird ebensowohl Tagesblätter, als auch Fachzeitschriften ein- für allemal für die Strafpublikationen bestimmen können. Daneben kann es im einzelnen Falle noch weitere Arten der Veröffentlichung (z. B. Verlesung des Erkenntnisses in der öffentlichen Sitzung der Aerztekammer oder in einer Aerzteversammlung, Aushang, Veröffentlichung in noch weiteren Zeitungen u. s. w.) anordnen.

Die Veröffentlichung wird stets erst nach Rechtskraft der Entscheidung zu erfolgen haben.

[7]) Aus dem Schlußsatze folgt, daß der Verurtheilte nach § 46 d. Ges. die von der Kasse der Aerztekammer verauslagten Kosten der Veröffentlichung zu erstatten hat.

## § 16.[1])

Ist gegen einen Arzt wegen einer strafbaren Handlung die öffentliche Klage [2]) erhoben oder das Verfahren auf Zurücknahme der Approbation eingeleitet [3]), so ist während der Dauer jenes Verfahrens wegen der nämlichen Thatsachen das ehrengerichtliche Verfahren nicht zu eröffnen und das eröffnete auszusetzen.[4])

Ist im gerichtlichen Strafverfahren auf Freisprechung oder auf Einstellung des Verfahrens erkannt oder ist das Verfahren auf Zurücknahme der Approbation eingestellt, so findet wegen derjenigen Thatsachen, welche in dem vorangegangenen Verfahren zur Erörterung gelangt sind, ein ehrengerichtliches Verfahren nur insofern statt, als diese Thatsachen an sich und unabhängig von dem Thatbestand einer im Strafgesetze vorgesehenen Handlung oder des § 53 der Reichs-Gewerbe-Ordnung die ehrengerichtliche Bestrafung begründen.[5])

Ist im gerichtlichen Strafverfahren eine Verurtheilung ergangen, auf Grund deren die Verwaltungsbehörde die Approbation nicht oder nur auf Zeit zurücknehmen kann (§ 53 der Reichs-Gewerbe-Ordnung), so beschließt das Ehrengericht, ob außerdem das ehrengerichtliche Verfahren zu eröffnen oder fortzusetzen ist.[6])

Wird nach Eröffnung oder Aussetzung des ehrengerichtlichen Verfahrens die Approbation des Angeschuldigten dauernd zurückgenommen, so ist das ehrengerichtliche Verfahren einzustellen.[7]) Veröffentlichung des Einstellungsbeschlusses ist nach Maßgabe des § 15 zulässig.[8])

Kann im gerichtlichen Strafverfahren eine Hauptverhandlung nicht stattfinden, weil der Angeklagte abwesend ist, so findet die Vorschrift des Absatzes 1 keine Anwendung.[9])

Entw. I § 17, Entw. II § 16, Entw. III § 16 wie Gesetz § 16, nur in Entw. I und II in Abs. 4: „nach Maßgabe des Schlußsatzes im § 16 (Entw. II: § 15)."

In den Entw. I und II fand sich außerdem folgender § 16 bezw. § 15:

> Wegen Handlungen, welche ein Arzt vor Erlangung seiner Approbation begangen hat, ist ein ehrengerichtliches Verfahren nur zulässig, wenn die Handlungen die dauernde Entziehung des Wahlrechts zur Aerztekammer zu begründen geeignet sind.

Diese dem § 64 der Rechtsanwaltsordnung nachgebildete Bestimmung wurde dem Wunsche der Aerztekammern und des A.-K.-Ausschusses entsprechend (s. Einl. S. 17) in den Entw. III nicht aufgenommen.

---

[1]) Die Bestimmungen dieses Paragraphen entsprechen dem § 65 der Rechtsanw.Ordn., der seinerseits im Wesentlichen den §§ 77, 78 des Reichsbeamtengesetzes vom 31. März 1873 bezw. den diesen Vorschriften zu Grunde liegenden §§ 4 und 5 des Preuß. Gesetzes betr. die Dienstvergehen der nichtrichterlichen Beamten v. 21. Juli 1852 nachgebildet ist. Berücksichtigt ist hier aber auch noch, daß gegen einen Arzt neben einem gerichtlichen Strafverfahren auch noch das Verwaltungsverfahren auf Entziehung der Approbation schweben kann.

Durch die Vorschriften des § 16 soll vermieden werden, daß wegen ein und desselben Thatbestandes das ärztliche Ehrengericht und die ordentlichen Strafgerichte einerseits oder das ärztliche Ehrengericht und die Verwaltungsgerichte andererseits Entscheidungen fällen, die miteinander nicht vereinbar sind.

[2]) Oeffentliche Klage ist Anklage der Staatsanwaltschaft (R.Str.P.O. §§ 151, 152). Die Privatklage fällt also nicht hierunter.

Von der Eröffnung des Hauptverfahrens gegen einen Arzt werden die Staatsanwaltschaften den ärztlichen Ehrengerichten, soweit es sich nicht um die § 2 Nr. 1—3 bezeichneten Aerzte handelt, Kenntniß geben. Siehe Geschäftsordnung für die ärztlichen Ehrengerichte und den Ehrengerichtshof.

[3]) Die Einleitung des Verfahrens auf Zurücknahme der Approbation ist nach § 53 der Reichs-Gewerbe-Ordnung (Fassung der Novelle v. 1. Juli 1883) nur zulässig

a) wenn die Unrichtigkeit der Nachweise dargethan wird, auf Grund deren die Approbation ertheilt worden ist oder
b) wenn dem Inhaber der Approbation die bürgerlichen Ehrenrechte aberkannt sind, im letzteren Falle jedoch nur für die Dauer des Ehrverlustes.

Vgl. dazu auch Vorbemerkung zu § 15 S. 78.

Ueber die Aberkennung der bürgerlichen Ehrenrechte bestimmt § 32 des R.St.G.B.:

„Neben der Todesstrafe und der Zuchthausstrafe kann auf den Verlust der bürgerlichen Ehrenrechte erkannt werden, neben der Gefängnißstrafe nur, wenn die Dauer der erkannten Strafe drei Monate erreicht und entweder das Gesetz den Verlust der bürgerlichen Ehrenrechte ausdrücklich zuläßt oder die Gefängnißstrafe wegen Annahme mildernder Umstände an Stelle von Zuchthausstrafe ausgesprochen wird.

Die Dauer dieses Verlustes beträgt bei zeitiger Zuchthausstrafe mindestens zwei und höchstens zehn Jahre, bei Gefängnißstrafe mindestens ein Jahr und höchstens fünf Jahre."

Dauernde Aberkennung der bürgerlichen Ehrenrechte und demzufolge dauernde Zurücknahme der ärztlichen Approbation ist hiernach nur zulässig bei rechtskräftiger Verurtheilung zur Todes- oder lebenslänglichen Zuchthausstrafe.

Zuständig für die Zurücknahme der Approbation ist in Preußen nach § 54 der Reichs-Gewerbe-Ordnung und § 120 Nr. 1 des Zuständigkeitsgesetzes vom 1. August 1883 (G.S. S. 237) der Bezirks-Ausschuß. Gegen die Entscheidung desselben ist Berufung an das Ober-Verwaltungsgericht zulässig, das endgültig entscheidet (§ 93 des Landesverwaltungsgesetzes vom 30. Juli 1883).

Von der Einleitung des Verfahrens auf Zurücknahme der Approbation sollen die Bezirksausschüsse den ärztlichen Ehrengerichten Mittheilung machen; s. Geschäftsordnung für die Ehrengerichte.

⁴) Nur wegen der nämlichen Thatsachen, d. h. also wegen des vor dem Strafgericht oder dem Bezirksausschuß erörterten Thatbestandes ist die gleichzeitige Eröffnung des ehrengerichtlichen Verfahrens ausgeschlossen oder die Aussetzung des bereits eröffneten ehrengerichtlichen Verfahrens vorgeschrieben. Dies gilt nicht nur für das förmliche, sondern auch für das nichtförmliche ehrengerichtliche Verfahren.

Wegen anderer Thatsachen kann dagegen das ehrengerichtliche Verfahren auch neben einem Strafverfahren oder neben dem Verfahren auf Zurücknahme der Approbation eröffnet und das bereits eröffnete Verfahren weiter fortgeführt werden.

⁵) In den Abs. 2, 3 und 4 werden die Rechtswirkungen der in dem Strafverfahren oder der in dem Verfahren auf Approbationszurücknahme ergehenden Entscheidungen auf das beabsichtigte oder das bereits eröffnete ehrengerichtliche Verfahren geregelt.

Abs. 2 bestimmt, daß die in dem Strafverfahren erfolgende Freisprechung oder die durch Urtheil erfolgende Einstellung des Strafverfahrens -- St.P.O. § 259 — auch für das ehrengerichtliche Verfahren gilt. Dagegen bezieht sich diese Vorschrift nicht auf den strafrichterlichen Einstellungsbeschluß (St.P.O. § 202).

Das ärztliche Ehrengericht ist aber nur insoweit an das freisprechende Strafurtheil oder an die das Verfahren auf Approbationsentziehung einstellende Verwaltungsgerichts-Entscheidung gebunden, als nicht die dort erörterten Thatsachen an sich und unabhängig von dem Thatbestand einer im Strafgesetze vorgesehenen Handlung oder des § 53 der R.G.O (s. oben Anm. 3) eine ehrengerichtliche Bestrafung wegen Verletzung der durch § 3 d. Ges. dem Arzte auferlegten speziellen Pflichten begründen (so auch Entscheid. des Ehrengerichtshofes der deutschen Rechtsanw. Bd. V S. 201 in Auslegung des analogen § 65 Abs. 2 R.A.O.).

⁶) Abs. 3 trifft über den Fall Bestimmung, daß im Strafverfahren eine Verurtheilung ergangen ist, auf Grund deren die dauernde Entziehung der Approbation nach § 53 R.G.O. nicht erfolgen kann.

Auch in diesem Falle wird das ärztliche Ehrengericht die im gerichtlichen Strafverfahren durch rechtskräftiges Urtheil getroffenen thatsächlichen Feststellungen für das ehrengerichtliche Verfahren als maßgebend anzusehen haben, wie dies der Ehrengerichtshof für deutsche Rechtsanwälte für das analoge Verfahren gegen einen R.A. in gleichbleibender Rechtsprechung angenommen hat. Vgl. Entsch. dies. Gerichtsh. Bd. I S. 27, 70, 76, 129, 177, Bd. II S. 89, Bd. III S. 73, 76, 220, Bd. IV S. 35, 122, 145, Bd. VI S. 26, 31, 33, 39, 40, 55, 59, 140, 162, Bd. VII S. 13, 20, Bd. VIII S. 15, 38.

Im Uebrigen gilt hier der Grundsatz, daß Verurtheilung durch den Strafrichter die ehrengerichtliche Bestrafung nicht ausschließt.

Der Verurtheilung im gerichtlichen Strafverfahren wird man auch Entscheidungen staatlicher Disziplinarbehörden gegen einen beamteten pp. Arzt, sofern deren Entscheidung auf Dienstentlassung lautet, gleichzustellen haben. In solchem Falle erscheint § 16 Abs. 3 analog anwendbar. Das ärztliche Ehrengericht wird — ebenso wie dies der Ehrengerichtshof für deutsche R.A. annimmt, vgl. Entsch. Bd. I S. 83, Bd. II S. 24, 35, Bd. III S. 135, 139, 302, Bd. V S. 196 (ausführliche Begründung), Bd. VI S. 18, 44, Bd. VIII S. 59, 86 — in der Regel die thatsächlichen Feststellungen des staatlichen Disziplinarrichters auch seiner Entscheidung zu Grunde zu legen haben. Eine Abweichung greift nur Platz, wenn etwa besondere Umstände ausnahmsweise die Unrichtigkeit jener Feststellungen darlegen. Vgl. die angef. Entsch. Bd. V S. 197, Bd. VI S. 18, 34. Diese Umstände sind zu beweisen. Entsch. a. a. O. Bd. VI S. 26, 44, Bd. VII S. 21. Einseitige Angaben des Beschuldigten genügen nicht, angef. Entsch. Bd. VIII S. 60.

[7]) Dauernde Entziehung der Approbation — vgl. oben Anm. 3 — macht das ehrengerichtliche Verfahren gegenstandslos, vgl. Anm. 1 zu § 2 (S. 31). Die Einstellung des Verfahrens erfolgt durch Beschluß nach § 29 d. Ges.

[8]) Die Veröffentlichung des mit Gründen zu versehenden Einstellungsbeschlusses ist vorgesehen, um die Gründe der Approbationsentziehung darlegen und Mißbrauch der Thatsache der Einstellung des ehrengerichtlichen Verfahrens verhindern zu können.

[9]) Nach § 319 St.P.O. kann gegen einen „Abwesenden" — d. h. nach § 318 St.P.O. gegen eine Person, deren Aufenthalts-

ort unbekannt ist oder die sich im Auslande aufhält und deren Gestellung vor das zuständige Gericht nicht ausführbar oder nicht angemessen ist, — eine Hauptverhandlung nur dann stattfinden, wenn die den Gegenstand der Untersuchung bildende That nur mit Geldstrafe oder mit Einziehung allein oder in Verbindung miteinander, bedroht ist. Ist es nach diesen Vorschriften unmöglich, das Strafverfahren gegen einen Arzt zu beendigen, so würde, falls die Vorschrift des Abs. 1 in diesem Falle Platz griffe, auch das ehrengerichtliche Verfahren nicht beendigt werden können. Dies würde ein Mißstand sein, der im öffentlichen Interesse zu beklagen wäre. Deshalb ist die Vorschrift des Schlußabsatzes in sich wohl begründet. Ueber das Verfahren s. Erläut. zu § 36 d. Ges.

## § 17.[1])

Warnung, Verweis und Geldstrafen bis zu 300 Mark können nach Anhörung des Beauftragten des Oberpräsidenten (§ 12 Abs. 2) ohne förmliches ehrengerichtliches Verfahren durch Beschluß des Ehrengerichts verhängt werden.[2])

In jedem Falle ist jedoch der Angeschuldigte über die ihm zur Last gelegte Verfehlung zu hören.[3])

Dem Angeschuldigten und dem Beauftragten des Oberpräsidenten steht das Recht zu, vor der Beschlußfassung auf Eröffnung des förmlichen ehrengerichtlichen Verfahrens anzutragen.[4]) Die Ablehnung des Antrages ist nur bei gleichzeitiger Einstellung des nichtförmlichen ehrengerichtlichen Verfahrens zulässig.[5])

Entw. I § 18, II § 17, III § 17 unverändert; nur in Abs. 1 überall Citat: „§ 11 Abs. 2."

Vorbemerkung: In der Kommission des Abg.-Hauses wurde die Streichung des vorliegenden Paragraphen beantragt. Dieselbe wurde verworfen, da die Kommission in Uebereinstimmung mit den Regierungskommissaren in diesem Paragraphen lediglich eine Erleichterung des Verfahrens erblickte (Komm.Ber. Drucks. des Abg.=Hauses Nr. 201 S. 5).

Ebenso wurde auch der Antrag des Abg. Dr. Langerhans bei der II. Plenarberathung des Abg.=Hauses abgelehnt, in Abs. 3 die Worte: „und dem Beauftragten des Ober=Präsidenten" zu streichen.

---

[1]) Wie schon bei der Kommissionsberathung hervorgehoben ist, bezweckt der § 17 eine Erleichterung und Vereinfachung des Verfahrens. Es entsprach dies den Wünschen zahlreicher Aerztekammern, vgl. Einleit. S. 6 V 1.

Nach der Absicht des Gesetzes sollen leichtere Verfehlungen ohne förmliches ehrengerichtliches Verfahren, d. h. ohne förmliche Voruntersuchung (§§ 20 ff.), ohne Anklageschrift (§ 28) und ohne Hauptverhandlung (§§ 30 ff.), durch Beschluß des Ehrengerichts bestraft werden können.

[2]) Voraussetzung und Bedingung des vereinfachten Verfahrens ist, daß keine schwerere Strafe als Warnung, Verweis oder Geldstrafe bis zu 300 Mk. verhängt wird. Kommt das Ehrengericht in der entscheidenden Beschlußsitzung zu dem Ergebniß, daß auf Geldstrafe von mehr als 300 Mk. oder auf Entziehung des Wahlrechts erkannt werden müsse, so ist Eröffnung des förmlichen Verfahrens (nach § 20 d. Ges.) erforderlich.

Wesentlich ist ferner auch in dem vereinfachten Verfahren die Anhörung des Beauftragten des Ober=Präsidenten.

Derselbe hat auch hier — ebenso wie im förmlichen Verfahren, vgl. § 22 d. Ges. — die Anklage zu vertreten. Es wird ihm daher auch (nach Analogie des § 26 d. Ges.) von dem Verlauf des vereinfachten Verfahrens fortgesetzt Kenntniß und Gelegenheit zu geben sein, seine Anträge zu stellen — vgl. auch Abs. 3 und Anm. 5 dazu. Insbesondere wird es sich in der Regel empfehlen, den Beauftragten des Ober=Präsidenten zu der entscheidenden Beschlußsitzung zuzuziehen.

Der Strafbeschluß des Ehrengerichts kann nicht durch schriftliche Abstimmung nach Maßgabe des § 8 Abs. 3 d. Ges. herbeigeführt werden, da es sich nicht um einen prozeßleitenden Beschluß im Sinne des angef. § 8 handelt — vgl. oben Anm. 3 zu § 8 S. 61. Es ist vielmehr mündliche Berathung und Beschlußfassung in einer Sitzung des Ehrengerichts — vgl. § 8 Abs. 1 und 2 d. Ges. — nöthig.

[3]) Ob der Angeschuldigte schriftlich über die ihm zur Last gelegte Verfehlung zu hören oder mündlich durch ein Mitglied des Ehrengerichts oder im Wege des Ersuchens durch das Amtsgericht oder die Ortspolizeibehörde seines Wohn- oder Aufenthaltsortes zu vernehmen ist, entscheidet das Ehrengericht.

Ebenso beschließt das Ehrengericht auch in dem vereinfachten Verfahren über Art, Inhalt und Umfang der Beweisaufnahme, jedoch mit der in § 11 Abs. 3 d. Ges. ausdrücklich festgesetzten Beschränkung, daß die Vernehmung von Zeugen und Sachverständigen dabei nur uneidlich und nicht durch Ersuchen der Gerichte, sondern nur durch ortspolizeiliche Vernehmung oder durch Vernehmung seitens des Ehrengerichts oder eines beauftragten Mitgliedes desselben erfolgen darf — vgl. Erläut. zu § 11 oben S. 70 ff.

[4]) Die dem nichtförmlichen Verfahren anhaftende Beschränkung der Beweisaufnahme macht es nothwendig, dem Angeschuldigten, wie dem Beauftragten des Ober-Präsidenten das Recht zu geben, jederzeit auf Eröffnung des förmlichen Verfahrens und damit auf eidliche Vernehmung von Zeugen und Sachverständigen anzutragen. Der Beauftragte des Ober-Präsidenten wird einen solchen Antrag nicht nur in Wahrnehmung der Interessen der Anklage, sondern auch dann zu stellen haben, wenn er eidliche Vernehmungen behufs voller Wahrheitsermittelung zu Gunsten des Angeschuldigten für nöthig hält — vgl. auch oben Anm. 2 zu § 12 d. Ges. (S. 74).

[5]) Aus dem in Anm. 4 angeführten Gesichtspunkte ist in dem Schlußsatz des § 17 die Ablehnung des Antrages auf Eröffnung des förmlichen Verfahrens nur bei gleichzeitiger Einstellung des ehrengerichtlichen Verfahrens überhaupt für zulässig erklärt.

Diese Einstellung des nichtförmlichen Verfahrens hat durch Beschluß nach § 29 d. Ges. zu erfolgen — vgl. diesen Paragraph und Erläut. dazu.

## § 18.

Ein nach § 17 Abs. 1 gefaßter Beschluß ist in schriftlicher, mit Gründen versehener Ausfertigung dem Angeschuldigten und dem Beauftragten des Oberpräsidenten zuzustellen.[1])

Beiden Theilen steht die Beschwerde an den Ehrengerichtshof zu.[2])

Die Beschwerdefrist beträgt 1 Monat und beginnt mit der Zustellung des Beschlusses.[3])

Entw. I § 19, II § 18, III § 18 wie Gesetz, nur im Entw. I Citat: § 18 Abs. 1 und in Abs. 3 aller drei Entwürfe statt 1 Monat: 4 Wochen. Die Abänderung ist in der Kommission des Abg.-Hauses erfolgt.

---

[1]) Die Ausfertigung des Strafbeschlusses erfolgt unter Siegel und Unterschrift des Vorsitzenden des Ehrengerichts. Ueber die Form des Beschlusses vgl. Geschäftsordnung für die ärztl. Ehrengerichte.

Die Zustellung erfolgt nach den Vorschriften des § 48 d. Ges. Die Zustellungsurkunden sind zu den Akten des Ehrengerichts zu bringen.

[2]) Die Beschwerde steht sowohl dem Angeschuldigten als dem Beauftragten des Ober-Präsidenten zu.

Für die Einlegung der Beschwerde sind die Vorschriften des § 39, für die Rechtfertigung § 41, für das Verfahren vor dem Ehrengerichtshof §§ 44 und 45 d. Ges. maßgebend.

[3]) Die Bestimmungen des Abs. 3 würden sich auch ohne Weiteres aus den §§ 45 Abs. 2 und 39 Abs. 4 d. Ges. haben ableiten lassen.

Die Vorschrift, daß die Beschwerdefrist mit der Zustellung des Beschlusses beginnt, ist aus § 39 Abs. 4 d. Ges. dahin zu ergänzen, daß die Frist von 1 Monat für den Angeschuldigten und den Beauftragten des Ober-Präsidenten mit dem Ablaufe des Tages beginnt, an welchem dem Angeschuldigten die Ausfertigung des Beschlusses zugestellt ist.

## § 19.

**Das förmliche ehrengerichtliche Verfahren besteht in Voruntersuchung [1]) und Hauptverhandlung. [2])**

Entw. I § 20, II und III § 19 unverändert.

[1]) Die Vorschriften über die Voruntersuchung sind in den §§ 20—27 d. Ges. enthalten. Ueber die Aufgabe der Voruntersuchung s. Anm. 1 zu § 24. Die Voruntersuchung schließt mit der Einstellung des Verfahrens (§ 29) oder mit Erhebung der Anklage (§ 30 d. Ges.).

[2]) Ueber die Hauptverhandlung bestimmen die §§ 32—38 d. Ges.

## § 20.

**Die Voruntersuchung wird durch einen Beschluß des Ehrengerichts eröffnet, in welchem die dem Angeschuldigten zur Last gelegten Verfehlungen aufzuführen sind. [1])**

**Außerdem ist in dem Beschlusse der Untersuchungskommissar und der Vertreter der Anklage zu benennen. [2]) [3])**

Entw. I § 21, II und III § 20 unverändert.

[1]) Daß die Voruntersuchung nur auf Antrag zu eröffnen ist, ist nicht vorgeschrieben. Der Eröffnungsbeschluß kann vielmehr auch von Amtswegen seitens des Ehrengerichts gefaßt werden.

In der Praxis wird es sich empfehlen, die bei dem Ehrengericht einlaufenden Anzeigen und Beschwerden über erhebliche Pflichtverletzungen von Aerzten — nur solche können selbstverständlich für das förmliche ehrengerichtliche Verfahren in Betracht kommen (vgl. Anm. 1 zu § 23) — nach vorläufiger Anhörung des Angeschuldigten, dem Beauftragten des Ober-Präsidenten „zur Kenntnißnahme und eventuellen Stellung des Antrages auf Eröffnung der Voruntersuchung“ vorzulegen. Lehnt der Beauftragte des Ober-Präsidenten die Antragstellung ab, so schließt dies die Eröffnung der Voruntersuchung durch das Ehrengericht, wie bereits erwähnt, nicht aus.

In dem Eröffnungsbeschlusse sind die dem Angeschuldigten zur Last gelegten Verfehlungen einzeln und womöglich mit fortlaufenden Nummern versehen anzuführen. Da der Beschluß die Grundlage des gesammten ferneren Verfahrens bildet, ist scharfe Formulirung der einzelnen Anschuldigungspunkte nothwendig.

Dabei ist jedoch zu beachten, daß der Eröffnungsbeschluß keineswegs die gleiche Bedeutung hat, wie der Beschluß auf Eröffnung des gerichtlichen Hauptverfahrens nach der Reichs-Straf-Prozeß-Ordnung. Denn nach § 201 St.P.O. kann das Gericht die Eröffnung des Hauptverfahrens nur beschließen, wenn nach den Ergebnissen der Voruntersuchung oder, falls eine solche nicht stattgefunden hat, nach den Ergebnissen des vorbereitenden Verfahrens der Angeschuldigte einer strafbaren Handlung „hinreichend verdächtig" erscheint. In dem ehrengerichtlichen Strafverfahren ist dagegen die Voruntersuchung zu eröffnen:

a) sofern ein Arzt eine solche gegen sich selbst beantragt — vgl. § 3 Abs. 3 d. Ges. — oder
b) sofern die dem Angeschuldigten zur Last gelegte Pflichtverletzung sich nicht von vornherein aus rechtlichen oder thatsächlichen Gründen als unbegründet herausstellt — vgl. Anm. 1 zu § 23.

Der Eröffnungsbeschluß kann auf schriftlichem Wege nach § 8 Abs. 3 d. Ges. gefaßt werden — vgl. oben Anm. 3 zu § 8 (S. 61).

[2]) Die Namhaftmachung des Untersuchungskommissars und des Vertreters der Anklage hat den Zweck, eine urkundliche Legitimation dieser Amtspersonen dem Angeschuldigten sowie Dritten gegenüber zu schaffen.

Die Zurücknahme der Bestellung und die Ernennung eines anderen Untersuchungskommissars oder eines anderen Vertreters der Anklage — selbstverständlich nur innerhalb des Kreises der gesetzlich hierfür qualifizirten Personen (vgl. Anm. 1 Abs. 3 zu § 21 und § 22) — ist durch Beschluß des Ehrengerichts jederzeit zulässig.

[3]) Der Beschluß über die Eröffnung der Voruntersuchung ist dem Angeschuldigten — vgl. Anm. 2 zu § 24 — und dem Vertreter der Anklage nach Maßgabe des § 48 d. Ges. zuzustellen. Die Zustellungsurkunden sind zu den Akten zu bringen.

## § 21.

**Als Untersuchungskommissar ist in der Regel das richterliche Mitglied des Ehrengerichts zu bestellen.[1])**

Entw. I § 22, II und III § 21 unverändert.

---

[1]) Da der Untersuchungskommissar zahlreiche Rechts- und schwierige Verfahrensfragen zu erledigen haben wird, hat es das Gesetz für zweckmäßig erachtet, die Bestellung des richterlichen Mitgliedes des Ehrengerichts zum Untersuchungskommissar als die Regel hinzustellen.

Es ist damit aber nicht ausgeschlossen, daß durch Mehrheitsbeschluß des Ehrengerichts ein ärztliches Mitglied des Ehrengerichts zum Untersuchungskommissar bestellt wird.

Die Bestellung eines dem Ehrengericht nicht als Mitglied oder als berufener Stellvertreter angehörigen Untersuchungskommissars erscheint dagegen nicht zulässig, da die Voruntersuchung ein Theil des ehrengerichtlichen Verfahrens ist.

Das zum Untersuchungskommissar in Aussicht genommene Mitglied des Ehrengerichts ist bei der Abstimmung über seine Bestellung, falls eine solche nothwendig wird, nicht ausgeschlossen.

## § 22.

Die Anklage vertritt der Beauftragte des Oberpräsidenten (§ 12 Abs. 2).[1])

Entw. I § 23, II und III § 22 wie Gesetz; nur Citat überall: „§ 11 Abs. 2."

---

[1]) Ueber die Stellung des Vertreters der Anklage im Allgemeinen vgl. Anm. 2 zu § 12 (S. 74).

## § 23.

Die Eröffnung der Voruntersuchung kann von dem Ehrengerichte sowohl aus rechtlichen, wie aus thatsächlichen Gründen abgelehnt werden.[1])

Gegen den ablehnenden Beschluß steht dem Vertreter der Anklage binnen 1 Monat die Beschwerde an den Ehrengerichtshof zu.[2]) Gegen den die Voruntersuchung eröffnenden Beschluß steht binnen 1 Monat dem Angeschuldigten die Beschwerde an den Ehrengerichtshof nur wegen Unzuständigkeit oder Befangenheit des Ehrengerichts zu.[3])

Entw. I § 24, II und III § 23 unverändert, nur statt „1 Monat" in Abs. 2 überall: „vier Wochen". Die Frist von 1 Monat ist von der Kommission des Abg.-Hauses eingesetzt.

---

[1]) Die Ablehnung der Eröffnung der Voruntersuchung kann nur erfolgen

a) aus rechtlichen Gründen — z. B. wegen Unzuständigkeit des Ehrengerichts oder wegen Unzulässigkeit der Strafverfolgung (§ 29 Abs. 3 d. Ges.) — oder

b) aus thatsächlichen Gründen, d. h. wenn das Ehrengericht zu der Ansicht gelangt, daß in den angeschuldigten Handlungen eine Pflichtverletzung nicht zu finden ist.

In dem Falle zu b ist jedoch nach § 3 Abs. 4 d. Ges. die Ablehnung der Eröffnung der Voruntersuchung unzulässig, wenn ein Arzt das förmliche ehrengerichtliche Verfahren gegen sich selbst beantragt. Letzteres ist namentlich dann denkbar, wenn der betr. Arzt den Wunsch hat, eine auf eidliche Zeugen- oder Sachverständigen-Aussagen gestützte Entscheidung des Ehrengerichts über sein Verhalten herbeigeführt zu sehen — vgl. auch Anm. 4 zu § 3 (S. 43).

Der die Eröffnung der Voruntersuchung ablehnende Beschluß ist dem Angeschuldigten und dem Vertreter der Anklage zuzustellen (§ 48 d. Ges.).

[2]) Die Beschwerdefrist von 1 Monat beginnt nach Maßgabe der §§ 45 Abs. 2 und 39 Abs. 4 mit dem Ablaufe des Tages, an welchem dem Angeschuldigten die Ausfertigung des Beschlusses zugestellt ist.

Wegen der Begründung der Beschwerde pp. finden die Vorschriften des § 41 d. Ges. analoge Anwendung.

[3]) Da die Voruntersuchung auch die den Angeschuldigten entlastenden Thatbestandsmomente klarzustellen hat — vgl. Anm. 1 zu § 24 — ist die Beschwerde gegen den Eröffnungsbeschluß dem Angeschuldigten nur für die Fälle der Unzuständigkeit des Ehrengerichts — sowohl wegen der subjektiven (§ 2) wie wegen der objektiven (§ 3) und der örtlichen Unzuständigkeit (§ 6 d. Ges.) oder für den Fall der Befangenheit des Ehrengerichts — vgl. § 6 Abs. 3 und Anm. 3 dazu (S. 51) — gegeben.

## § 24.

In der Voruntersuchung [1]) wird der Angeschuldigte unter Mittheilung des Eröffnungsbeschlusses vorgeladen und, wenn er erscheint, gehört. [2])

Die Zeugen und Sachverständigen werden vernommen [3]) und die zur Aufklärung der Sache dienenden sonstigen Beweise erhoben. [4])

Die Zeugen und Sachverständigen sind zu beeidigen, wenn ihre Aussagen für die Beurtheilung der Sache erheblich erscheinen und ihre Beeidigung zulässig ist. Die Beeidigung erfolgt nach der Vernehmung; im Uebrigen finden auf das Verfahren bei der Vernehmung von Zeugen und Sachverständigen, sowie bezüglich des Rechtes zur Verweigerung des Zeugnisses oder Gutachtens und bezüglich der Zeugen- und Sachverständigengebühren die Vorschriften des sechsten und siebenten Abschnitts des ersten Buchs der Reichs-Straf-Prozeßordnung vom 1. Februar 1877 (§§ 48, 49, 51 bis 57, 58 Abs. 1,

59 bis 64, 66 bis 68, 70, 71 Abs. 2, 72 bis 80) entsprechende Anwendung.[5])

Erscheint ein ordnungsmäßig geladener Zeuge oder Sachverständiger nicht oder verweigert derselbe ohne gesetzlichen Grund seine Aussage, so ist der Untersuchungskommissar berechtigt, das zuständige Amtsgericht um dessen eidliche Vernehmung zu ersuchen.[6])

Auf das Ersuchen finden die Vorschriften der §§ 158 bis 160, 166 des Gerichtsverfassungsgesetzes v. 27. Januar 1877 entsprechende Anwendung.[7])

Die Vorschriften der Absätze 4 und 5 finden auch Anwendung, wenn der Untersuchungskommissar wegen weiter Entfernung des Wohn- oder Aufenthaltsorts des Zeugen oder Sachverständigen das zuständige Amtsgericht um Vernehmung desselben ersucht.[8])

Entw. I § 25, II und III § 24 unverändert.

---

[1]) Die Voruntersuchung bildet einen integrirenden Theil des förmlichen ehrengerichtlichen Verfahrens (§ 19 d. Ges.). Ihr Zweck ist nicht nur vorläufige Feststellung des Thatbestandes. Sie soll vielmehr letzteren völlig klarstellen und zwar so erschöpfend, daß auf Grund der darin stattgehabten Ermittelungen in der Hauptverhandlung die Entscheidung ohne Wiederholung oder Ergänzung der Beweisaufnahme getroffen werden kann. Die Voruntersuchung hat deshalb die Aufgabe, nicht etwa bloß die für eine Verurtheilung des Angeschuldigten, sondern ebensosehr die für eine Freisprechung in Betracht kommenden Thatumstände einwandfrei zu ermitteln. Es ist daher insbesondere erforderlich, daß auch der von dem Angeschuldigten bei seiner Vernehmung etwa angetretene Entlastungsbeweis in vollem Umfange erhoben wird.

[2]) Die Vorladung des Angeschuldigten erfolgt durch Zustellung einer Ausfertigung der Verfügung des Untersuchungskommissars, durch welche der Vernehmungstermin festgesetzt wird. Hiermit ist die Zustellung des Eröffnungsbeschlusses — vgl. Anm. 3 zu § 20 — zu verbinden.

Die Vernehmung des Angeschuldigten hat sich auf alle in dem Eröffnungsbeschlusse enthaltenen Anschuldigungspunkte zu erstrecken. Dabei sind auch die Personalien gehörig festzustellen. Wichtig ist namentlich Vernehmung über gerichtliche und ehrengerichtliche Vorbestrafungen, sowie Feststellung der für die Zuständigkeit des ärztlichen Ehrengerichts entscheidenden Thatsachen (§§ 2, 6 Abs. 1 d. Ges.).

Am Schlusse der Voruntersuchung ist dem Angeschuldigten Gelegenheit zu geben, sich über alle in der Voruntersuchung gegen ihn ermittelten Thatsachen zu äußern und die zu seiner weiteren Rechtfertigung dienenden Thatsachen und Beweismittel anzuführen. Schriftliche Eingaben des Angeschuldigten in dieser Beziehung werden in der Regel gleichfalls zu berücksichtigen sein.

Die Zuziehung eines Rechtsanwalts oder eines Arztes als Beistandes des Angeschuldigten ist in der Voruntersuchung nicht zulässig (vgl. § 30 Abs. 2 d. Ges.).

Wenn der Angeschuldigte nicht erscheint, so ist die Voruntersuchung ohne seine Zuziehung zu führen. Die zwangsweise Gestellung desselben ist nicht zulässig. Ebensowenig ist — abweichend von den Vorschriften des § 58 der Rechtsanwalts-Ordnung, vgl. oben Vorbem. zu § 10 (S. 67) — die Festsetzung einer Geldstrafe wegen des Nichterscheinens zulässig.

[3]) Die Vorladung der Zeugen und Sachverständigen ist seitens des Untersuchungskommissars nach Maßgabe des § 48 d. Ges. — vgl. Erläut. dazu — zu bewirken. Der Vorladung wird die Verwarnung hinzuzufügen sein, „daß bei unentschuldigtem Ausbleiben der Zeugen oder Sachverständigen die eidliche Vernehmung des Zeugen oder Sachverständigen durch das zuständige Amtsgericht — eventuell unter Anwendung der gesetzlichen Zwangsmaßregeln — erfolgen werde."

Die Vernehmung und Beeidigung der erschienenen Zeugen und Sachverständigen hat durch den Untersuchungskommissar — in Gegenwart des verpflichteten Protokollführers, vgl. § 25 d. Ges. — nach Maßgabe der in Anm. 5 abgedruckten Vorschriften der Reichs-Straf-Prozeßordnung zu erfolgen; nur hat die Beeidigung (abweichend von § 60 Abs. 1 Satz 2 der St.P.O.) stets nach der Vernehmung zu erfolgen.

[4]) Zu den zur Aufklärung der Sache dienenden sonstigen Beweisen werden auch Durchsuchung und Beschlagnahme von Schriftstücken — vgl. §§ 98, 100, 105, 110 St.P.O. — zu rechnen sein. Beides hat das Reichsgericht (Entscheid. des R.G. in Straff. Bd. X S. 425) und der Ehrengerichtshof der Rechtsanwälte (Entscheid. dies. Gerichtshofes Bd. III S. 59 u. 258) für das analoge disziplinare ehrengerichtliche Verfahren gegen Rechtsanwälte an für sich zulässig erklärt. Der Untersuchungskommissar darf diese Maßnahmen aber wegen der Vorschriften des § 6 der Verf.Urk. v. 31. Januar 1850 sowie des § 11 des Ges. v. 12. Febr. 1850 (G.S. S. 15) und des § 3 des Einf.Ges. zur St.P.O. v. 1. Febr. 1877 nicht selbst vornehmen, muß vielmehr die nach den Gesetzen zu deren Anordnung und Vornahme berufenen Organe, d. h. entweder das zuständige Amtsgericht oder die Ortspolizeibehörde um entsprechende Maßnahmen ersuchen. Weigern sich diese, so steht nur der Weg der Beschwerde offen.

[5]) Die hier angeführten Bestimmungen der Reichs-Straf-Prozeßordnung vom 1. Februar 1877 (R.G.Bl. S. 253) lauten:

### 6. Abschnitt. Zeugen.

§ 48. Die Ladung der Zeugen geschieht unter Hinweis auf die gesetzlichen Folgen des Ausbleibens.

Die Ladung einer dem aktiven Heere oder der aktiven Marine angehörenden Person des Soldatenstandes als Zeugen erfolgt durch Ersuchen der Militärbehörde.

§ 49. Der Reichskanzler, die Minister eines Bundesstaates, die Mitglieder der Senate der freien Hansestädte, die Vorstände der obersten Reichsbehörden und die Vorstände der Ministerien sind an ihrem Amtssitze oder, wenn sie sich außerhalb desselben aufhalten, an ihrem Aufenthaltsorte zu vernehmen.

Die Mitglieder des Bundesraths sind während ihres Aufenthalts am Sitze des Bundesraths an diesem Sitze, und die Mitglieder einer deutschen gesetzgebenden Versammlung während der Sitzungsperiode und ihres Aufenthalts am Orte der Versammlung an diesem Orte zu vernehmen.

Zu einer Abweichung von den vorstehenden Bestimmungen bedarf es:

in Betreff des Reichskanzlers der Genehmigung des Kaisers,
in Betreff der Minister und der Mitglieder des Bundesraths der Genehmigung des Landesherrn,

in Betreff der Mitglieder der Senate der freien Hansestädte der Genehmigung des Senats,

in Betreff der übrigen vorbezeichneten Beamten der Genehmigung ihres unmittelbaren Vorgesetzten,

in Betreff der Mitglieder einer gesetzgebenden Versammlung der Genehmigung der letzteren.

§ 51. Zur Verweigerung des Zeugnisses sind berechtigt:

1. der Verlobte des Beschuldigten;
2. der Ehegatte des Beschuldigten, auch wenn die Ehe nicht mehr besteht;
3. diejenigen, welche mit dem Beschuldigten in gerader Linie verwandt, verschwägert oder durch Adoption verbunden, oder in der Seitenlinie bis zum dritten Grade verwandt oder bis zum zweiten Grade verschwägert sind, auch wenn die Ehe, durch welche die Schwägerschaft begründet ist, nicht mehr besteht.

Die bezeichneten Personen sind vor jeder Vernehmung über ihr Recht zur Verweigerung des Zeugnisses zu belehren. Sie können den Verzicht auf dieses Recht auch während der Vernehmung widerrufen.

§ 52. Zur Verweigerung des Zeugnisses sind ferner berechtigt:

1. Geistliche in Ansehung desjenigen, was ihnen bei Ausübung der Seelsorge anvertraut ist;
2. Vertheidiger des Beschuldigten in Ansehung desjenigen, was ihnen in dieser ihrer Eigenschaft anvertraut ist;
3. Rechtsanwälte und Aerzte in Ansehung desjenigen, was ihnen bei Ausübung ihres Berufs anvertraut ist.

Die unter Nr. 2, 3 bezeichneten Personen dürfen das Zeugniß nicht verweigern, wenn sie von der Verpflichtung zur Verschwiegenheit entbunden sind.

§ 53. Oeffentliche Beamte, auch wenn sie nicht mehr im Dienste sind, dürfen über Umstände, auf welche sich ihre Pflicht zur Amtsverschwiegenheit bezieht, als Zeugen nur mit Genehmigung ihrer vorgesetzten Dienstbehörde oder der ihnen zuletzt vorgesetzt gewesenen Dienstbehörde vernommen werden. Für den Reichskanzler bedarf es der Genehmigung des Kaisers, für die Minister der Genehmigung des Landesherrn, für die Mitglieder der Senate der freien Hansestädte der Genehmigung des Senats.

Die Genehmigung darf nur versagt werden, wenn die Ablegung des Zeugnisses dem Wohle des Reichs oder eines Bundesstaates Nachtheil bereiten würde.

§ 54. Jeder Zeuge kann die Auskunft auf solche Fragen verweigern, deren Beantwortung ihm selbst oder einem der im § 51 Nr. 1—3 bezeichneten Angehörigen die Gefahr strafgerichtlicher Verfolgung zuziehen würde.

§ 55. Die Thatsache, auf welche der Zeuge die Verweigerung des Zeugnisses in den Fällen der §§ 51, 52, 54 stützt, ist auf Verlangen glaubhaft zu machen. Es genügt die eidliche Versicherung des Zeugen.

§ 56. Unbeeidigt sind zu vernehmen:

1. Personen, welche zur Zeit der Vernehmung das sechzehnte Lebensjahr noch nicht vollendet oder wegen mangelnder Verstandesreife oder wegen Verstandesschwäche von dem Wesen und der Bedeutung des Eides keine genügende Vorstellung haben;
2. Personen, welche nach den Bestimmungen der Strafgesetze unfähig sind, als Zeugen eidlich vernommen zu werden;
3. Personen, welche hinsichtlich der den Gegenstand der Untersuchung bildenden That als Theilnehmer, Begünstiger oder Hehler verdächtig oder bereits verurtheilt sind.

§ 57. Stehen Personen zu dem Beschuldigten in einem Verhältnisse, welches sie nach § 51 zur Verweigerung des Zeugnisses berechtigt, so hängt es von dem richterlichen Ermessen ab, ob sie unbeeidigt zu vernehmen oder zu beeidigen sind.

Dieselben können auch nach der Vernehmung die Beeidigung des Zeugnisses verweigern und sind über dieses Recht zu belehren.

§ 58 Abs. 1. Jeder Zeuge ist einzeln und in Abwesenheit der später abzuhörenden Zeugen zu vernehmen.

§ 59. Vor der Leistung des Eides hat der Richter den Zeugen in angemessener Weise auf die Bedeutung des Eides hinzuweisen.

§ 60. Jeder Zeuge ist einzeln und **nach** (vgl. oben Anm. 3) seiner Vernehmung zu beeidigen.

§ 61. Der **nach** der Vernehmung zu leistende Eid lautet:

daß Zeuge nach bestem Wissen die reine Wahrheit gesagt, nichts verschwiegen und nichts hinzugesetzt habe.

§ 62. Der Eid beginnt mit den Worten:

„Ich schwöre bei Gott dem Allmächtigen und Allwissenden“

und schließt mit den Worten:

„So wahr mir Gott helfe“.

§ 64. Der Eidesleistung wird gleichgeachtet, wenn ein Mitglied einer Religionsgesellschaft, welcher das Gesetz den Gebrauch gewisser Betheuerungsformeln an Stelle des Eides gestattet, eine Erklärung unter der Betheuerungsformel dieser Religionsgesellschaft abgiebt.

§ 66. Wird der Zeuge, nachdem er eidlich vernommen worden ist, in demselben Vorverfahren oder in demselben Hauptverfahren nochmals vernommen, so kann der Richter statt der nochmaligen Beeidigung den Zeugen die Richtigkeit seiner Aussage unter Berufung auf den früher geleisteten Eid versichern lassen.

§ 67. Die Vernehmung beginnt damit, daß der Zeuge über Vornamen und Zunamen, Alter, Religionsbekenntniß, Stand oder

Gewerbe und Wohnort befragt wird. Erforderlichenfalls sind dem Zeugen Fragen über solche Umstände, welche seine Glaubwürdigkeit in der vorliegenden Sache betreffen, insbesondere über seine Beziehungen zu dem Beschuldigten oder dem Verletzten, vorzulegen.

§ 68. Der Zeuge ist zu veranlassen, dasjenige, was ihm von dem Gegenstande seiner Vernehmung bekannt ist, im Zusammenhange anzugeben. Vor seiner Vernehmung ist dem Zeugen der Gegenstand der Untersuchung und die Person des Beschuldigten, sofern ein solcher vorhanden ist, zu bezeichnen.

Zur Aufklärung und zur Vervollständigung der Aussage, sowie zur Erforschung des Grundes, auf welchem die Wissenschaft des Zeugen beruht, sind nöthigenfalls weitere Fragen zu stellen.

§ 70. Jeder von dem Richter oder der Staatsanwaltschaft geladene Zeuge hat nach Maßgabe der Gebührenordnung Anspruch auf Entschädigung aus der Staatskasse für Zeitversäumniß und, wenn sein Erscheinen eine Reise erforderlich macht, auf Erstattung der Kosten, welche durch die Reise und den Aufenthalt am Orte der Vernehmung verursacht werden.

§ 71. Die Landesherren und die Mitglieder der landesherrlichen Familien sowie die Mitglieder der Fürstlichen Familie Hohenzollern sind in ihrer Wohnung zu vernehmen. Das Gleiche gilt in Ansehung der Mitglieder des vormaligen Hannoverschen Königshauses, des vormaligen Kurhessischen und des vormaligen Herzoglich Nassauischen Fürstenhauses.

Den Eid leisten dieselben mittels Unterschreibens der die Eidesnorm enthaltenden Eidesformel.

### 7. Abschnitt. Sachverständige und Augenschein.

§ 72. Auf Sachverständige finden die Vorschriften des sechsten Abschnitts über Zeugen (§§ 48—71) entsprechende Anwendung, insoweit nicht in den nachfolgenden Paragraphen abweichende Bestimmungen getroffen sind.

§ 73. Die Auswahl der zuziehenden Sachverständigen und die Bestimmung ihrer Anzahl erfolgt durch den Richter.

Sind für gewisse Arten von Gutachten Sachverständige öffentlich bestellt, so sollen andere Personen nur dann gewählt werden, wenn besondere Umstände es erfordern.

§ 74. Ein Sachverständiger kann aus denselben Gründen, welche zur Ablehnung eines Richters berechtigen, abgelehnt werden. Ein Ablehnungsgrund kann jedoch nicht daraus entnommen werden, daß der Sachverständige als Zeuge vernommen worden ist.

Das Ablehnungsrecht steht der Staatsanwaltschaft, dem Privatkläger und dem Beschuldigten zu. Die ernannten Sachverständigen sind den zur Ablehnung Berechtigten namhaft zu machen, wenn nicht besondere Umstände entgegenstehen.

Der Ablehnungsgrund ist glaubhaft zu machen; der Eid ist als Mittel der Glaubhaftmachung ausgeschlossen.

§ 75. Der zum Sachverständigen Ernannte hat der Ernennung Folge zu leisten, wenn er zur Erstattung von Gutachten der erforderten Art öffentlich bestellt ist, oder wenn er die Wissenschaft, die Kunst oder das Gewerbe, deren Kenntniß Voraussetzung der Begutachtung ist, öffentlich zum Erwerbe ausübt, oder wenn er zur Ausübung derselben öffentlich bestellt oder ermächtigt ist.

Zur Erstattung des Gutachtens ist auch derjenige verpflichtet, welcher sich zu derselben vor Gericht bereit erklärt hat.

§ 76. Dieselben Gründe, welche einen Zeugen berechtigen, das Zeugniß zu verweigern, berechtigen einen Sachverständigen zur Verweigerung des Gutachtens. Auch aus anderen Gründen kann ein Sachverständiger von der Verpflichtung zur Erstattung des Gutachtens entbunden werden.

Die Vernehmung eines öffentlichen Beamten als Sachverständigen findet nicht statt, wenn die vorgesetzte Behörde des Beamten erklärt, daß die Vernehmung den dienstlichen Interessen Nachtheil bereiten würde.

§ 77. Im Falle des Nichterscheinens oder der Weigerung eines zur Erstattung des Gutachtens verpflichteten Sachverständigen wird dieser zum Ersatze der Kosten und zu einer Geldstrafe bis zu dreihundert Mark verurtheilt. Im Falle wiederholten Ungehorsams kann noch einmal eine Geldstrafe bis zu sechshundert Mark erkannt werden.

Die Festsetzung und die Vollstreckung der Strafe gegen eine im aktiven Heere oder der aktiven Marine angehörende Militärperson erfolgt auf Ersuchen durch das Militärgericht.

§ 78. Der Richter hat, soweit ihm dies erforderlich erscheint, die Thätigkeit der Sachverständigen zu leiten.

§ 79. Der Sachverständige hat vor Erstattung des Gutachtens einen Eid dahin zu leisten:

> daß er das von ihm erforderte Gutachten unparteiisch und nach bestem Wissen und Gewissen erstatten werde.

Ist der Sachverständige für die Erstattung von Gutachten der betreffenden Art im Allgemeinen beeidigt, so genügt die Berufung auf den geleisteten Eid.

§ 80. Dem Sachverständigen kann auf sein Verlangen zur Vorbereitung des Gutachtens durch Vernehmung von Zeugen oder des Beschuldigten weitere Aufklärung verschafft werden.

Zu demselben Zwecke kann ihm gestattet werden, die Akten einzusehen, der Vernehmung von Zeugen oder des Beschuldigten beizuwohnen und an dieselben unmittelbar Fragen zu stellen.

Wegen der Zeugen- und Sachverständigengebühren ist die Gebührenordnung für Zeugen und Sachverständige vom 30. Juni 1878 (R.G.Bl. S. 173) maßgebend, deren Bestimmungen lauten:

§ 1. In den vor die ordentlichen Gerichte gehörigen Rechtssachen, auf welche die Civilprozeßordnung, die Strafprozeßordnung oder die Konkursordnung Anwendung findet, erhalten die Zeugen und Sachverständigen Gebühren nach Maßgabe der folgenden Bestimmungen.

§ 2. Der Zeuge erhält eine Entschädigung für die erforderliche Zeitversäumniß im Betrage von zehn Pfennig bis zu einer Mark auf jede angefangene Stunde.

Die Entschädigung ist unter Berücksichtigung des von dem Zeugen versäumten Erwerbes zu bemessen und für jeden Tag auf nicht mehr als zehn Stunden zu gewähren.

Personen, welche durch gemeine Handarbeit, Handwerksarbeit oder geringeren Gewerbebetrieb ihren Unterhalt suchen, oder sich in gleichen Verhältnissen mit solchen Personen befinden, erhalten die nach dem geringsten Satze zu bemessende Entschädigung auch dann, wenn die Versäumniß eines Erwerbes nicht stattgefunden hat.

§ 3. Der Sachverständige erhält für seine Leistungen eine Vergütung nach Maßgabe der erforderlichen Zeitversäumniß im Betrage bis zu zwei Mark auf jede angefangene Stunde.

Die Vergütung ist unter Berücksichtigung der Erwerbsverhältnisse des Sachverständigen zu bemessen und für jeden Tag auf nicht mehr als zehn Stunden zu gewähren.

Außerdem sind dem Sachverständigen die auf die Vorbereitung des Gutachtens verwendeten Kosten, sowie die für eine Untersuchung verbrauchten Stoffe und Werkzeuge zu vergüten.

§ 4. Bei schwierigen Untersuchungen und Sachprüfungen ist dem Sachverständigen auf Verlangen für die aufgetragene Leistung eine Vergütung nach dem üblichen Preise derselben und für die außerdem stattfindende Theilnahme an Terminen die im § 3 bestimmte Vergütung zu gewähren.

§ 5. Als versäumt gilt für den Zeugen oder Sachverständigen auch die Zeit, während welcher er seine gewöhnliche Beschäftigung nicht wieder aufnehmen kann.

§ 6. Mußte der Zeuge oder Sachverständige außerhalb seines Aufenthaltsortes einen Weg bis zur Entfernung von mehr als zwei Kilometer zurücklegen, so ist ihm außer den nach §§ 2 bis 5 zu bestimmenden Beträgen eine Entschädigung für die Reise und für den durch die Abwesenheit von dem Aufenthaltsorte verursachten Aufwand nach Maßgabe der folgenden Bestimmungen zu gewähren.

§ 7. Soweit nach den persönlichen Verhältnissen des Zeugen oder Sachverständigen oder nach äußeren Umständen die Benutzung von Transportmitteln für angemessen zu erachten ist, sind als Reiseentschädigung die nach billigem Ermessen in dem einzelnen Falle erforderlichen Kosten zu gewähren. In anderen Fällen beträgt die Reiseentschädigung für jedes angefangene Kilometer des Hinweges und des Rückweges fünf Pfennig.

§ 8. Die Entschädigung für den durch Abwesenheit von dem Aufenthaltsorte verursachten Aufwand ist nach den persönlichen Verhältnissen des Zeugen oder Sachverständigen zu bemessen, soll jedoch den Betrag von fünf Mark für jeden Tag, an welchem der Zeuge oder Sachverständige abwesend gewesen ist, und von drei Mark für jedes außerhalb genommene Nachtquartier nicht überschreiten.

§ 9. Mußte der Zeuge oder Sachverständige innerhalb seines Aufenthaltsortes einen Weg bis zu einer Entfernung von mehr als zwei Kilometer zurücklegen, so ist ihm für den ganzen zurückgelegten Weg eine Reiseentschädigung nach den Vorschriften des § 7 zu gewähren.

§ 10. Konnte der Zeuge oder Sachverständige den erforderlichen Weg ohne Benutzung von Transportmitteln nicht zurücklegen, so sind die nach billigem Ermessen erforderlichen Kosten auch außer den in den §§ 6, 9 bestimmten Fällen zu gewähren.

§ 11. Abgaben für die erforderliche Benutzung eines Weges sind in jedem Falle zu erstatten.

§ 12. Bedarf der Zeuge wegen jugendlichen Alters oder wegen Gebrechen eines Begleiters, so sind die bestimmten Entschädigungen für Beide zu gewähren.

§ 13. Soweit für gewisse Arten von Sachverständigen besondere Taxvorschriften bestehen, welche an dem Orte des Gerichts, vor welches die Ladung erfolgt, und an dem Aufenthaltsorte des Sachverständigen gelten, kommen lediglich diese Vorschriften in Anwendung. Gelten solche Taxvorschriften nur an einem dieser Orte, oder gelten an demselben verschiedene Taxvorschriften, so kann der Sachverständige die Anwendung der ihm günstigeren Bestimmungen verlangen.

Dolmetscher erhalten Entschädigung als Sachverständige nach den Vorschriften dieses Gesetzes, sofern nicht ihre Leistungen zu den Pflichten eines von ihnen versehenen Amtes gehören.

§ 14. Oeffentliche Beamte erhalten Tagegelder und Erstattung von Reisekosten nach Maßgabe der für Dienstreisen geltenden Vorschriften, falls sie zugezogen werden:

1. als Zeugen über Umstände, von denen sie in Ausübung ihres Amtes Kenntniß erhalten haben;
2. als Sachverständige, wenn sie aus Veranlassung ihres Amtes zugezogen werden und die Ausübung der Wissenschaft, der Kunst oder des Gewerbes, deren Kenntniß Voraussetzung der Begutachtung ist, zu den Pflichten des von ihnen versehenen Amtes gehört.

Werden nach den Vorschriften dieses Paragraphen Tagegelder und Reisekosten gewährt, so findet eine weitere Vergütung an den Zeugen oder Sachverständigen nicht statt.

Die vorstehenden Bestimmungen finden auf Personen des Soldatenstandes entsprechende Anwendung.

§ 15. Ist ein Sachverständiger für die Erstattung von Gutachten im Allgemeinen beeidigt, so können die Gebühren für die bei bestimmten Gerichten vorkommenden Geschäfte durch Uebereinkommen bestimmt werden.

§ 16. Die Gebühren der Zeugen und Sachverständigen werden nur auf Verlangen derselben gewährt. Der Anspruch erlischt, wenn das Verlangen binnen drei Monaten nach Beendigung der Zuziehung oder Abgabe des Gutachtens bei dem zuständigen Gerichte nicht angebracht wird.

§ 17. Die einem Zeugen oder Sachverständigen zu gewährenden Beträge werden durch das Gericht oder den Richter, vor welchem die Verhandlung stattfindet, festgesetzt.

Sofern die Beträge aus der Staatskasse gezahlt und dieser nicht erstattet sind, kann die Festsetzung von dem Gericht oder dem Richter, durch welche sie erfolgt ist, sowie von dem Gerichte der höheren Instanz von Amtswegen berichtigt werden.

Gegen die Festsetzung findet Beschwerde nach Maßgabe der §§ 531 bis 538 der Civilprozeßordnung und des § 4 Abs. 3 des Gerichtskostengesetzes, in Strafsachen nach Maßgabe der §§ 346 bis 352 der Strafprozeßordnung statt.

[6]) Der Untersuchungskommissar ist nicht berechtigt, gegen ausbleibende oder ihr Zeugniß verweigernde Zeugen oder Sachverständige Zwangsmaßnahmen anzuwenden. Dies steht nur dem ordentlichen Richter zu, der aber verpflichtet ist, auf Ersuchen des Untersuchungskommissars die Vernehmung mit den gesetzlich zulässigen Mitteln (§§ 50, 70 St.P.O.) zu erzwingen.

Der Untersuchungskommissar ist nur berechtigt, nicht verpflichtet, unter allen Umständen das Amtsgericht um die Vernehmung zu ersuchen. Er kann auch im förmlichen Verfahren die Polizeibehörde um Vernehmung eines Zeugen oder Sachverständigen ersuchen. Dies wird indessen nur dann zu empfehlen sein, wenn anzunehmen ist, daß die Aussagen des Zeugen pp. für die Beurtheilung der Sachlage nicht von Erheblichkeit sein wird. Ist die Aussage erheblich, so muß die Beeidigung und deshalb event. Ersuchen des Amtsgerichts erfolgen.

[7]) Die §§ 158—160 und 166 des Gerichts-Verfassungsgesetzes lauten:

### 13. Titel. Rechtshülfe.

§ 158. Das Ersuchen um Rechtshülfe ist an das Amtsgericht zu richten, in dessen Bezirke die Amtshandlung vorgenommen werden soll.

§ 159. Das Ersuchen darf nicht abgelehnt werden.

Das Ersuchen eines nicht im Instanzenzuge vorgesetzten Gerichts ist jedoch abzulehnen, wenn dem ersuchten Gerichte die örtliche Zuständigkeit mangelt, oder die vorzunehmende Handlung nach dem Rechte des ersuchten Gerichts verboten ist.

§ 160. Wird das Ersuchen abgelehnt, oder wird der Vorschrift des § 159 Abs. 2 zuwider dem Ersuchen stattgegeben, so entscheidet das Oberlandesgericht, zu dessen Bezirke das ersuchte Gericht gehört. Eine Anfechtung dieser Entscheidung findet nur statt, wenn dieselbe die Rechtshülfe für unzulässig erklärt, und das ersuchende und das ersuchte Gericht den Bezirken verschiedener Oberlandesgerichte angehören. Ueber die Beschwerde entscheidet das Reichsgericht.

Die Entscheidungen erfolgen auf Antrag der Betheiligten oder des ersuchenden Gerichts ohne vorgängige mündliche Verhandlung.

§ 166. Für die Höhe der den geladenen Zeugen und Sachverständigen gebührenden Beträge sind die Bestimmungen maßgebend, welche bei dem Gerichte gelten, vor welches die Ladung erfolgt.

Sind die Beträge nach dem Rechte des Aufenthaltsorts der geladenen Personen höher, so können die höheren Beträge erfordert werden.

Bei weiterer Entfernung des Aufenthaltsortsorts der geladenen Personen ist denselben auf Antrag ein Vorschuß zu bewilligen.

[8]) Durch die Vorschrift des Abs. 6 ist sichergestellt, daß das Amtsgericht dem Ersuchen des Untersuchungskommissars um Vernehmung von Zeugen und Sachverständigen auch in den Fällen nachzukommen hat, in welchen derselbe, um Kosten zu ersparen, wegen weiter Entfernung des Wohn- oder Aufenthaltsortes der Zeugen oder Sachverständigen deren Vernehmung durch das Amtsgericht für zweckmäßig erachtet.

Ueber den Begriff „weite Entfernung“ hat allein der Untersuchungskommissar zu befinden. Ausgeschlossen ist derselbe selbstredend, sofern sich der Zeuge oder Sachverständige am Orte befindet. In diesem Falle ist nur bei Ausbleiben oder Verweigerung der Aussage des Zeugen pp. Requisition des Amtsgerichts zulässig.

## § 25.

Ueber jede Untersuchungshandlung [1]) ist ein Protokoll aufzunehmen.[2])

Der Protokollführer [3]) ist vorher mittelst Handschlags an Eidesstatt zu verpflichten.[4])

Entw. I § 26: Ueber jede Untersuchungshandlung ist unter Zuziehung eines verpflichteten Protokollführers ein Protokoll aufzunehmen.

Die Verpflichtung erfolgt mittelst Handschlags an Eidesstatt.

Entw. II § 25 wie Entw. I, jedoch statt: „eines verpflicht. Protokollführers", „eines als Protokollführer zu verpflichtenden Arztes".

Entw. III § 25 wie Gesetz.

Vorbemerkung: In der Kommission des Abg.-Hauses wurde folgender Zusatz beantragt:

> Als Protokollführer ist ein dem Vorstande nicht angehörender, am Sitze der Kammer wohnhafter, für das Ehrengericht wahlberechtigter Arzt von dem Vorsitzenden zuzuziehen.

Dieser Antrag wurde aber auf eine Erklärung der Reg.-Kommissare, welche dahin ging, daß der Antrag das Verfahren erschweren werde, es auch unbedenklich sei, dem Vorsitzenden die Auswahl des Protokollführers zu überlassen, zurückgezogen und die Regierungsvorlage angenommen (Komm.Ber. Drucks. des Abg.-Hauses Nr. 201 S. 5).

---

[1]) Untersuchungshandlung ist sowohl die Vernehmung des Angeschuldigten, als jeder Akt der Beweisaufnahme.

[2]) Ueber Form und Inhalt des Protokolls hat das Gesetz nähere Bestimmungen nicht getroffen. Man wird hierauf jedoch die Bestimmungen des § 186 St.P.O. analog anzuwenden haben, welche lauten:

> (Das Protokoll) ist von dem Untersuchungsrichter (hier von dem Untersuchungskommissar) und dem zugezogenen Gerichtsschreiber (hier dem Protokollführer) zu unterschreiben.
>
> Das Protokoll muß Ort und Tag der Verhandlung, sowie die Namen der mitwirkenden oder betheiligten Personen angeben und ersehen lassen, ob die wesentlichen Förmlichkeiten des Verfahrens beachtet sind.

Das Protokoll ist den bei der Verhandlung betheiligten Personen, soweit es dieselben betrifft, behufs der Genehmigung vorzulesen oder zur eigenen Durchlesung vorzulegen. Die erfolgte Genehmigung ist zu vermerken und das Protokoll von den Betheiligten entweder zu unterschreiben oder in demselben anzugeben, weshalb die Unterschrift unterblieben ist.

Die Fassung des Protokolls bleibt dem Ermessen des Untersuchungskommissars überlassen. Es wird sich empfehlen, alle Aussagen der Zeugen und Sachverständigen sowie die Erklärungen des Angeschuldigten in der ersten Person niederzuschreiben, da dies wesentlich dazu beiträgt, Mißverständnisse bei der Verlesung oder Durchlesung des Protokolls zu verhüten.

Dem Ermessen des Untersuchungskommissars bleibt auch überlassen, ob er das Protokoll selbst schreiben oder dem Protokollführer diktiren oder dem letzteren die selbstständige Niederschrift vorbehaltlich seiner (des Untersuchungskommissars) Prüfung überlassen will — vgl. Anm. 3 Abs. 2.

[3]) Das Protokoll ist stets unter Zuziehung eines verpflichteten Protokollführers aufzunehmen. Wer als Protokollführer zuzuziehen ist, wird in dem Gesetze absichtlich nicht bestimmt, um dem Untersuchungskommissar in dieser Beziehung freie Hand zu lassen. In der Regel wird es das Richtige sein, einen Arzt als Protokollführer zuzuziehen. Die dagegen geäußerten Bedenken — vgl. oben Einl. S. 20 a. E. 21 — werden sich seitens des Untersuchungskommissars mit einigem Takt leicht überwinden lassen.

Der Protokollführer ist gemeinsam mit dem Untersuchungskommissar für die Richtigkeit des Protokollinhalts verantwortlich. Aus diesem Grunde wird man dem Protokollführer auch das Recht zugestehen müssen, einen Vermerk über etwaige unerledigt gebliebene Meinungsverschiedenheiten in Bezug auf die Richtigkeit des Protokolls in dieses selbst aufzunehmen.

[4]) Die Verpflichtung des Protokollführers durch Handschlag an Eidesstatt durch den Untersuchungskommissar geschieht vor Beginn der Dienstverrichtung. Die Verpflichtung braucht nur einmal zu erfolgen. Ueber die Verpflichtung ist von dem Untersuchungskommissar ein Protokoll aufzunehmen. Die Verpflichtungsformel wird dahin zu fassen sein, daß der Protokollführer durch

Handschlag an Eidesstatt verspricht, die Pflichten eines Protokollführers im ehrengerichtlichen Strafverfahren getreulich zu erfüllen. Zu den Pflichten gehört vor allen Dingen Verschwiegenheit.

## § 26.

Der Vertreter der Anklage ist berechtigt, von dem Stande der Voruntersuchung durch Einsicht der Akten jederzeit [1]) Kenntniß zu nehmen und die ihm geeignet erscheinenden Anträge zu stellen. [2])

Weigert sich der Untersuchungskommissar, einem Antrag auf Ergänzung der Voruntersuchung stattzugeben, so ist die Entscheidung des Ehrengerichts einzuholen. [3])

Entw. I § 27; II und III § 26 unverändert.

---

[1]) „Jederzeit" ist nur mit dem Vorbehalte zu verstehen, daß die Akten z. B. entbehrlich sind oder daß sie, ohne daß die Untersuchung dadurch aufgehalten wird, beschafft werden können.

Der Untersuchungskommissar kann die Akten auch von Amtswegen, so oft ihm dies angemessen erscheint, dem Vertreter der Anklage zur Kenntnißnahme und etwaigen Antragstellung vorlegen lassen.

[2]) Ueber die Anträge hat der Untersuchungskommissar nach freiem Ermessen zu entscheiden, er kann dieselben auch ablehnen. Eine Beschwerde an das Ehrengericht über eine solche Ablehnung ist dabei nicht ausgeschlossen.

[3]) Der Antrag auf Ergänzung der Voruntersuchung kann ebensowohl seitens des Vertreters der Anklage, als seitens des Angeschuldigten gestellt werden. Will der Untersuchungskommissar dem Antrage nicht stattgeben, so ist er von Amtswegen verpflichtet, die Entscheidung des Ehrengerichts einzuholen. Einer Beschwerde bedarf es in diesem Falle nicht; doch ist sie selbstverständlich auch zulässig.

## § 27.

Erachtet der Untersuchungskommissar den Zweck der Voruntersuchung für erreicht [1]), so übersendet er die Verhandlungen dem Ehrengerichte, welches dieselben, wenn es die Voruntersuchung für abgeschlossen hält, dem Vertreter der Anklage zur Stellung seiner Anträge vorlegt. [2])

Der Angeschuldigte ist hiervon zu benachrichtigen. [3])

Entw. I § 28, II und III § 27 unverändert.

---

[1]) Ueber den Zweck der Voruntersuchung vgl. Anm. 1 zu § 24. Ob der Untersuchungskommissar die Voruntersuchung durch einen besonderen Aktenvermerk formell für „geschlossen" erklären will, bleibt seinem Ermessen überlassen.

Zweckmäßig wird es in der Regel sein, wenn er dem Vertreter der Anklage und ev. auch dem Angeschuldigten von seiner Absicht, die Voruntersuchung zu schließen, Kenntniß und damit Gelegenheit zur Einverständnißerklärung oder etwaigen Stellung von Ergänzungsanträgen — vgl. § 26 — giebt.

[2]) Nur wenn das Ehrengericht den Zweck der Voruntersuchung für erreicht und dieselbe somit für abgeschlossen erachtet, sind die Akten von diesem dem Vertreter der Anklage zur Stellung seiner Anträge — vgl. § 28 — vorzulegen. Erachtet das Ehrengericht dagegen eine Ergänzung der Voruntersuchung behufs besserer Aufklärung der Sachlage für nothwendig, so gehen die Akten mit der Ausfertigung des betr. Beschlusses an den Uutersuchungskommissar zurück.

[3]) Die Benachrichtigung des Angeschuldigten erfolgt nur in dem Falle des Schlusses der Voruntersuchung. Sie ist seitens des Vorsitzenden des Ehrengerichts zu erlassen und ist für die Zulässigkeit der Bestellung eines Vertheidigers von Bedeutung — vgl. Anm. 2 zu § 30.

## § 28.

Der Vertreter der Anklage hat bei dem Ehrengericht entweder die Einstellung des Verfahrens[1]) oder unter Einreichung einer Anklageschrift die Anberaumung einer Sitzung zur Hauptverhandlung zu beantragen.[2])

Die Anklageschrift hat die dem Angeschuldigten zur Last gelegte Verfehlung durch Angabe der sie begründenden Thatsachen zu bezeichnen und, soweit in der Hauptverhandlung Beweise erhoben werden sollen, die Beweismittel anzugeben.[3])

Entw. I § 29, II und III § 28 wie Gesetz, nur in Entw. I § 28 Abs. 1 hinter „hat": „alsdann" und in Abs. 2 (ebenso in Entw. II § 28) statt „Verfehlung": „Pflichtverletzung" (s. o. Einl. S. 17 Nr. 19).

---

[1]) Die Einstellung des Verfahrens muß von dem Vertreter der Anklage beantragt werden, wenn er auf Grund der Ermittelungen der Voruntersuchung die Ueberzeugung erlangt hat a) daß der Angeschuldigte die ihm durch den Eröffnungsbeschluß (§ 20 d. Ges.) zur Last gelegten Verfehlungen nicht begangen hat, oder b) daß die That des Angeschuldigten sich als ehrengerichtlich strafbare Verfehlung im Sinne des § 3 d. Ges. nicht darstellt, oder c) daß die Verfehlung des Angeschuldigten bereits den Gegenstand eines ehrengerichtlichen Verfahrens gebildet hat und seit Einstellung dieser Untersuchung länger als 3 Jahre vergangen sind (Fall des § 29 Abs. 2).

Trotz des Vorliegens eines dieser Fälle darf die Einstellung des Verfahrens aber nicht beantragt werden, wenn der Arzt, gegen den sich das Verfahren richtet, selbst den Antrag auf förmliche ehrengerichtliche Entscheidung über sein Verhalten, gestellt hat — vgl. § 3 Abs. 4 und Anm. 4 dazu (S. 43).

[2]) Der Antrag auf Anberaumung der Hauptverhandlung wird den Schluß der Anklageschrift zu bilden haben. In dem vorstehend Anm. 1 a. E. erwähnten Falle des § 3 Abs. 4 wird

die Bezeichnung als Anklageschrift fortzufallen haben. In diesem Falle ist lediglich eine Darstellung der Ergebnisse der Voruntersuchung zu geben und damit der Antrag auf Anberaumung des Hauptverhandlungstermines zu verbinden.

[3]) Die Anklageschrift hat die Aufgabe, dem Ehrengericht und dem Angeschuldigten die wesentlichen Ergebnisse der Voruntersuchung darzulegen und insbesondere zum Ausdruck zu bringen, wie die Vertretung der Anklage rechtlich und thatsächlich die Sache auffaßt. Die Bezeichnung der die Verfehlung begründenden Thatsachen muß eine deutliche sein und deren Subsumirung unter § 3 d. Ges. klar erkennbar machen. Die dafür sprechenden Beweise werden eingehend zu würdigen sein. Im Uebrigen wird es sich empfehlen, in der Anklageschrift auch die persönlichen Verhältnisse des Angeschuldigten mindestens insoweit anzugeben, als dies zur Feststellung der Identität und für die Strafabmessung — soweit Vorstrafen in Betracht kommen — nothwendig ist.

Die vorgeschriebene Angabe der Beweise, deren Erhebung in der Hauptverhandlung selbst beantragt wird, soll namentlich dem Angeschuldigten die Möglichkeit geben, eventuell die Ladung noch anderer Zeugen und Sachverständigen zu der Hauptverhandlung oder die Erhebung weiterer Beweise zu verlangen.

## § 29.

Die Einstellung des ehrengerichtlichen Verfahrens erfolgt durch Beschluß des Ehrengerichts.[1])

Ausfertigung des mit Gründen zu versehenden Einstellungsbeschlusses ist dem Angeschuldigten zuzustellen.[2])

Ist das ehrengerichtliche Verfahren ohne Hauptverhandlung eingestellt, so kann die Anklage nur während eines Zeitraums von drei Jahren und nur auf Grund neuer Thatsachen oder Beweismittel wieder aufgenommen werden.[3])

Entw. I § 30, II und III § 29 wie Gesetz, nur in Entw. I § 30 und II § 29 Abs. 3 statt „drei“: „fünf Jahren“ — vgl. dazu Einl. S. 17 Nr. 19.

[1]) Der Einstellungsbeschluß gehört zu den entscheidenden Beschlüssen. Er kann deswegen nur in ordnungsmäßig besetzter Sitzung des Ehrengerichts gefaßt werden. Die Anwendung des § 8 Abs. 3 d. Ges. — Fassung auf schriftlichem Wege — ist ausgeschlossen. Vgl. oben S. 61 Anm. 3.

Die Einstellung des Verfahrens durch Beschluß ist nur auf Antrag des Vertreters der Anklage und auch in diesem Falle nur dann zulässig, wenn das Ehrengericht die Ueberzeugung erlangt, daß der Antrag bezüglich sämmtlicher Anschuldigungspunkte begründet ist, dieselben also sämmtlich unter die oben in Anm. 1 zu § 28 angeführten Kategorien fallen.

Hat der Vertreter der Anklage Anberaumung des Termins zur Hauptverhandlung beantragt und die Anklageschrift eingereicht (§ 28), so ist Einstellung des Verfahrens durch Beschluß unzulässig.

[2]) Der Einstellungsbeschluß ist in analoger Weise wie eine Entscheidung zu formuliren, auszufertigen und zuzustellen — vgl. Anm. 1 zu § 18 und Anm. 4 zu § 37.

Dem Vertreter der Anklage wird die Urschrift des Beschlusses zur Kenntnißnahme vorzulegen sein. Eine Zustellung ist hier nicht vorgeschrieben, weil mit der Einstellung nur dem Antrage des Vertreters der Anklage entsprochen wird, die Einlegung eines Rechtsmittels seitens desselben also in der Regel nicht vorkommen wird.

Ausgeschlossen ist die Beschwerde gegen den Einstellungsbeschluß weder für den Angeschuldigten, noch für den Vertreter der Anklage. Sie ist daher nach Maßgabe der §§ 45 Abs. 2, 39 d. Ges. für zulässig zu erachten.

[3]) Die Bestimmung des Abs. 2 entspricht dem § 77 der R.A.O. bezw. dem § 99 des Reichsbeamten-Gesetzes; nur ist die Frist von fünf auf drei Jahre verkürzt.

Der dreijährige Zeitraum wird vom Tage des ehrengerichtlichen Einstellungsbeschlusses ab zu rechnen sein.

Unter „neuen Thatsachen oder Beweismitteln“ sind alle diejenigen zu verstehen, „welche nach Lage der Akten zur Zeit des Einstellungsbeschlusses unbekannt waren, einerlei, ob sie früher oder später zur Entstehung gelangt sind“ (so Protokolle der

Justizkommission des Reichstags S. 329 zu der analogen Vorschrift des § 210 St.P.O.).

Ueber die Form der Wiederaufnahme des Verfahrens sind keine besondere Vorschriften gegeben; man wird annehmen müssen, daß die Wiederaufnahme wie ein neues ehrengerichtliches Verfahren zu behandeln sein wird. Es muß also insbesondere auch eine neue Voruntersuchung erfolgen.

## § 30.

**Wird das Verfahren nicht eingestellt, so ist der Angeschuldigte unter abschriftlicher Mittheilung der Anklageschrift zu einer von dem Vorsitzenden des Ehrengerichts anzuberaumenden Sitzung zur Hauptverhandlung vorzuladen.[1])**

**Der Angeschuldigte kann sich dabei eines Rechtsanwalts oder eines Arztes als Beistandes [2]) bedienen. Dem Beistand ist auf Antrag Einsicht der Untersuchungsakten zu gestatten.[3])**

Entw. I § 31 Abs. 1 wie Gesetz; Abs. 2: Der Angeschuldigte kann sich dabei des Beistandes eines Rechtsanwalts als Vertheidigers bedienen. Dem Letzteren ist Einsicht der Untersuchungsakten zu gestatten.

Entw. II § 30 Abs. 1 und 2 wie Gesetz; nur fehlen in Abs. 2 die Worte: „auf Antrag“.

Entw. III § 30 wie Gesetz.

---

[1]) Die Vorladung muß schriftlich erfolgen und dem Angeschuldigten förmlich zugestellt werden (vgl. § 48 d. Ges.). Eine Vorladungsfrist ist gesetzlich nicht vorgeschrieben. Zeit, Ort und Stunde der Hauptverhandlung wird vielmehr von dem Vorsitzenden des Ehrengerichts nach seinem Ermessen bestimmt (s. auch Geschäftsordnung für die ärztlichen Ehrengerichte § 5). Jedoch wird es sich in der Regel empfehlen, die Ladungsfrist (d. h. die Zeit zwischen der Zustellung der Vorladung und dem Tage der Hauptverhandlung) nach Analogie des § 216 Abs. 1 St.P.O.

mindestens auf eine Woche zu bemessen, damit der Angeschuldigte seine Vertheidigung gehörig vorbereiten kann.

Die abschriftliche Mittheilung der Anklageschrift — vgl. § 28 und Anm. 3 dazu — ist für die Gültigkeit der Vorladung wesentlich.

Die Verfügung des Vorsitzenden über den Termin der Hauptverhandlung und die Vorladung des Angeschuldigten wird dem Vertreter der Anklage in Urschrift vorzulegen und der Termin selbst in den Terminskalender — s. Geschäftsordnung § 7 Nr. 6 — einzutragen und den Mitgliedern des Ehrengerichts bezw. den mitsitzenden Stellvertretern rechtzeitig bekannt zu geben sein.

[2]) Ein Recht des Angeschuldigten auf Zuziehung eines Beistandes ist nur für die Hauptverhandlung zugelassen. Hieraus zu folgern, daß die Zuziehung eines Beistandes während der Voruntersuchung unzulässig sei, erscheint jedoch mangels einer ausdrücklichen dahin gehenden Gesetzesvorschrift bedenklich. Im Gegentheil dürfte es sich unter Umständen, besonders in verwickelteren Fällen, zur Klarstellung der Sachlage empfehlen, die Zuziehung eines Rechtsanwalts oder eines Arztes als Beistandes des Angeschuldigten schon in der Voruntersuchung zuzulassen. Die Entscheidung hierüber steht jedoch in dem freien Ermessen des Untersuchungskommissars, gegen dessen ablehnenden Bescheid eine Beschwerde nicht unzulässig ist.

Die Zuziehung eines anderen Beistandes als eines Rechtsanwalts oder eines Arztes ist unter allen Umständen ausgeschlossen.

Der Beistand wird in der Regel eine schriftliche Vollmacht des Angeschuldigten beizubringen haben, namentlich wenn er Anträge für den Angeschuldigten stellt oder der Fall des § 36 Abs. 3 Satz 1 vorliegt. Wegen der Verstempelung der Vollmacht s. oben Anm. 2 zu § 13 (S. 75).

[3]) Auf die Verstattung der Einsicht der Untersuchungsakten hat der Beistand ein Recht, sofern er einen (schriftlichen oder mündlichen) Antrag darauf stellt.

Aus der Stellung der bezüglichen Gesetzesvorschrift wird man zugleich die Beschränkung ableiten müssen, daß dieses Recht der Akteneinsicht dem Beistande erst nach Abschluß der Voruntersuchung zusteht.

Vor Abschluß der Voruntersuchung ist die Akteneinsicht nur nach dem freien Ermessen des Untersuchungskommissars zulässig. Der Letztere wird die Einsicht nur insoweit gestatten dürfen, als die Lage der Untersuchung dies zuläßt.

Die Einsicht der Untersuchungsakten wird in der Regel in den Geschäftsräumen des Ehrengerichts stattzufinden haben. Es ist jedoch nicht ausgeschlossen, daß nach dem Ermessen des Vorsitzenden — ev. des Untersuchungskommissars — die Akten mit Ausnahme etwaiger Ueberführungsstücke dem Beistande in die Wohnung verabfolgt werden. Ebenso kann der Beistand Abschriften aus den Akten erbitten und der Vorsitzende deren Anfertigung — selbstverständlich auf Kosten des Antragstellers — verfügen, falls Weiterungen, sei es im Geschäftsbetriebe, sei es durch Verzögerung des Verfahrens dadurch nicht entstehen.

## § 31.

**Die Mitglieder des Ehrengerichts, welche bei dem Beschluß auf Eröffnung der Voruntersuchung mitgewirkt haben, sind von der Theilnahme an dem weiteren Verfahren, insbesondere der Hauptverhandlung nicht ausgeschlossen.**[1])

Entw. I § 32, II und III § 31 unverändert.

---

[1]) Die Bestimmung des § 31 entspricht dem § 80 der R.A.O., enthält aber insofern eine sachliche Abweichung von demselben, als in dem ehrengerichtlichen Verfahren gegen einen Rechtsanwalt die Voruntersuchung durch einen dem Ehrengericht nicht angehörigen Richter (vgl. § 71 R.A.O.) geführt wird, während hier nach § 21 d. Ges. — vgl. auch Anm. 1 Abs. 3 dazu — ein Mitglied des ärztlichen Ehrengerichts als Untersuchungskommissar zu fungiren hat.

Die Absicht des Gesetzes geht demgemäß dahin, den Untersuchungskommissar ebenso, wie die übrigen an dem Beschlusse auf Eröffnung der Voruntersuchung — vgl. § 20 d. Ges. — betheiligten Mitglieder des Ehrengerichts an dem weiteren Verfahren, insbesondere der Hauptverhandlung theilnehmen zu lassen.

Dies gilt aber nur für die erste Instanz. Für die Berufungsinstanz ist § 44 Abs. 3 d. Ges. maßgebend, wonach bei den Verhandlungen und Entscheidungen des Ehrengerichtshofes alle die Mitglieder ausgeschlossen sind, die bei der angefochtenen Entscheidung erster Instanz mitgewirkt haben.

## § 32.

**Die Hauptverhandlung ist nicht öffentlich. Den Mitgliedern der Aerztekammer und ihren Stellvertretern ist der Zutritt zu gestatten, anderen Personen nur nach dem Ermessen des Vorsitzenden.[1])**

**Der Vorsitzende kann die Anwesenden zur Verschwiegenheit verpflichten.[2])**

Entw. I § 33 wie Gesetz, § 32 Abs. 1 nur fehlen die Worte: und ihren Stellvertretern. Entw. II und III § 32 wie Gesetz.

---

[1]) Die Vorschriften des Abs. 1 entsprechen dem § 82 der R.A.O. Der Vorsitzende wird andere Personen, als die Mitglieder der Aerztekammer und Stellvertreter von solchen nur zulassen dürfen, als sichergestellt ist, daß eine unzulässige Veröffentlichung der Verhandlungen durch sie ausgeschlossen ist.

[2]) Anwesende im Sinne des Abs. 2 sind auch die Mitglieder des Ehrengerichts, der Angeschuldigte und sein Beistand, der Protokollführer sowie die Zeugen und Sachverständigen.

Eine Verletzung der Verpflichtung zur Verschwiegenheit ist bei den anwesenden Aerzten, welche der ehrengerichtlichen Kompetenz unterstehen, als Pflichtverletzung im Sinne des § 3 anzusehen und demgemäß ehrengerichtlich strafbar. Bei beamteten pp. Aerzten würde Mittheilung an die vorgesetzte Dienstbehörde nach § 5 des Ges. zu erfolgen haben, ebenso auch bei sonstigen Beamten.

Anderen Personen als Aerzten oder Beamten gegenüber stellt dagegen die Vorschrift des Abs. 2 eine lex imperfecta dar, da gegen solche eine Strafmaßnahme nicht gegeben ist.

## § 33.

In der Hauptverhandlung [1]) giebt nach Verlesung des Beschlusses über die Eröffnung der Voruntersuchung ein von dem Vorsitzenden des Ehrengerichts aus der Zahl der Mitglieder ernannter Berichterstatter in Abwesenheit der Zeugen eine Darstellung der Sache, wie sie aus den bisherigen Verhandlungen hervorgeht. [2])

Hierauf erfolgt die Vernehmung des Angeschuldigten, sowie die Vernehmung der Zeugen und Sachverständigen. [3])

Die Aussagen der nicht geladenen, bereits in der Voruntersuchung oder durch einen ersuchten Richter vernommenen Zeugen und Sachverständigen sind in der Hauptverhandlung zu verlesen, sofern es der Vertreter der Anklage oder der Angeschuldigte beantragen oder das Ehrengericht die Verlesung beschließt. [4])

Zum Schlusse der Hauptverhandlung werden der Vertreter der Anklage, sowie der Angeschuldigte und sein Vertheidiger mit ihren Ausführungen und Anträgen gehört.

Dem Angeschuldigten gebührt das letzte Wort. [5])

Der Vorsitzende kann für einzelne Theile der Hauptverhandlung die Leitung einem anderen Mitgliede des Ehrengerichts übertragen. [6])

Entw. I § 34, II und III § 33 wie Gesetz § 33 Abs. 1—5. Der letzte Absatz (6) ist von der Kommission des Abg.-Hauses hinzugefügt, „um das Verfahren zu erleichtern" (Drucks. des Abg.-Hauses Nr. 201 S. 5).

---

[1]) Die Hauptverhandlung soll eine mündliche Verhandlung sein. Der Grundsatz der Mündlichkeit ist aber durch die Vorschrift des Abs. 3 hinsichtlich der Beweisaufnahme für die Regel beschränkt. Andererseits bietet jedoch der § 35 die Handhabe um

nöthigenfalls die volle Mündlichkeit, d. h. auch die Beweisaufnahme vor dem erkennenden Ehrengerichte in Gegenwart des Angeschuldigten und seines Beistandes sowie des Vertreters der Anklage zu ermöglichen.

Sind Zeugen oder Sachverständige zur Hauptverhandlung vorgeladen — vgl. Anm. 2 zu § 35 — so wird die Hauptverhandlung mit ihrem Namensaufruf zu beginnen haben. Außerdem ist jedenfalls festzustellen, ob der Angeschuldigte und ev. wer als sein Beistand oder Vertreter erschienen ist.

Im Falle des alleinigen Erscheinens eines Vertreters des Angeschuldigten ist, falls das persönliche Erscheinen des Angeschuldigten in der Vorladung desselben zur Hauptverhandlung angeordnet sein sollte — vgl. § 36 Abs. 3 d. Ges. und Anm. 4 dazu — von dem Ehrengericht über die Zulassung des Vertreters Beschluß zu fassen.

[2]) Die Vorschrift des Abs. 1 ist dem § 84 R.A.O. nachgebildet; nur ist entsprechend der etwas abweichenden Struktur des Verfahrens hier die Verlesung des Beschlusses auf Eröffnung der Voruntersuchung -- vgl. § 20 d. Ges. — vorgeschrieben.

Der Vortrag des von dem Vorsitzenden zu bestellenden Berichterstatters wird die Ergebnisse des bisherigen Verfahrens und namentlich der aufgenommenen Beweise objektiv und eingehend darzustellen haben. Inwieweit derselbe die Aussagen der bisher vernommenen Personen wörtlich oder nur ihrem wesentlichen Inhalte nach wiedergeben will, bleibt ihm überlassen. — Der Berichterstatter wird bei seinem Vortrage jede Stellungnahme für oder gegen den Angeschuldigten zu vermeiden haben.

Der Vertreter der Anklage und der Angeschuldigte haben ein Recht, bei dem Vortrage des Berichterstatters anwesend zu sein.

Daß ein zweiter Berichterstatter bestellt wird, ist an sich nicht unzulässig; es wird sich jedoch empfehlen, den Vortrag nur von einem Berichterstatter halten zu lassen.

[3]) Bei der Vernehmung des Angeschuldigten sowie bei der Vernehmung der Zeugen und Sachverständigen wird auf die Vernehmungen in der Voruntersuchung ohne Weiteres zurückgegriffen werden können.

Sind die Zeugen und Sachverständigen bereits in der Voruntersuchung vereidigt, so genügt die Versicherung der Richtigkeit der Aussage auf den bereits geleisteten Eid.

[4]) Während § 86 Abs. 3 der R.A.O. vorschreibt, „daß die Vernehmung von Zeugen oder Sachverständigen auf Antrag der Staatsanwaltschaft oder des Angeschuldigten in der Hauptverhandlung erfolgen muß, sofern nicht voraussichtlich der Zeuge oder Sachverständige am Erscheinen in der Hauptverhandlung verhindert oder sein Erscheinen wegen großer Entfernung besonders erschwert wird" — ist ein solches Recht dem Vertreter der Anklage oder dem Angeschuldigten hier nicht gegeben.

Der Abs. 3 beschränkt vielmehr — und zwar mit Rücksicht auf die Gestaltung der Voruntersuchung vgl. Anm. 1 zu § 24 (S. 96) — das Recht des Vertreters der Anklage wie des Angeschuldigten darauf, daß ihnen nur der Antrag auf (wörtliche) Verlesung der Aussagen der in der Voruntersuchung oder durch einen ersuchten Richter vernommenen Zeugen und Sachverständigen zusteht. Dieser Antrag darf aber nicht abgelehnt werden.

Die Vorschriften des Abs. 3 werden auch in den Fällen des § 16 Abs. 2 und 3 d. Ges. auf Zeugenvernehmungen in dem früher gegen den Angeschuldigten anhängig gewesenen gerichtlichen Strafverfahren oder Verfahren wegen Approbationsentziehung anzuwenden sein.

[5]) Daß dem Angeschuldigten selbst das letzte Wort gestattet worden sei, wird in dem Sitzungsprotokolle zu vermerken sein.

[6]) Der Vorsitzende würde auch ohne die ausdrückliche Bestimmung des Abs. 6 schon für berechtigt zu erachten sein, sich bei der Leitung einzelner Theile der Hauptverhandlung durch ein Mitglied des Ehrengerichts vertreten, z. B. die Zeugenvernehmungen durch das richterliche Mitglied vornehmen zu lassen. Durch den von der Kommission des Abg.-Hauses hinzugefügten Abs. 6 ist dies noch ausdrücklich festgelegt. Voraussetzung ist aber, daß der Vorsitzende nur die Leitung abgiebt, im Uebrigen jedoch an der Verhandlung weiter theilnimmt. Denn der Grundsatz, daß in allen Momenten der Hauptverhandlung die sämmtlichen erkennenden fünf Richter nebst dem Protokollführer — vgl. § 38 — ebenso wie Angeschuldigter und

Vertreter der Anklage zugegen sein müssen, bleibt auch hier in Kraft.

Die Leitung der Verhandlung wird durch den Vorsitzenden jederzeit wieder übernommen werden können.

Die Leitung der Verhandlung schließt auch die Handhabung der Sitzungspolizei in sich. Straf- und Zwangsbefugnisse, wie sie die §§ 178—180 und 185 des Gerichts-Verfassungsges. dem Gerichts-Vorsitzenden verleihen, sind jedoch dem Vorsitzenden des Ehrengerichts nicht gegeben; nur könnte gegen Aerzte, die der Zuständigkeit des Ehrengerichts unterstehen, ev. nach Maßgabe des § 17 d. Ges. ein Strafbeschluß von dem Ehrengericht gefaßt werden.

## § 34.

**Das Ehrengericht kann jederzeit die Aussetzung der Hauptverhandlung anordnen, wenn es eine solche behufs weiterer Aufklärung der Sache sowie beim Hervortreten neuer Thatumstände oder rechtlicher Gesichtspunkte für angemessen erachtet.[1])**

Entw. I § 35, II und III § 34 unverändert; nur überall statt „sowie": „oder". Die Einsetzung des Wortes „sowie" wurde in der Kommission des Abg.-Hauses mit der Erklärung beschlossen, daß „sowie" alternativ, nicht kumulativ aufzufassen sei (Drucks. d. Abg.-Hauses Nr. 201 S. 5).

---

[1]) Die Aussetzung der Hauptverhandlung erfolgt durch Beschluß des Ehrengerichts. In der neuen Hauptverhandlung ist eine Wiederholung der in der ersten Hauptverhandlung stattgehabten Verhandlungen nicht erforderlich, wenn dieselben Richter theilnehmen. Die abweichenden Grundsätze der Str.P.O. sind also hier nicht zur Anwendung zu bringen.

Das Ehrengericht wird eventuell auch noch eine Ergänzung der Voruntersuchung beschließen können.

## § 35.[1])

Das Ehrengericht kann nach freiem Ermessen die Vernehmung von Zeugen und Sachverständigen durch einen ersuchten Richter oder in der Hauptverhandlung anordnen.[2])

Die Vorschriften des § 24 Abs. 3 bis 6 finden entsprechende Anwendung.[3])

Entw. I § 36, II und III § 35 wie Gesetz; nur in Entw. I Citat: „§ 25" und in allen drei Entwürfen: „finden hierbei".

---

[1]) Die Vorschriften des § 35 entsprechen den Bestimmungen des § 86 Abs. 1 und 2 des R.A.O. Wegen des fehlenden Analogon zu § 86 Abs. 3 der R.A.O. vgl. oben Anm. 4 zu § 33 d. Ges.

[2]) Die Ladung von Zeugen und Sachverständigen zur Hauptverhandlung sowie die Herbeischaffung anderer Beweismittel kann sowohl auf Antrag — sei es des Vertreters der Anklage, sei es des Angeschuldigten — als auch von Amtswegen durch den Vorsitzenden angeordnet werden.

Falls dieser den Anträgen nicht stattgeben will, wird er die Entscheidung des Ehrengerichts einzuholen haben; ebenso, wenn gegen seine Anordnung Widerspruch erhoben wird — vgl. § 4 Schlußabs. der Geschäftsordn. für die ärztl. Ehrengerichte und den Ehrengerichtshof (abgedruckt hinter den Min.Ausführ.Bestimm).

[3]) Die Anordnung der Vernehmung durch den ersuchten Richter ist nach den angezogenen Vorschriften des § 24 d. Ges. nur in den beiden Fällen möglich

a) daß ein ordnungsmäßig geladener Zeuge oder Sachverständiger in der Hauptverhandlung nicht erscheint oder ohne gesetzlichen Grund seine Aussage verweigert, oder

b) daß der Wohn- oder Aufenthaltsort des Zeugen oder Sachverständigen von dem Orte der Hauptverhandlung weit entfernt ist.

Vgl. im Uebrigen § 24 d. Ges. und Erläut. dazu.

## § 36.[1])

Die Hauptverhandlung kann stattfinden, auch wenn der Angeschuldigte trotz Vorladung nicht erschienen ist.[2])

Eine öffentliche Ladung oder Vorführung des Angeschuldigten ist unzulässig.[3])

Der Angeschuldigte kann sich durch einen Rechtsanwalt oder einen Arzt vertreten lassen.[4]) Das Ehrengericht kann jedoch jederzeit das persönliche Erscheinen des Angeschuldigten unter der Verwarnung anordnen, daß bei seinem Ausbleiben ein Vertreter nicht werde zugelassen werden.[5])

Entw. I § 37, II und III § 36 wie Gesetz; nur fehlen in Entw. I Abs. 3 die Worte: „oder einen Arzt".

---

[1]) Der § 36 entspricht im Wesentlichen dem § 83 der R.A.O.

[2]) Die Voraussetzung der Hauptverhandlung bei Nichterscheinen des Angeschuldigten ist gehörige Vorladung. Die Zustellung der Vorladung muß also nach Maßgabe des § 48 d. Ges. erfolgt sein.

Befindet sich der Angeschuldigte außerhalb Deutschlands und ist sein Aufenthaltsort bekannt, so wird die Vorladung unter analoger Anwendung der §§ 199, 202 der Reichs-Civil-Prozeßordnung zu erfolgen haben.

[3]) Aus dem Verbot der öffentlichen Ladung (§ 320 C.P.O.) folgt, daß gegen einen Angeschuldigten, dessen Aufenthaltsort unbekannt ist, eine Hauptverhandlung nicht stattfinden darf, auch wenn derselbe in der Voruntersuchung vernommen worden ist. In diesem Falle wird das Verfahren auszusetzen sein, bis die Ermittelung des Wohn- oder Aufenthaltsortes des Angeschuldigten und die Zustellung einer Vorladung möglich wird.

[4]) Die Vertretung darf nur durch einen Rechtsanwalt, d. h. durch einen bei einem deutschen Gerichte nach Maßgabe der Bestimmungen der deutschen Rechtsanwalts-Ordnung zugelassenen Rechtsanwalt oder durch einen approbirten Arzt — vgl. Anm. 1

zu § 2 (S. 31) — erfolgen. Nichtqualifizirte Vertreter sind von dem Vorsitzenden zurückzuweisen.

Erscheint der Angeschuldigte nicht zugleich mit seinem Vertreter in der Hauptverhandlung, so wird von dem letzteren Vorlegung einer schriftlichen Vertretungsvollmacht zu verlangen sein. — Wegen der Verstempelung einer solchen Vollmacht s. oben Anm. 2 zu § 13 (S. 75).

[5]) Die Anordnung des persönlichen Erscheinens des Angeschuldigten und die Androhung, daß bei seinem Ausbleiben ein Vertreter nicht werde zugelassen werden, muß dem Angeschuldigten in der Vorladung bekannt gegeben werden.

Dies gilt auch dann und ist eine erneute Vorladung des Angeschuldigten mit diesem Zusatze auch in dem Falle erforderlich, wenn die Anordnung des persönlichen Erscheinens erst in der Hauptverhandlung selbst beschlossen und zu diesem Zwecke die Hauptverhandlung vertagt wird — vgl. dazu auch oben § 34 d. Ges.

## § 37.

Die Hauptverhandlung schließt mit der Verkündung der Entscheidung.[1]) Dieselbe kann nur auf Freisprechung oder Verurtheilung lauten.[2])

Das Ehrengericht urtheilt dabei nach seiner freien Ueberzeugung.[3])

Eine Ausfertigung der mit Gründen versehenen Entscheidung ist dem Angeschuldigten zuzustellen.[4])

Entw. I § 38, II und III § 37 unverändert.

---

[1]) Die Verkündung der Entscheidung muß mindestens in der Verlesung der Entscheidungsformel (Urtheilstenors) durch den Vorsitzenden bestehen. Ob der letztere auch die Entscheidungsgründe mittheilen will, hängt von dem Ermessen desselben bezw. dem entsprechenden Beschlusse des Ehrengerichts ab.

Für die Verkündung der Entscheidung kann auch ein besonderer Termin anberaumt werden; s. Geschäftsordnung für die ärztlichen Ehrengerichte § 12 Abs. 3.

²) Freisprechung des Angeschuldigten wird stets dann eintreten müssen, wenn das Ehrengericht auf Grund der Ergebnisse der Hauptverhandlung in Bezug auf jeden Anschuldigungspunkt einen der drei in Anm. 1 zu § 28 (oben S. 111) angeführten Fälle — Nichtschuld, Nichtstrafbarkeit oder Strafverjährung — als vorliegend erachtet.

³) Abs. 2 stellt fest, daß der Grundsatz der freien Beweiswürdigung (§ 260 Str.P.O.) auch für das ehrengerichtliche Verfahren gilt. Die Mitglieder des Ehrengerichts sind hiernach nur an ihr Gewissen und an ihre Richterpflicht, nicht aber an Beweisregeln irgend welcher Art gebunden. Insbesondere haben auch ärztliche Standesordnungen für den Ehrenrichter in Preußen keine unbedingt bindende Kraft — s. hierüber und über die Bedeutung der ärztlichen Standesordnungen oben Anm. 2 zu § 3 (S. 40).

Andererseits ist es selbstverständlich, daß die Mitglieder des Ehrengerichts in Ansehung der Schuld des Angeschuldigten ihre Ueberzeugung nur aus denjenigen Thatsachen schöpfen dürfen, welche durch die ehrengerichtliche Untersuchung und die stattgehabte Hauptverhandlung erwiesen oder die sonst notorisch sind.

Eine Beschränkung, wie sie in § 260 Str.P.O. dem Strafrichter dahin auferlegt ist, daß er nur aus dem Inhalt der Hauptverhandlung selbst, nicht aber aus Kenntnißquellen schöpfen darf, die in dieser nicht benutzt wurden, ist als mit dem Wesen des ehrengerichtlichen Strafverfahrens nicht vereinbar, für dieses abzulehnen. Es wird daher kein Hinderniß obwalten, bei der Berathung der Schuldfrage auf den Akteninhalt zurückzugehen und aus demselben Beweismomente zu entnehmen, welche nicht Gegenstand der Hauptverhandlung z. B. in dem Vortrag des Berichterstatters nicht erwähnt waren.

⁴) Ueber die Form der Entscheidungen und über die Art ihrer Ausfertigung geben die §§ 13 und 14 der Geschäftsordnung für die ärztlichen Ehrengerichte und den Ehrengerichtshof (abgedruckt hinter den Ausführungsbestimmungen) die näheren Zweckmäßigkeitsvorschriften.

Die Zustellung der Entscheidung an den Angeschuldigten erfolgt nach Maßgabe des § 48 d. Ges.

Dem Vertreter der Anklage wird entweder gleichfalls eine Ausfertigung der Entscheidung zu übersenden oder die Urschrift derselben zur Kenntnißnahme vorzulegen sein. Nächstdem ist dem Vertreter der Anklage auch der Tag der Zustellung der Entscheidung an den Angeschuldigten bekannt zu geben, da dieser Zeitpunkt für den Beginn der Berufungsfrist entscheidend ist (s. § 39 Abs. 4).

## § 38.

**Ueber die Hauptverhandlung ist ein Protokoll aufzunehmen.[1]) Dasselbe ist von dem Vorsitzenden und dem Protokollführer (§ 25)[2]) zu unterschreiben.[3])**

Entw. I § 39, II und III § 38 wie Gesetz; nur in Entw. I Citat: „(§ 26)".

---

[1]) Aus den Vorschriften des § 38 folgt die sonst in dem Gesetze nicht ausdrücklich erwähnte Nothwendigkeit, daß ein Protokollführer zu der Hauptverhandlung zugezogen werden muß.

In Bezug auf den Protokollinhalt werden die Vorschriften der §§ 272 Nr. 1—4 und 273 Abs. 1 und 3 Str.P.O. analog anzuwenden sein.

§ 272. Das Protokoll über die Hauptverhandlung enthält:
1. den Ort und den Tag der Verhandlung;
2. die Namen der Richter . . ., des Beamten der Staatsanwaltschaft, des Gerichtsschreibers und des zugezogenen Dolmetschers;
3. die Bezeichnung der strafbaren Handlung nach der Anklage;
4. die Namen der Angeklagten, ihrer Vertheidiger . . . Bevollmächtigten und Beistände.

§ 273. Das Protokoll muß den Gang und die Ergebnisse der Hauptverhandlung im Wesentlichen wiedergeben und die Beobachtung aller wesentlichen Förmlichkeiten ersichtlich machen, auch die Bezeichnung der verlesenen Schriftstücke, sowie die im Laufe der Verhandlung gestellten Anträge, die ergangenen Entscheidungen und die Urtheilsformel enthalten.

(Abs. 3.) Kommt es auf die Feststellung eines Vorganges in der Hauptverhandlung oder des Wortlautes einer Aussage oder einer Aeußerung an, so hat der Vorsitzende die vollständige Niederschreibung und Verlesung anzuordnen. In dem Protokoll ist zu bemerken, daß die Verlesung geschehen und die Genehmigung erfolgt ist, oder welche Einwendungen erhoben sind.

²) Aus dem Citat des § 25 ergiebt sich, daß der Protokollführer durch Handschlag an Eidesstatt verpflichtet sein muß.

³) Die Beweiskraft des Protokolls ist von den Unterschriften abhängig. Wegen der Protokollfassung und wegen der Verantwortlichkeit für den Protokollinhalt s. Anm. 2 und 3 zu § 25 (S. 108).

## § 39.

Gegen die Entscheidung des Ehrengerichts steht sowohl dem Vertreter der Anklage, als dem Angeschuldigten die Berufung an den Ehrengerichtshof zu.¹)

Die Berufung ist bei dem Ehrengerichte, welches die angegriffene Entscheidung erlassen hat, schriftlich einzulegen; doch genügt zur Wahrung der Berufungsfrist auch die Einlegung bei dem Ehrengerichtshofe.²)

Von Seiten des Angeschuldigten kann die Einlegung der Berufung durch einen Bevollmächtigten geschehen.³)

Die Berufungsfrist beträgt einen Monat und beginnt für beide Theile mit dem Ablaufe des Tages, an welchem dem Angeschuldigten die Ausfertigung der Entscheidung zugestellt ist.⁴)

Entw. I § 40, II und III § 39 wie Gesetz, nur in Abs. 4 statt „einen Monat": „vier Wochen".

---

¹) Gegen die Entscheidungen des ärztlichen Ehrengerichts ist hier das Rechtsmittel der Berufung, gegen ehrengerichtliche Beschlüsse in § 45 Abs. 2 d. Ges. das Rechtsmittel der Beschwerde gegeben.

Ueber Berufung und Beschwerde entscheidet der ärztliche Ehrengerichtshof (§ 43 d. Ges.). Jedes der beiden Rechtsmittel ermöglicht und verlangt eine neue Verhandlung der Sache vor dem Ehrengerichtshof bezw. eine Beschlußfassung desselben. Sowohl das Vorbringen neuer Thatsachen oder rechtlicher Gesichtspunkte wie auch das Vorbringen neuer Beweismittel ist von Seiten des

Angeschuldigten unbeschränkt, von Seiten des Vertreters der Anklage mit der einzigen Beschränkung zulässig, daß neue Thatsachen, welche die Grundlage einer anderen Beschuldigung bilden, in der Berufungsinstanz nicht vorgebracht werden dürfen (vgl. § 41 Abs. 5 d. Ges. und Erläut. dazu).

Indem das Gesetz die Einlegung der Berufung (und ebenso die Erhebung der Beschwerde) nicht nur dem Angeschuldigten (wie ein Theil der Aerzte dies verlangte, vgl. Einleit. S. 17 Nr. 10), sondern auch dem Vertreter der Anklage verstattet, ist Bildung einer einheitlichen Rechtsprechung in Preußen auf dem Gebiete der ärztlichen Ehrengerichtsbarkeit gewährleistet.

[2]) Grundsätzlich hat die Einlegung der Berufung bei dem erstinstanzlichen Gericht zu erfolgen; die Einlegung bei dem Ehrengerichtshofe bildet nur die Ausnahme, welche zugelassen ist, um Härten zu vermeiden.

Ist die Berufung bei dem Ehrengerichtshofe eingelegt, so übersendet der Vorsitzende desselben die Einlegungsschrift an das zuständige Ehrengericht.

Die Einlegung der Berufung muß schriftlich, d. h. durch einen von dem Angeschuldigten oder von einem Bevollmächtigten desselben (s. Anm. 3) unterzeichneten Schriftsatz erfolgen.

Dieser Schriftsatz muß die Entscheidung, gegen welche Berufung eingelegt wird, bezeichnen und die Absicht der Berufung klar erkennen lassen. Eine falsche Bezeichnung des Rechtsmittels macht dasselbe nicht ohne Weiteres wirkungslos. In der Regel wird auch schon in der Einlegungsschrift anzugeben sein, ob die Entscheidung in ihrem ganzen Umfange, oder nur hinsichtlich einzelner Punkte angefochten wird. Im Zweifelsfalle ist hierbei (nach dem Vorbilde des § 360 Str.P.O.) anzunehmen, daß der ganze Inhalt der erstinstanzlichen Entscheidung angefochten wird (so auch Entsch. des Ehrengerichtshofes der Rechtsanwälte Bd. VI S. 137).

Im Uebrigen ist an dem Grundsatz festzuhalten, daß die Berufung nur innerhalb der Grenzen wirkt, die ihr von dem einlegenden Theile ausdrücklich oder stillschweigend gegeben sind.

Legt also nur der Angeschuldigte — nicht aber der Vertreter der Anklage — Berufung ein, so ist eine Erhöhung der erstinstanzlich ausgesprochenen Strafe ausgeschlossen.

Andererseits hat auf Berufung des Vertreters der Anklage — zwecks Straferhöhung — der Ehrengerichtshof zu prüfen, ob die festgestellten Thatsachen überhaupt eine Pflichtverletzung enthalten. Er kann demgemäß das erstinstanzliche Urtheil auch zu Gunsten des Angeschuldigen abändern (vgl. Entsch. des Ehrengerichtshofs der Rechtsanw. Bd. I S. 46, 47, Bd. III S. 88).

Ist die Berufung von dem Angeschuldigten nur wegen der Strafzumessung eingelegt, so ist die Schuldfrage selbst von dem Ehrengerichtshofe nicht zu prüfen (so angef. Entsch. Bd. VI S. 39, 233, Bd. VIII S. 71).

[3]) Der Bevollmächtigte braucht hier kein Rechtsanwalt oder Arzt zu sein, weil eine ausdrückliche Beschränkung, wie sie in § 36 Abs. 3 d. Ges. enthalten ist, an dieser Stelle fehlt.

Der Bevollmächtigte wird sich jedoch über seine Legitimation durch gleichzeitige Einreichung einer von dem Angeschuldigten ausgestellten (ev. gehörig beglaubigten) Vollmacht ausweisen müssen, wenn er nicht mit dem erstinstanzlichen Beistande des Angeschuldigten identisch ist.

Außerdem ist festzuhalten, daß für die Zulassung eines Vertreters oder Beistandes des Angeschuldigten in der Hauptverhandlung vor dem Ehrengerichtshofe die Vorschrift des § 36 Abs. 3 d. Ges. gleichfalls Geltung hat.

[4]) Die Berufungsfrist von einem Monat ist eine Nothfrist, d. h. sie kann **unter keinen Umständen** verlängert werden. Wiedereinsetzung in den vorigen Stand dürfte jedoch nach Analogie des § 44 Str.P.O. zulässig sein.

Entscheidend für ihren Beginn ist der Ablauf des Tages der Zustellung der Entscheidungsausfertigung an den Angeschuldigten. Dieser Fristbeginn gilt auch für den Vertreter der Anklage, dem deshalb stets von dem Zustellungstage Kenntniß zu geben ist.

Die Einlegung der Berufung vor dem Beginne der Frist macht dieselbe nicht wirkungslos.

Wegen Berechnung der Frist von einem Monat vgl. § 43 Abs. 1 Str.P.O. Die Vorschrift des § 43 Abs. 2 Str.P.O. erscheint aber nicht anwendbar.

## § 40.

Ist die Berufung verspätet eingelegt, so hat das Ehrengericht das Rechtsmittel als unzulässig zu verwerfen.[1])

Der Vertreter der Anklage und der Angeschuldigte können binnen einer Woche nach Zustellung des Beschlusses auf die Entscheidung des Ehrengerichtshofs antragen.[2])

Entw. I § 41, II und III § 40 unverändert.

---

[1]) Der Ablauf der Berufungsfrist von einem Monat (§ 39 Abs. 4) macht die Berufung unzulässig. Das Ehrengericht muß, falls verspätete Einlegung festgestellt wird, die Berufung verwerfen. Die Verwerfung erfolgt durch Beschluß des Ehrengerichts, der ev. auch auf schriftlichem Wege (§ 8 Abs. 3 d. Ges.) herbeigeführt werden kann. Der verwerfende Beschluß ist dem Angeschuldigten und dem Vertreter der Anklage mit Begründung zuzustellen.

Verspätet ist die Berufung auch dann, wenn die Frist bei Absendung der Berufungseinlegungsschrift oder bei Ausgabe derselben durch die Post zwar noch nicht abgelaufen war, die Einlegungsschrift aber erst nach Ablauf der Frist bei dem zuständigen ärztlichen Ehrengericht oder dem Ehrengerichtshofe anlangte (so auch Entsch. des Ehrengerichtshofes der R.A. Bd. VIII S. 94).

[2]) Der Antrag auf Entscheidung des Ehrengerichtshofes wird nur in der Richtung begründet werden können, daß die Frist für die Einlegung der Berufung entgegen der Annahme des Ehrengerichts gewahrt oder Wiedereinsetzung in den vorigen Stand — vgl. Anm. 4 zu § 39 — geboten sei. Nur über diese Fragen hat der Ehrengerichtshof zu entscheiden.

## § 41.

Zur schriftlichen Rechtfertigung der Berufung [1]) steht dem einlegenden Theile eine vom Ablaufe der Einlegungsfrist ab zu berechnende Frist von zwei Wochen offen.[2])

Die Schriftstücke über die Einlegung und Rechtfertigung der Berufung sind, wenn der Vertreter der Anklage die Berufung eingelegt hat, dem Angeschuldigten in Abschrift zuzustellen und, falls die Berufung seitens des Angeschuldigten eingelegt worden ist, dem Vertreter der Anklage in Urschrift vorzulegen.[3])

Innerhalb zwei Wochen nach erfolgter Zustellung der Rechtfertigungsschrift kann der andere Theil eine Beantwortungsschrift einreichen.

Die Fristen zur Rechtfertigung und Beantwortung der Berufung können von dem Ehrengericht auf Antrag verlängert werden.[4])

Neue Thatsachen, welche die Grundlage einer anderen Beschuldigung bilden, dürfen in der Berufungsinstanz nicht vorgebracht werden.[5])

Entw. I § 42, II und III § 41 wie Gesetz, nur in Entw. I und II Abs. 2 statt „und, falls“: „oder falls“, in Entw. I Abs. 3 statt: andere Theil: „Gegner“ und in allen drei Entwürfen statt: Rechtfertigungsschrift (Abs. 3): „Berufungsbegründung“.

---

[1]) Das Gesetz unterscheidet: Einlegung der Berufung (§§ 39, 40), Berufungsrechtfertigung (§ 41 Abs. 1) und Berufungsbeantwortung (§ 41 Abs. 3).

Die Berufungsrechtfertigungsschrift wird die Anführungen der Berufungseinlegungsschrift im Einzelnen zu begründen und namentlich die neuen Thatsachen und Beweismittel anzugeben haben.

[2]) Die Frist von zwei Wochen = 14 Tagen beginnt mit Ablauf

des Tages, an welchem die Frist für die Einlegung der Berufung (§ 39 Abs. 4) endet.

[3]) Der Vertreter der Anklage wird die Schriftstücke über Einlegung und Rechtfertigung der Berufung dem Ehrengericht zweckmäßig sogleich in 2 Exemplaren (Urschrift für das Gericht und Abschrift für den Angeschuldigten) einzureichen haben.

Die Zustellung der Abschriften an den Angeschuldigten und die Vorlegung der Urschriften der Berufungsschriften des Angeschuldigten an den Vertreter der Anklage wird durch den Vorsitzenden des Ehrengerichts angeordnet.

[4]) Die Beantwortungsschrift kann ebenso wie die Rechtfertigungsschrift nach Ablauf der vorgesehenen Fristen von dem Ehrengerichte zurückgewiesen werden, wenn nicht rechtzeitig Fristverlängerung erbeten und gewährt ist.

[5]) Nur neue, Thatsachen, welche die Grundlage einer anderen Beschuldigung bilden, dürfen in der Berufungsinstanz nicht vorgebracht werden. Sonst ist die Vorbringung neuer Thatsachen und Beweismittel nicht beschränkt — vgl. oben Anm. 1 zu § 39. Auch die anderweite rechtliche Qualifizirung einer Beschuldigung, deren thatsächliche Unterlagen in erster Instanz bereits sämmtlich vorgebracht sind, erscheint zulässig.

## § 42.

Nach Ablauf der in den §§ 39, 40 Abs. 2 und 41 bestimmten Fristen werden die Akten an den Ehrengerichtshof eingesandt.[1])

Entw. I § 43, II und III § 42 wie Gesetz, nur in Entw. I Citate: „§§ 40, 41 Abs. 2 und 42."

---

[1]) Die Einsendung der Akten an den Ehrengerichtshof soll erst nach Abschluß des Schriftwechsels über die Berufung erfolgen.

Selbstverständlich ist die Akteneinsendung ausgeschlossen, wenn ein nicht anfechtbarer Beschluß des Ehrengerichts auf Verwerfung der Berufung vorliegt.

Die Akten sind mit einem Inhaltsverzeichniß (Rotulus) und die einzelnen Blätter mit Seitenzahlen zu versehen (§ 6 der Geschäftsordnung für die ärztlichen Ehrengerichte).

## § 43.

Der Ehrengerichtshof besteht:[1])

1. aus dem Leiter der Medizinal-Abtheilung des Ministeriums der Medizinal-Angelegenheiten oder in dessen Behinderung aus dem rechtskundigen Mitgliede dieser Abtheilung als Vorsitzenden,
2. aus vier Mitgliedern des Aerztekammer-Ausschusses,
3. aus zwei anderen Aerzten.

Die letzteren und zwei Stellvertreter werden von dem König ernannt.

Die vier Mitglieder des Aerztekammer-Ausschusses und vier Stellvertreter werden von dem Aerztekammer-Ausschusse mit absoluter Stimmenmehrheit gewählt.[2])

Die Ernennung und die Wahl der ärztlichen Mitglieder des Ehrengerichtshofs und ihrer Stellvertreter erfolgt auf die Dauer der Amtszeit des Aerztekammer-Ausschusses.[3])

Die ärztlichen Mitglieder des Ehrengerichtshofs und deren Stellvertreter müssen zu den für das Ehrengericht wahlberechtigten Aerzten (§ 2 Schlußabsatz) gehören.[4])

Entw. I § 44: der Ehrengerichtshof besteht:
1. aus dem Direktor der Medizinal-Abtheilung u. s. w. wie Gesetz § 43 Abs. 1 Nr. 1,
2. aus drei ärztlichen Mitgliedern der Wissenschaftlichen Deputation für das Medizinalwesen,
3. aus drei Mitgliedern des Aerztekammer-Ausschusses.

Die drei Mitglieder der Wissenschaftlichen Deputation für das Medizinalwesen und drei Stellvertreter derselben werden von dem König ernannt.

Die drei Mitglieder des Aerztekammer-Ausschusses und drei Stellvertreter derselben werden für die Dauer ihrer Amtszeit von dem Aerztekammer-Ausschusse mit absoluter Stimmenmehrheit gewählt.

Entw. II § 43: Der Ehrengerichtshof besteht:
1. wie Entw. I,
2. aus drei Mitgliedern des Aerztekammer-Ausschusses,
3. aus drei anderen Aerzten.

Die Letzteren und drei Stellvertreter derselben werden von dem König ernannt.

Die drei Mitglieder u. s. w. wie Entw. I § 44 Abs. 3; Abs. 4 wie Gesetz § 43 Abs. 4.

Entw. III § 43 wie Gesetz § 43 nur in Nr. 1 statt Leiter: „Direktor".

---

[1]) Der Ehrengerichtshof besteht aus 7 Mitgliedern und 7 Stellvertretern, von denen je 6 zu den Wahlen für das Ehrengericht wahlberechtigte Aerzte nach Maßgabe des § 2 d. Ges. sein müssen — vgl. die Begründung des Entw. III, welche oben S. 53 Vorbem. zu § 7 abgedruckt ist.

[2]) Vier Mitglieder des Ehrengerichtshofes müssen Mitglieder des durch die Verordnung vom 6. Januar 1896 (abgedruckt Anhang II) organisirten Aerztekammer-Ausschusses sein. Die vier Stellvertreter können entweder aus den übrigen Mitgliedern des Aerztekammer-Ausschusses oder deren Stellvertretern gewählt werden.

Der Aerztekammer-Ausschuß bestimmt zugleich die Reihenfolge, in der die Stellvertreter einzuberufen sind. Außerdem hat derselbe auch die Höhe der Diäten und Reisekosten festzusetzen, die den ärztlichen Mitgliedern des Ehrengerichtshofes zu gewähren sind — vgl. die analoge Vorschrift des § 7 Abs. 3 d. Ges. und Min.-Ausführungsbestimm. Nr. 7 (abgedruckt hinter § 58 d. Ges.).

[3]) Die Dauer der Amtszeit des Aerztekammer-Ausschusses deckt sich nach § 3 der Verordnung vom 6. Januar 1896 mit der dreijährigen Amtszeit der Aerztekammern (vgl. § 6 der Verordn. vom 25. Mai 1887 Anhang II und Begründung des Entw. III oben S. 54).

Scheidet ein Mitglied des Ehrengerichtshofes oder ein Stellvertreter innerhalb der Amtsperiode aus, so erfolgt die Allerhöchste Ernennung eines anderen bezw. die Ersatzwahl für den Rest der Periode.

[4]) Der Schlußabsatz des Paragraphen ist in Gemäßheit der ministeriellen Zusage vom 27. Dezember 1897 (s. oben Einleitung

S. 17 Nr. 11) eingefügt. Darnach müssen nicht nur die gewählten, sondern auch die landesherrlich ernannten ärztlichen Mitglieder des Ehrengerichtshofes und deren Stellvertreter zu den nach § 2 Abs. 3 d. Ges. für das Ehrengericht wahlberechtigten und wählbaren Aerzten gehören. Vgl. im Uebrigen dazu Anm. 5 und 6 zu § 2 d. Ges. (oben S. 35).

## § 44.

Der Ehrengerichtshof beschließt und entscheidet nach absoluter Stimmenmehrheit in der Besetzung von sieben Mitgliedern.

Zu jeder dem Angeschuldigten nachtheiligen Entscheidung, welche die Schuldfrage betrifft, ist jedoch eine Mehrheit von fünf Siebentel der Stimmen erforderlich.[1])

Ein Mitglied, welches bei der angefochtenen Entscheidung mitgewirkt hat, ist von der Theilnahme an der Verhandlung und Entscheidung in der Berufungsinstanz ausgeschlossen.[2])

Entw. I § 45, II § 44 wie Gesetz, jedoch fehlt Abs. 2; in Entw. II Abs. 1 fehlt auch das Wort: „absoluter"; Entw. III § 44 wie Gesetz.

Vorbemerkung: Die Begründung des Entw. III zu § 44 ist oben S. 58 f. (Vorbemerkung zu § 8 d. Ges.) abgedruckt.

---

[1]) Die Abs. 1 und 2 entsprechen in ihren Prinzipien den für die erste Instanz in § 8 Abs. 1 und 2 enthaltenen Gesetzesbestimmungen. Die Erläuterungen zu letzterem Paragraph (oben S. 59 ff.) finden daher auch auf die Beschlüsse und Entscheidungen des Ehrengerichtshofes entsprechende Anwendung. Nur sind folgende aus der erhöhten Richterzahl (vgl. § 44 Abs. 1 mit § 8 Abs. 1 d. Ges.) sich ergebende Modifikationen zu beachten:

a) Bei allen Beschlüssen und Entscheidungen des Ehrengerichtshofes haben (einschließlich des Vorsitzenden) nicht weniger und nicht mehr als sieben Mitglieder bezw. deren berufene Stellvertreter mitzuwirken.

b) Zu jedem Beschlusse und zu jeder Entscheidung des Ehrengerichtshofes ist, soweit es sich nicht um die Schuldfrage handelt, die Uebereinstimmung von vier Mitgliedern nöthig.

Die in Anm. 1 zu § 8 angeführten Bestimmungen der §§ 194, 196, 197 und 198 Abs. 2 und 3 des Gerichts-Verfassungsgesetzes sind durch die inzwischen ergangene Geschäftsordnung für die ärztlichen Ehrengerichte (§ 9, abgedruckt hinter den Min.Ausf.-Bestimm.) ausdrücklich als für die Berathung und Abstimmung der Ehrengerichte und des Ehrengerichtshofes anwendbar erklärt. Die drei letzten Absätze des § 9 der Geschäftsordnung entsprechen den S. 59/60 abgedruckten §§ 199 Abs. 1, 195 und 200 des Ger.-Verf.Gesetzes und sind nur zur Erleichterung der Geschäftshandhabung der für die ärztlichen Ehrengerichte und den Ehrengerichtshof in Betracht kommenden Sachlage entsprechend anderweit formulirt.

c) Zur Bejahung der Schuldfrage sind bei dem Ehrengerichtshofe fünf Stimmen erforderlich (vgl. im Uebrigen Anm. 2 zu § 8).

*) Die Vorschrift des Abs. 3 gilt nicht für die Entscheidungen, sondern auch für die Beschlüsse, bei deren Fassung ein Mitglied oder ein stellvertretendes Mitglied des Ehrengerichtshofes als Richter in erster Instanz mitgewirkt hat.

Im Uebrigen werden auch die Vorschriften des § 8 Abs. 3 über den Ausschuß von „betheiligten" oder „für befangen erklärten" Richtern auf die Mitglieder des Ehrengerichtshofes entsprechend anzuwenden sein — vgl. dazu die auch hierher gehörigen Anm. 4—6 zu § 8 (S. 61 f.) —; nur ist selbstverständlich „Befangenheit des Ehrengerichtshofes in seiner Gesammtheit" ausgeschlossen.

## § 45.

Auf das Verfahren in der Berufungs- und Beschwerdeinstanz finden die Vorschriften über das Verfahren erster Instanz entsprechende Anwendung.[1])

Für die Einlegung von Beschwerden gegen Beschlüsse des Ehrengerichts sind die Bestimmungen des § 39 maßgebend.[2])

Die Verrichtungen des Vertreters der Anklage werden von einem rechtskundigen Kommissar des Ministers der Medizinal-Angelegenheiten wahrgenommen.[3])

Entw. I § 46, II § 45 und III § 45 wie Gesetz; nur in Entw. I Citat: „§ 40" und statt Ministers der Med.-Angelegenh. (Abs. 3): „Medizinalministers".

---

[1]) Das Gesetz kennt im ehrengerichtlichen Strafverfahren zwei Rechtsmittel, über welche der Ehrengerichtshof endgültig zu befinden hat: Berufung und Beschwerde, erstere gegen Endentscheidungen — vgl. § 39 — letztere gegen Beschlüsse des Ehrengerichts — vgl. § 45 Abs. 2 — gerichtet. Dementsprechend wird hier Berufungs- und Beschwerdeinstanz unterschieden.

Die Gesetzesvorschriften, welche für das Verfahren vor dem ärztlichen Ehrengerichtshof entsprechende Anwendung finden, sind im Einzelnen folgende:

§ 8 Abs. 3 (Zulässigkeit schriftlicher Abstimmung bei den das Verfahren leitenden Beschlüssen — vgl. oben S. 61. Wegen der Abstimmung bei dem Ehrengerichtshofe überhaupt vgl. § 44 Abs. 1).

§ 8 Abs. 4 (Ausschluß betheiligter oder befangener Mitglieder) — vgl. Anm. 3 zu § 44.

§ 9 Abs. 2 (Befugnisse des Vorsitzenden) — vgl. oben S. 63 f. und Geschäftsordnung für die Ehrengerichte und den Ehrengerichtshof §§ 3, 5, 6 (abgedruckt hinter den Min.Ausf.Bestimm.).

§ 11 (Recht des Ersuchens von Gerichts-Verwaltungs- und Verwaltungsgerichtsbehörden sowie Recht zur eidlichen Zeugenvernehmung im förmlichen Verfahren) — vgl. S. 70 ff.

§ 13 (Gebühren- und Stempelfreiheit der Verhandlungen und Erlasse) — vgl. Erläut. S. 74 f.

§ 16 (Einfluß des gerichtlichen Strafverfahrens und des Verfahrens auf Approbationsentziehung auf das ehrengerichtliche Strafverfahren) — vgl. oben S. 83 ff.

§ 24 Abs. 3 bis 6 (Eidliche Vernehmung von Zeugen und Sachverständigen) — vgl. Erläut. S. 97 ff.

§ 25 (Zuziehung und Verpflichtung des Protokollführers) — vgl. Erläut. S. 107 f.

§ 26 Abs. 1 (Recht des Vertreters der Anklage zur Akteneinsicht und Antragstellung) — S. 109.

§ 30 Abs. 1 (Anberaumung der Hauptverhandlung durch den Vorsitzenden und Vorladung des Angeschuldigten dazu) — vgl. oben S. 114 und § 5 der Geschäftsordnung.

§ 30 Abs. 2. (Zuziehung eines Beistandes) — vgl. S. 115.

§§ 32—38 (Vorschriften über das Verfahren in der Hauptverhandlung).

Ausgeschlossen erscheint dagegen die Anwendung der Vorschriften über Eröffnung und Führung der Voruntersuchung, da die Voruntersuchung stets in der ersten Instanz zu führen ist. Falls der Ehrengerichtshof eine Ergänzung oder anderweite Führung der Voruntersuchung für nothwendig erachtet, wird er unter Aufhebung der ehrengerichtlichen Entscheidung die Sache zur nochmaligen Untersuchung und Entscheidung in die erste Instanz zurückverweisen müssen.

Die Zurückverweisung braucht nicht an dasselbe Ehrengericht zu erfolgen; sie wird namentlich dann in Frage kommen müssen, wenn das Verfahren in erster Instanz an wesentlichen Mängeln leidet oder die erstinstanzliche Entscheidung auf Gesetzesverletzungen im Sinne des § 377 Nr. 1—5, 7 und 8 Str.P.O. beruhte.

[3]) Die Beschwerde an den Ehrengerichtshof ist gegen alle im ehrengerichtlichen Strafverfahren ergangenen Beschlüsse des Ehrengerichts sowohl seitens des Angeschuldigten als seitens des Vertreters der Anklage zulässig, soweit nicht das Gesetz (vgl. z. B. § 23) besondere Beschränkungen ausdrücklich ausspricht.

Für die Einlegung der Beschwerde sind die Formvorschriften des § 39 Abs. 2—4 — vgl. oben S. 127 f. — unbedingt anzuwenden. Die Beschwerde wird in der Regel sofort zu begründen sein, da ein Recht auf die Fristen des § 41 in dem Gesetze hierfür nicht ausdrücklich zugelassen ist. Dagegen erscheint § 40 auch bei verspäteter Einlegung von Beschwerden anwendbar.

[3]) Auf die Bestellung des Vertreters der Anklage in der Berufungs- und Beschwerdeinstanz wird die Vorschrift des § 12 Abs. 2 d. Ges. analog anzuwenden sein. Es kann also der Minister der Medizinal-Angelegenheiten nach seinem Ermessen den rechtskundigen Kommissar dauernd oder für den einzelnen Fall bestellen (vgl. oben S. 74 Anm. 2).

## § 46.[1])

Für das ehrengerichtliche Verfahren werden nur baare Auslagen [2]) in Ansatz gebracht.

Der Betrag der entstandenen Kosten ist von dem Vorsitzenden des Ehrengerichts festzusetzen. Die Festsetzung ist vollstreckbar.[3])

Ueber die Kostenerstattungspflicht des Angeschuldigten ist von dem Ehrengericht oder dem Ehrengerichtshofe mitzuentscheiden.[4])

Kosten, welche weder dem Angeschuldigten auferlegt, noch von dem Verpflichteten eingezogen werden können, fallen der Kasse der Aerztekammer zur Last.[5]) Dieselbe haftet den Zeugen und Sachverständigen für die ihnen zukommende Entschädigung in gleichem Umfange, wie in Strafsachen die Staatskasse.[6]) Bei weiter Entfernung des Aufenthaltsortes der geladenen Personen ist denselben auf Verlangen ein Vorschuß zu geben.[7])

Entw. I § 47, II und III § 46 unverändert.

---

[1]) Die Vorschriften des § 46 Abs. 1, 2 und 4 entsprechen denen des § 94 der R.A.O.

[2]) Baare Auslagen sind Porti, Zustellungskosten, Kopialien,

die Diäten und Reisekosten des Untersuchungskommissars, sowie die Gebühren der Zeugen und Sachverständigen, welche in dem betr. ehrengerichtlichen Verfahren entstanden sind.

Dagegen wird man annehmen müssen, daß die Kosten der Konstituirung und Tagung des Ehrengerichts und des Ehrengerichtshofes, also die Diäten und Reisekosten der Mitglieder dieser Gerichtshöfe für ihre Theilnahme an den Sitzungen, welche durch das betr. Verfahren nothwendig geworden sind, nicht zu den baaren Auslagen gehören — vgl. analog Meyer R.A.O. 2. Aufl. S. 134 und Löwe-Hellweg Str.P.O. 8. Aufl. S. 924 vorl. Absatz.

[3]) Die Kostenfestsetzung hat stets in erster Instanz zu erfolgen, auch wenn die Entscheidung von dem Ehrengerichtshof erfolgt ist. In letzterem Falle wird der Vorsitzende des Ehrengerichtshofs den Betrag der dort entstandenen baaren Auslagen bei Rücksendung der Akten dem Vorsitzenden des erstinstanzlichen Ehrengerichts zur Berücksichtigung bei der Kostenfestsetzung mitzutheilen haben.

Die Kostenfestsetzung hat selbstverständlich erst nach endgültiger Entscheidung der Sache zu erfolgen.

Die Kostenfestsetzungsverfügung wird von dem Vorsitzenden in urkundlicher Form zu erlassen und unter Siegel und Unterschrift auszufertigen sein, damit sie als Unterlage für die Vollstreckung (vgl. Anm. 3 zu § 47) verwendbar ist.

[4]) Die Entscheidung des Kostenpunktes ist ein nothwendiger Bestandtheil der ehrengerichtlichen Entscheidungen. Wegen unrichtiger Kostenentscheidung erscheint daher Einlegung der Berufung zulässig (so auch Ehrengerichtshof der dtsch. R.A. Entsch. Bd. IV S. 93, Bd. VIII S. 101).

Ueber die hierbei zu beobachtenden materiellen Grundsätze hat das Gesetz eine ausdrückliche Bestimmung nicht getroffen. Aus der Wendung: „Kostenerstattungspflicht des Angeschuldigten" wird man aber entnehmen können, daß der Angeschuldigte, der zu einer ehrengerichtlichen Strafe verurtheilt wird, verpflichtet ist, die Kosten des ehrengerichtlichen Strafverfahrens zu tragen bezw. zu erstatten.

Sind mehrere Angeschuldigte vorhanden, so haften dieselben als Gesammtschuldner, d. h. jeder für alle Kosten, wenn sie in Bezug auf dieselbe That zur Strafe verurtheilt sind (vgl. Entscheid. des Ehrengerichtshofes der deutschen R.A. Bd. IV S. 213, 251).

Bei theilweiser Freisprechung des Angeschuldigten kann er von einem Theile der Kosten entbunden werden (vgl. analog § 498 Str.P.O.).

[5]) Die Kasse der Aerztekammer hat die entstehenden Kosten sowohl im ehrengerichtlichen, als im Vermittelungsverfahren (§ 4) stets zu verauslagen.

Ueber die Erstattung der Kosten des Vermittelungsverfahrens fehlt eine ausdrückliche gesetzliche Vorschrift. Es steht jedoch nichts entgegen, daß in den Vermittelungsvorschlag eine Bestimmung darüber aufgenommen wird, wer die Kosten des Verfahrens zu tragen hat. Ebenso dürfte es auch unter Umständen für zulässig zu erachten sein, von einem Nichtarzt, der Anträge auf Erhebung von Beweisen in einem Vermittelungsverfahren gegen einen Arzt, stellt, die vorgängige bindende Uebernahme der Verpflichtung zur demnächstigen Tragung der Kosten, wenn seine Anträge sich als unbegründet herausstellen, zu verlangen.

Eine dem § 501 der Str.P.O. entsprechende Vorschrift über gerichtliche Auferlegung der Kosten, welche durch grobe fahrlässige oder wider besseres Wissen gemachte Anzeigen entstanden sind, an den Anzeigenden, ist in dem vorliegenden Gesetze nicht enthalten.

[6]) Durch die Bestimmung des Abs. 3 Satz 2 sind die §§ 70 und 84 der Str.P.O. auch für das ehrengerichtliche Verfahren für anwendbar erklärt. § 70 ist oben S. 101 abgedruckt, § 84 Str.P.O. lautet:

„Der Sachverständige hat nach Maßgabe der Gebührenordnung (s. oben S. 102 f.) Anspruch auf Entschädigung für Zeitversäumniß, auf Erstattung der ihm verursachten Kosten und außerdem auf angemessene Vergütung für seine Mühewaltung."

Für die von dem Angeschuldigten unmittelbar geladenen Zeugen und Sachverständigen ist § 219 Abs. 2 und 3 Str.P.O. analog anwendbar:

„Eine unmittelbar geladene Person ist nur dann zum Erscheinen verpflichtet, wenn ihr bei der Ladung die gesetzliche Entschädigung für Reisekosten und Versäumniß baar dargeboten oder deren Hinterlegung bei dem Gerichtsschreiber nachgewiesen wird.

Ergiebt sich in der Hauptverhandlung, daß die Vernehmung einer unmittelbar geladenen Person zur Aufklärung der Sache dienlich war, so hat das Gericht auf Antrag anzuordnen, daß derselben die gesetzliche Entschädigung aus der Staatskasse zu gewähren sei."

[7]) Wer nach seinen Vermögensverhältnissen den Aufwand der Reise ohne Schwierigkeiten zu bestreiten vermag, hat keinen Anspruch auf Gewährung eines Vorschusses — so auch Löwe-Hellweg Str.P.O. Anm. 4 zu § 166 (8. Aufl. S. 148) —; doch wird in der Litteratur zur Str.P.O. vielfach auch die entgegengesetzte Meinung vertreten. Ueber die Bewilligung des Vorschusses entscheidet auch in der Voruntersuchung das Ehrengericht.

## § 47.

Die Vollstreckung der eine Geldstrafe festsetzenden ehrengerichtlichen Entscheidung erfolgt auf Grund einer von dem Vorsitzenden des Ehrengerichts ertheilten, mit der Bescheinigung der Vollstreckbarkeit versehenen beglaubigten Abschrift der Entscheidungsformel [1]) nach Maßgabe der Verordnung vom 7. September 1879, betreffend das Verwaltungszwangsverfahren wegen Beitreibung von Geldbeträgen (Gesetz-Samml. S. 591).[2])

Dasselbe gilt für die Vollstreckung der die Kosten festsetzenden Verfügung.[3])

Entw. I § 48, II und III § 47 unverändert.

---

[1]) Unter die Abschrift der Entscheidungsformel (des Urtheilstenors oder des Strafbeschlusses, § 10 Abs. 2, § 17 d. Ges., vgl. auch §§ 12 und 13 der Geschäftsordnung für die ärztl. Ehrengerichte) wird der Vorsitzende unter Siegel und Unterschrift folgenden Vermerk zu setzen haben:

> Vorstehende Abschrift wird hierdurch als mit der Urschrift gleichlautend beglaubigt. Zugleich wird bescheinigt, daß die Entscheidung (d. Beschluß) vollstreckbar ist.

Diese mit vorstehender Bescheinigung versehene beglaubigte Abschrift der Entscheidungsformel ist von dem Vorsitzenden des Ehrengerichts dem Kassenführer der Aerztekammerkasse zu übermitteln, welcher die Vollstreckung nach § 53 d. Ges. zu betreiben hat.

Der besonderen Vollstreckung einer auf Warnung oder Verweis lautenden ehrengerichtlichen Entscheidung bedarf es nicht, sofern nicht auf Veröffentlichung der auf Verweis lautenden Entscheidung von dem Gericht erkannt ist (vgl. § 15 d. Ges. und Anm. 5 dazu S. 81 f.).

[2]) Die Verordnung vom 7. September 1879 ist inzwischen durch die wesentlich übereinstimmende Verordnung vom 15. November 1899 (G.S. S. 545) ersetzt — vgl. darüber Erläut. zu § 53 d. Ges.

[3]) Die Kostenfestsetzungsverfügung (§ 46 Abs. 1 u. Anm. 3 dazu) ist demgemäß in beglaubigter und mit der Bescheinigung der Vollstreckbarkeit versehener Abschrift (s. oben Anm. 1) von dem Vorsitzenden des Ehrengerichts dem Kassenführer der Aerztekammerkasse zu übersenden, der ihre Vollstreckung nach § 53 d. Ges. bewirkt.

## § 48.

Die nach den Bestimmungen dieses Gesetzes erfolgenden Zustellungen und Vorladungen sind gültig und bewirken den Lauf der Fristen, wenn sie unter Beobachtung der für gerichtliche Zustellungen durch die Post vorgeschriebenen Formen — §§ 193 bis 195 der Civil-Prozeß-Ordnung vom 31. Januar 1877 (Reichs-Gesetzbl. 1898 S. 410 ff.) — demjenigen, an den sie ergehen, zugestellt werden.[1])

Der Beauftragung eines Gerichtsvollziehers bedarf es dabei nicht.[2])

Entw. I § 49, II und III § 48 wie Gesetz, nur in Entw. I und II Citat: „§§ 177, 178 der C.P.O. (alte Fassung)".

[1]) Zustellungen und Vorladungen müssen nach Maßgabe der §§ 193 bis 195 der C.P.O. bewirkt werden. Diese Paragraphen lauten:

§ 193. Zustellungen können auch durch die Post erfolgen.

§ 194. Wird durch die Post zugestellt, so hat der Gerichtsvollzieher — vgl. hier Note 2 — einen durch sein Dienstsiegel verschlossenen, mit der Adresse der Person, an welche zugestellt werden soll, versehenen und mit einer Geschäftsnummer bezeichneten Briefumschlag, in welchem die zuzustellende Ausfertigung oder die beglaubigte Abschrift des zuzustellenden Schriftstücks enthalten ist, der Post mit dem Ersuchen zu übergeben, die Zustellung einem Postboten des Bestimmungsortes aufzutragen.

(§ 194 Abs. 2 C.P.O. ist wegen der Vorschrift in § 48 Abs. 2 d. Ges. gegenstandslos.)

§ 195. Die Zustellung durch den Postboten erfolgt in Gemäßheit der Bestimmungen der §§ 180—186 C.P.O.

Ueber die Zustellung ist von dem Postboten eine Urkunde aufzunehmen, welche den Bestimmungen des § 191 Nr. 1, 3—5, 7 entsprechen und außerdem die Uebergabe des seinem Verschlusse, seiner Adresse und seiner Geschäftsnummer nach bezeichneten Briefumschlags, sowie der Abschrift der Zustellungsurkunde bezeugen muß.

Die Urkunde ist von dem Postboten der Postanstalt und von dieser dem Gerichtsvollzieher (hier dem Vorsitzenden des Ehrengerichts) zu überliefern. . . .

Ueber die postamtliche Behandlung von Briefen mit Zustellungsurkunden vgl. jetzt die die neuen Vorschriften zusammenstellende Verfügung des Staatssekretärs des Reichs-Postamts v. 26. Oktbr. 1899 — Amtsblatt des Reichs-Postamts Nr. 57 S. 347 ff.

Zustellungen im Auslande, d. h. außerhalb des Deutschen Reichs, werden in entsprechender Anwendung des § 199 C.P.O. mittelst Ersuchens der zuständigen Behörde des fremden Staates oder des in diesem Staate residirenden Consuls oder Gesandten des Deutschen Reichs zu bewirken sein. Die erforderlichen Ersuchungsschreiben sind von dem Vorsitzenden des Ehrengerichts zu erlassen. Die erfolgte Zustellung wird durch das schriftliche Zeugniß der ersuchten Behörden oder des Beamten, daß die Zustellung erfolgt sei, nachgewiesen (§ 202 C.P.O.).

[2]) Durch die Vorschrift des Abs. 2 wird ausgesprochen, daß der Vorsitzende des Ehrengerichts die Post oder die für Zustellungen im Auslande in Betracht kommenden Behörden — letztere jedoch

in der Regel unter Vermittelung des Auswärtigen Amts, die Post dagegen direkt — um Zustellung der ehrengerichtlichen Schriftstücke und Vorladungen ersuchen darf.

Die vollzogenen Zustellungsurkunden sind an ihn zurückzusenden; er hat sie zu prüfen und falls Ergänzungen nicht erforderlich sind, ihre Einverleibung in die Akten anzuordnen.

---

## Dritter Abschnitt.

## Das Umlagerecht und die Kassen der Aerztekammern.

### § 49.

Jede Aerztekammer ist befugt, von den wahlberechtigten Aerzten [1]) des Kammerbezirkes einen von ihr festzusetzenden jährlichen Beitrag [2]) zur Deckung ihres Kassenbedarfs zu erheben.[3])

Der Beschluß der Aerztekammer über die Höhe des Beitrags und über die Festsetzung des Beitragsfußes bedarf der Genehmigung des Oberpräsidenten, welche von dem Vorstande der Aerztekammer nachzusuchen ist.[4])

Wird die Genehmigung ertheilt, so erfolgt die Einziehung der Beiträge, soweit dieselben nicht freiwillig gezahlt werden, nach Maßgabe der Verordnung v. 7. September 1879, betreffend das Verwaltungszwangsverfahren wegen Beitreibung von Geldbeträgen (G.S. S. 591).[5])

Ueber die Niederschlagung einzelner Beiträge entscheidet der Aerztekammer-Vorstand.[6])

Entw. I § 50, II § 49 und III § 49 wie Gesetz; in Entw. I fehlt Abs. 4; in Entw. II Abs. 1 heißt es: „von den der Zuständigkeit des Ehrengerichts unterstehenden Aerzten“; in Abs. 4 sind am Schlusse die Worte zugefügt: „in jedem einzelnen Falle“.

Vorbemerkung: Ueber den dritten Abschnitt (§§ 49—55) wird in der Begründung des Entwurfs III (S. 26) Folgendes bemerkt:

„Die Bestimmungen über das Umlagerecht und die Kassen der Aerztekammern sind aus der Erkenntniß erwachsen, daß es nothwendig ist, den ärztlichen Standesvertretungen genügende Mittel zuzuführen, um einmal die Kosten des ehrengerichtlichen Verfahrens, soweit sie nicht erstattungsfähig sind, zu decken und ferner Ausgaben für dringliche Standesbedürfnisse, insbesondere für die Unterstützung nothleidender Standesgenossen und deren Hinterbliebenen zu beschaffen.

Die Umlagebeträge sollen von sämmtlichen zur Aerztekammer wahlberechtigten Aerzten, also auch von den beamteten Aerzten — dagegen nicht von den Militär- und Marineärzten, sowie den Militär- und Marineärzten des Beurlaubtenstandes während ihrer Einziehung zur Dienstleistung — erhoben und bei nicht freiwilliger Zahlung im Verwaltungszwangsverfahren beigetrieben werden.

Ueber die Höhe derselben und den Beitragsfuß entscheidet die Aerztekammer. Der Beschluß derselben soll jedoch der Genehmigung des Oberpräsidenten bedürfen, damit die Möglichkeit gegeben ist, eine etwaige unzweckmäßige Vertheilung und übermäßige Steigerung dieser Umlagen, die zu einer Ueberbürdung der Ärzte mit geringen Einnahmen führen könnte, zu verhindern.

Im Uebrigen ist den Kassen behufs Erleichterung der Geschäftsführung Rechtsfähigkeit beigelegt und ihre Selbstverwaltung durch die Organe der Aerztekammern vorgesehen. Nur die allgemeine Staatsaufsicht und das Revisionsrecht des Oberpräsidenten ist gesichert."

Der Kommissionsbericht des Abg.-Hauses (Drucks. Nr. 201 S. 6) lautet:

„Im dritten Abschnitt wurde bei § 49 zunächst durch ein Mitglied die Streichung des ganzen dritten Abschnitts beantragt, theils aus verfassungsrechtlichen Bedenken, theils weil ein Widerspruch mit der Gewerbeordnung dadurch geschaffen werde.

Der Regierungskommissar und mehrere Redner führten aus, daß diese Begründung nicht zutreffend sei; etwas Analoges finde sich in dem Umlagerecht der Handelskammern, der Landwirtschaftskammern u. s. w. Besonderes Gewicht wurde auf die Beibehaltung der Bestimmung gelegt, daß die Beitragspflicht verschieden bemessen werden könne. In einigen Aerztekammern war, wie aus den Petitionen hervorging, erwogen und gewünscht worden, daß zwei Kassen zu errichten seien; eine Kasse, deren Einnahmen lediglich zur Bestreitung der Bedürfnisse der Ehrengerichte dienen und aus Beiträgen der der Zuständigkeit der Ehrengerichte unterstehenden

Aerzte gefüllt werden solle; diese habe auch die durch ein ehrengerichtliches Verfahren erkannten Strafen bezw. von den Verurtheilten zu erlegenden Kosten einzuziehen. In die zweite Kasse sollten die Beiträge aller wahlberechtigten Aerzte fließen; aus dieser könnten dann die Verwaltungskosten, Tagegelder u. s. w., der Beitrag zu den Kosten des Aerztekammerausschusses und die sonstigen von der Aerztekammer beschlossenen Aufwendungen bestritten werden. Dagegen wurde geltend gemacht, daß dießer Weg große Weitläufigkeiten in sich berge, daß aber die Möglichkeit des verschiedenen Beitragsfußes vorzusehen sei, um die zum Ehrengericht weder aktiv, noch passiv wählbaren Aerzte anders besteuern zu können, als die übrigen.

Als sichere Voraussetzung sei anzunehmen, daß die Aerzte, welche nach § 2 Abs. 1 unter die Zuständigkeit der Ehrengerichte nicht gehören, sich bereit erklären werden, an den Kosten der Aerztekammer und auch des ehrengerichtlichen Verfahrens Theil zu nehmen. Im Uebrigen sei die Frage nach den bisherigen Erfahrungen der Aerztekammern von keiner großen finanziellen Tragweite, in den meisten Kammern betrage bis jetzt der jährliche Beitrag eines Arztes 2 bis 3 Mark.

§ 49 wurde nach der Regierungsvorlage angenommen."

---

[1]) Gemeint sind hier die zur Aerztekammer wahlberechtigten Aerzte — vgl. § 4 der Verordnung vom 25. Mai 1887 in der Fassung der Verordnung vom 23. Junuar 1899 (abgedruckt im Anhang I).

Darnach haben alle in dem Bezirke der Aerztekammer wohnhaften approbirten Aerzte, welche Angehörige des Deutschen Reichs sind und sich im Besitze der bürgerlichen Ehrenrechte befinden, mit alleiniger Ausnahme der aktiven und diesen gleichstehenden Militär- und Marineärzte, den von der Aerztekammer festgesetzten und von dem Ober-Präsidenten genehmigten jährlichen Kassenbeitrag zu entrichten — vgl. im Einzelnen das oben Anm. 6 zu § 2 (S. 35) abgedruckte Schema.

Zweifel können entstehen bezüglich der Beitragspflicht der Militär- und Marineärzte des Beurlaubtenstandes (Reserve und Landwehr). Da diese nach § 4 Nr. 2 der angeführten Verordnungen für die Dauer ihrer Einziehung zur Dienstleistung zur Aerztekammer **nicht** wahlberechtigt sind, könnte hieraus gefolgert werden, daß sie den auf die Zeit ihrer militärischen Dienstleistung entfallenden Antheil der Umlage **nicht** zu entrichten brauchen. Diese Folgerung wird indessen abzulehnen sein. Denn die Aerztekammerumlage ist im Gesetz ausdrücklich als Jahresbeitrag (vgl. Anm. 2) bezeichnet. Eine Theilung oder Verkürzung desselben ist mit Ausnahme der Fälle des § 49 Abs. 4 — vgl. Anm. 6 — im Gesetze nicht zugelassen. Ebensowenig wie ein Arzt, der nur einen Theil des Jahres seinen Wohnsitz in dem Bereiche einer preußischen Aerztekammer hat, den anderen Theil aber außerhalb Preußens sich aufhält, für diese Zeit von der Aerztekammerumlage freizulassen ist, ebensowenig wird diese Freilassung hinsichtlich der militärischen Einziehungszeit eines Militär- und Marinearztes des Beurlaubtenstandes eintreten dürfen.

Dagegen wird die Einziehung des Beitrages — vgl. Abs. 3 — allerdings zweckmäßig außerhalb der Zeit der militärischen Einziehung und während des Aufenthaltes des Arztes im Bereiche der Aerztekammer zu erfolgen haben — vgl. oben Vorbem. Abs. 3.

[2]) Aus der Bestimmung, daß ein jährlicher Beitrag erhoben werden soll, ergiebt sich, daß nur die Festsetzung eines Jahrespauschquantums zulässig ist.

Am meisten wird es sich empfehlen, den Jahresbeitrag, so lange sich derselbe in mäßigen Grenzen hält, in derselben Weise, wie dies bei den Anwaltskammerbeiträgen geschieht, auf eine für alle verpflichteten Aerzte gleiche Summe festzusetzen. Nach dem Wortlaut des Gesetzes steht aber auch nichts im Wege, daß der Beitrag nach den verschiedenen Einkommensverhältnissen der beitragspflichtigen Aerzte verschieden bemessen wird, also z. B. für alle Aerzte mit einem einkommensteuerpflichtigen Einkommen von weniger als 3000 Mark auf 3 Mk., für alle Aerzte mit einem Einkommen von 3001—6000 Mk. auf 5 Mk., von 6001—10000 Mk. auf 10 Mk., 10—15000 Mk. auf 15 Mk. u. s. w. Ebenso wäre es auch denkbar, daß der Jahresbeitrag nach bestimmten Prozenten der Staatssteuern jedes Arztes bemessen wird. In letzterem Falle würde also nur der Beitragsfuß von der Aerztekammer festzusetzen sein.

[3]) Die Erhebung der Beiträge erfolgt durch den Kassenführer der Aerztekammerkasse — vgl. § 52 d. Ges.

[4]) Der Ober-Präsident wird namentlich prüfen lassen, ob die Höhe der festgesetzten Beiträge bezw. der von der Aerztekammer beschlossene Beitragsfuß dem Kassenbedürfniß entspricht und ob dadurch Ueberlastungen der Aerzte, namentlich solcher mit geringem

Einkommen, vermieden werden. Der Beschluß der Aerztekammer über den Beitrag ist in der ersten beschlußfähigen Sitzung jedes Jahres zu fassen — vgl. Min.Ausf.Best. Nr. 11. In dem Beschlusse wird auch der Fälligkeitstermin des für das betr. Kalenderjahr festgesetzten Beitrages zu bezeichnen sein.

[5]) In der Regel wird die Einziehung der Beiträge zunächst auf gütlichem Wege zu versuchen sein. Es empfiehlt sich nach Ablauf der in dem Beitragsausschreiben gestellten Zahlungsfrist, die Einziehung durch Postauftrag zu versuchen und erst wenn hier Zahlung verweigert wird, den gesetzlichen Zwangsweg zu beschreiten.

An die Stelle der Verordnung vom 7. September 1879 ist inzwischen die Verordnung vom 15. November 1899 (G.S. S. 545) getreten — vgl. Erläut. zu § 53.

[6]) Die Entscheidung des Aerztekammervorstandes ist endgültig. Derselbe wird die Vermögenslage des um Niederschlagung seines Beitrags bittenden Arztes bezw. die Verpflichtung desselben zur Zahlung im Bestreitungsfalle zu prüfen haben. — Die Niederschlagung kann auch von Amtswegen oder auf Antrag des Kassenführers — vgl. Anm. 1 zu § 53 — erfolgen.

## § 50.

Bei jeder Aerztekammer wird eine Kasse errichtet. Diese gilt als Vertreterin der Aerztekammer in allen vermögensrechtlichen Angelegenheiten.[1]) Sie kann Rechte erwerben und Verbindlichkeiten eingehen, vor Gericht klagen und verklagt werden. Sie hat ihren Sitz am Amtssitze des Oberpräsidenten. Die Kasse der Aerztekammer der Provinz Brandenburg und des Stadtkreises Berlin hat ihren Sitz in Berlin.

Zu der Kasse der Aerztekammer fließen:

1. Geldstrafen und Kosten (§§ 46 und 47);
2. die Beiträge der wahlberechtigten Aerzte des Kammerbezirkes (§ 49);

3. die der Aerztekammer gemachten Zuwendungen jeder Art.[2])

Aus der Kasse werden bestritten:

1. die Verwaltungskosten einschließlich der Tagegelder und Reisekosten der Mitglieder der Aerztekammer;[3])
2. die Kosten des ehrengerichtlichen Verfahrens, soweit nicht eine Erstattung derselben stattfindet;[4])
3. der durch Beschluß des Aerztekammer-Ausschusses festgesetzte Beitrag der Aerztekammer zu den Kosten des Aerztekammer-Ausschusses;[5])
4. die sonstigen von der Aerztekammer beschlossenen Aufwendungen für Angelegenheiten des ärztlichen Standes.[6])

Entw. I § 51, II und III § 50 wie Gesetz; nur fehlen in allen drei Entwürfen in Abs. 1 die beiden letzten Sätze. Außerdem lautete in Entw. I Abs. 2 Nr. 1 das Citat: „(§ 47 u. 48)", Nr. 2: „die Beiträge der Kammermitglieder [Druckfehler!] (§ 50)", Abs. 3 Nr. 1: der Mitglieder „des Vorstandes" der Aerztekammer, in Entw. II Abs. 2 Nr. 2: „die Beiträge der der Zuständigkeit des Ehrengerichts unterstehenden Aerzte des Kammerbezirkes (§ 49)", Abs. 3 Nr. 1 wie Entw. I.

---

[1]) Die Kasse der Aerztekammer hat alle Rechte einer juristischen Person. Ueber ihre Amtsbezeichnung und ihr Siegel vgl. Min.-Ausf.Best. Nr. 15.

[2]) Rechtsverbindliche Erklärungen über Annahme oder Ausschlagung von Zuwendungen, welche der Aerztekammer gemacht werden, sind nach § 51 d. Ges. von dem Vorstande der Aerztekammer abzugeben.

[3]) Zu den Verwaltungskosten gehören insbesondere die Miethskosten des Bureaulokals, die sächlichen Bureauunkosten, die Gehälter von Sekretären und Unterbeamten u. s. w. (vgl. S. 64 Anm. 2).

[4]) Zu den Kosten des ehrengerichtlichen Verfahrens gehören auch die Kosten des ehrengerichtlichen Vermittelungsverfahrens (§ 4 d. Ges.).

[5]) Die Bestimmung der Nr. 3 enthält eine Abänderung des § 6 der Verordnung vom 6. Januar 1896 (Anhang II).

Darnach ist nunmehr der Aerztekammer-Ausschuß befugt, durch Beschluß den Beitrag jeder Aerztekammer zu den durch seine Tagung entstehenden Kosten festzusetzen. Zu diesen Kosten gehören auch die durch die Tagung des ärztlichen Ehrengerichtshofes entstehenden Kosten, soweit nicht eine Erstattung derselben durch anderweitig Verpflichtete stattfindet.

[6]) Ueber die Absicht und die Tragweite der Nr. 4 vgl. Vorbemerkung zu § 49 (S. 146). Da der Ober-Präsident die Höhe der Kassenbeiträge zu genehmigen hat und von diesen der Umfang der Aufwendungen der Aerztekammer für Angelegenheiten des ärztlichen Standes wesentlich abhängig sein wird, steht ihm indirekt eine Einwirkung auch auf die bezüglichen Beschlüsse der Aerztekammer — wenigstens negativ — zu.

Angelegenheiten des ärztlichen Standes, für welche die Aerztekammern Aufwendungen zu machen berechtigt sein werden, sind insbesondere die planmäßige Unterstützung hilfsbedürftiger Aerzte und ihrer Angehörigen (Einrichtung von Pensions- und Reliktenversorgungskassen).

## § 51.

Die Kasse wird von dem Vorstande der Aerztekammer verwaltet[1]) und nach außen vertreten.[2])

Den Kassenführer wählt der Vorstand der Aerztekammer für die Dauer der Amtszeit aus seiner Mitte.[3])

Entw. I § 52 Abs. 1 wie Gesetz; Abs. 2:
Kassenführer ist der Vorsitzende des Vorstandes der Aerztekammer oder ein anderes Mitglied des Vorstandes.
Entw. II und III § 51 wie Gesetz.

---

[1]) Die näheren Vorschriften über die Kassenverwaltung werden durch die bei jeder Aerztekammer aufzustellende Kassenordnung — Min.Ausf.Best. Nr. 16 — getroffen.

[2]) Wer den Vorstand bildet, bestimmt sich nach § 8 der Verordnung vom 25. Mai 1887 (Anhang I).

[3]) Der Kassenführer muß Mitglied des Aerztekammervorstandes sein. Es empfiehlt sich, bei der Wahl für ihn noch ein anderes Mitglied des Vorstandes als Vertreter zu bezeichnen.

## § 52.

Der Kassenführer ist zur Empfangnahme von Geldern und zur Ertheilung von Quittungen sowie auf Anweisung des Vorsitzeuden der Aerztekammer zu Zahlungen berechtigt.[1])

Die einkommenden Gelder sind nach den für die Belegung vormundschaftlicher Gelder maßgebenden Vorschriften zinsbar zu belegen.[2])

Der Kassenführer hat über Einnahmen und Ausgaben Bücher zu führen.[3])

Entw. I § 53 wie Gesetz, jedoch in Abs. 1 statt Vorsitzenden „Vorstandes".

Abs. 2 lautet: Die einkommendeu Gelder sind nach Maßgabe des § 39 der Vormundschaftsordnung vom 5. Juli 1875 (Ges.S. S. 431) zinsbar zu belegen.

In Abs. 3 ist hinzugefügt: „und die Beläge bis zur Entlastung aufzubewahren."

Entw. II und III § 52 wie Gesetz, nur Abs. 3 Zusatz wie in Entw. I.

---

[1]) Zur Empfangnahme von Geldern und zur Ertheilung von Quittungen ist nur der Kassenführer berechtigt; ebenso er allein zu Zahlungen; doch kommt hier noch dazu, daß die Zahlungsanweisung von dem Vorsitzenden der Aerztekammer oder dessen Stellvertreter erlassen werden muß, um die Zahlung zu einer rechtsgültigen zu machen.

[2]) Maßgebend sind die §§ 1807, 1808 des Bürgerlichen Gesetzbuches, welche lauten:

§ 1807. Die im § 1806 vorgeschriebene Anlegung von Mündelgeld soll nur erfolgen:

1. in Forderungen, für die eine sichere Hypothek an einem inländischen Grundstück besteht, oder in sicheren

Grundschulden oder Rentenschulden an inländischen Grundstücken;

2. in verbrieften Forderungen gegen das Reich oder einen Bundesstaat, sowie in Forderungen, die in das Reichsschuldbuch oder in das Staatsschuldbuch eines Bundesstaats eingetragen sind;
3. in verbrieften Forderungen, deren Verzinsung von dem Reiche oder einem Bundesstaate gewährleistet ist;
4. in Werthpapieren, insbesondere Pfandbriefen, sowie in verbrieften Forderungen jeder Art gegen eine inländische kommunale Körperschaft, oder die Kreditanstalt einer solchen Körperschaft, sofern die Werthpapiere oder die Forderungen von dem Bundesrathe zur Anlegung von Mündelgeld für geeignet erklärt sind;
5. bei einer inländischen öffentlichen Sparkasse, wenn sie von der zuständigen Behörde des Bundesstaats, in welchem sie ihren Sitz hat, zur Anlegung von Mündelgeld für geeignet erklärt ist.

Die Landesgesetze können für die innerhalb ihres Geltungsbereichs belegenen Grundstücke die Grundsätze bestimmen, nach denen die Sicherheit einer Hypothek, einer Grundschuld oder einer Rentenschuld festzustellen ist.

§ 1808. Kann die Anlegung den Umständen nach nicht in der im § 1807 bezeichneten Weise erfolgen, so ist das Geld bei der Reichsbank, bei einer Staatsbank oder bei einer anderen durch Landesgesetz dazu für geeignet erklärten inländischen Bank oder bei einer Hinterlegungsstelle anzulegen.

Die für Preußen in Betracht kommenden landesgesetzlichen Vorschriften finden sich in Art. 73—76 des Ausführ.-Ges. zum B.G.B. v. 20. September 1899 (Ges.S. S. 220).

[3]) Welche Bücher zu führen sind, bestimmt die Kassenordnung — Min.Ausf.Best. Nr. 16. — Die Beläge sind selbstverständlich gleichfalls — mindestens bis zur Entlastungsertheilung durch die Aerztekammer § 54 Abs. 3 — aufzubewahren.

## § 53.

**Der Kassenführer hat im Namen des Vorstandes der Aerztekammer die Einziehung der Geldstrafen und Kosten, sowie der nicht freiwillig gezahlten Beiträge (§ 49 Abs. 3) zu betreiben.[1])**

Als Vollstreckungsbehörde im Sinne der Verordnung vom 7. September 1879, betreffend das Verwaltungszwangsverfahren wegen Beitreibung von Geldbeträgen (Ges.-S. S. 591) gilt die Ortspolizeibehörde, welche auf Ersuchen des Kassenführers die Vollstreckung zu bewirken hat.[2])

Entw. I § 54; II und III § 53 wie Gesetz; nur in Entw. I Abs. 1 statt des Schlusses: „gilt der Vorstand der Aerztekammer".

---

[1]) Der Kassenführer ist verpflichtet, zunächst die erforderlichen Zahlungsaufforderungen und eventuell Mahnungen zu erlassen. Fruchten diese nichts, so muß er die zwangsweise Beitreibung nach Abs. 2 in die Wege leiten. Hält er diese jedoch für aussichtslos, so wird er, sofern es sich um die Jahresbeiträge zur Aerztekammer handelt, den Beschluß des Aerztekammervorstandes über die Niederschlagung der Beiträge (§ 50 Abs. d. Ges.) von Amtswegen herbeiführen können.

[2]) An die Stelle der Verordnung vom 7. September 1879 ist inzwischen die Verordnung betreffend das Verwaltungszwangsverfahren wegen Beitreibung von Geldbeträgen vom 15. Novbr. 1899 (G.S. S. 545) getreten. Zweifel können nach dem Wortlaute des Art. 8 des Ausführungsgesetzes zur Civil-Prozeßordnung vom 22. September 1899 (G.S. S. 284 ff.) darüber nicht obwalten. Das Ersuchen des Kassenführers an die Ortspolizeibehörde — vgl. über letztere Anm. 2 zu § 11 (S. 71) ist unter dem Kassensiegel und Unterschrift zu erlassen, und muß den Betrag der beizutreibenden Geldsumme, sowie die Art derselben, ob Geldstrafe, Kosten oder Jahresbeitrag genau bezeichnen. Bei Vollstreckung ehrengerichtlicher Entscheidungen oder von Kostenfestsetzungen wird der vollstreckbare Titel (§ 47 d. Ges.) stets beizufügen sein.

## § 54.

Der Vorstand der Aerztekammer hat mindestens jährlich ein Mal durch zwei seiner Mitglieder die Kasse und die Bücher nebst Belägen zu prüfen.[1])

Der Kassenführer hat dem Vorstande und der Letztere der Aerztekammer jährlich Rechnung zu legen.

Die Aerztekammer ertheilt nach Erledigung etwaiger Anstände die Entlastung.[2])

Entw. I § 55, II und III § 54 unverändert.

---

[1]) Der Aerztekammervorstand hat die beiden Mitglieder, welche die Prüfung vorzunehmen haben, durch Beschluß zu bestimmen Ueber die Ergebnisse der Prüfung haben dieselben ein Protokoll aufzunehmen, welches dem Aerztekammervorstande vorzulegen ist und auf Grund dessen der letztere die Abhilfe der vorgefundenen Mängel und die Erledigung der gezogenen Monita zu betreiben hat.

[2]) Die näheren Vorschriften über Rechnungslegung und Entlastung hat die Kassenordnung zu enthalten. — Min.Ausf.Best. Nr. 16. — Da das Geschäftsjahr mit dem Kalenderjahr zusammenfällt, wird Rechnungslegung und Entlastung zweckmäßig Ende Dezember jeden Jahres zu erfolgen haben.

## § 55.

Der Ober-Präsident ist befugt, von dem Stande der Kasse selbst oder durch einen Beauftragten Kenntniß zu nehmen und Bücher und Beläge zu prüfen.[1])

Entw. I § 56, II und III § 55 unverändert.

---

[1]) Das Kenntnißnahme- und Prüfungsrecht des Ober-Präsidenten ist ein Ausfluß der demselben in § 12 d. Ges. zugewiesenen allgemeinen Staatsaufsicht über den Geschäftsbetrieb der ärztlichen Ehrengerichte und der ihm nach § 13 der Verordn. vom 25. Mai 1887 (Anhang I) zustehenden Aufsichtsbefugnisse über die Aerztekammer und deren Vorstand.

Der Ober-Präsident wird daher auch auf Abhilfe bezüglich der vorgefundenen Mängel dringen können.

Vierter Abschnitt.

## Uebergangs- und Schlußbestimmungen.

### § 56.

Der § 5 der Verordnung vom 25. Mai 1887, betreffend die Einrichtung einer ärztlichen Standesvertretung, (Ges.S. S. 169) wird aufgehoben.

Entw. I § 57, II und III § 56 unverändert.

### § 57.

Die bei dem Inkrafttreten des gegenwärtigen Gesetzes aus § 5 der Verordnung vom 25. Mai 1887 anhängigen Angelegenheiten werden nach den bisherigen Vorschriften erledigt.[1])

Dieser Paragraph ist von der Kommission des Abg.-Hauses eingefügt.

---

[1]) Voraussetzung für die Erledigung eines Verfahrens auf Entziehung des Wahlrechts und der Wählbarkeit zur Aerztekammer nach § 5 der Verordnung vom 25. Mai 1887 ist, daß dieses Verfahren vor dem 1. April 1900 eingeleitet, d. h. eine entsprechende Verfügung des Vorstandes der Aerztekammer vor dem Zeitpunkte des Inkrafttretens dieses Gesetzes bereits ergangen ist.

### § 58.

Dieses Gesetz tritt am 1. April 1900 in Kraft. Mit der Ausführung desselben wird der Minister der Medizinal-Angelegenheiten beauftragt.[1])

Urkundlich unter Unserer Höchsteigenhändigen Unterschrift und beigedrucktem Königlichen Insiegel.

Gegeben Windsor Castle, den 25. November 1899.

(L. S.)

**Wilhelm.**

Fürst zu Hohenlohe. v. Miquel. Thielen. Frhr. v. Hammerstein. Schönstedt. Brefeld. v. Goßler. Gr. v. Posadowsky. Gr. v. Bülow. Tirpitz. Studt. Frhr. v. Rheinbaben.

In den Entw. I § 58, II, III § 57 war der Zeitpunkt, mit welchem das Gesetz in Kraft treten sollte, offen gelassen. Die Kommission des Abg.-Hauses schlug den 1. Januar 1900 vor; bei der zweiten Lesung wurde jedoch auf Antrag des Abg. Immwalle unter Zustimmung der Staatsregierung der 1. April 1900 als Zeitpunkt des Inkrafttretens gewählt, da die im November 1899 neugewählten Aerztekammern sich erst im Januar 1900 konstituiren und erst nach ihrer Konstituirung die Wahlen zu den Ehrengerichten vornehmen konnten.

Die Begründung des Entw. III bemerkte zu § 57:

„Die Ausführungsbestimmungen des Ministers der Medizinal-Angelegenheiten werden insbesondere die Benachrichtigungen zu regeln haben, welche die Ehrengerichte von ihren Entscheidungen den Gerichts- und Militärbehörden zu machen haben werden. Auch wird Vorsorge zu treffen sein, daß die Staatsanwaltschaften ihrerseits den ärztlichen Ehrengerichten über gerichtliche Bestrafungen von Aerzten Mittheilung zugehen lassen."

---

[1]) Die Ausführungsbestimmungen organisatorischer Art sind seitens des Ministers unter dem 21. Dezember 1899, die Geschäftsordnung für die ärztlichen Ehrengerichte und den Ehrengerichtshof unter dem 6. April 1900 (letztere nach Anhörung von Mitgliedern des Ehrengerichtshofes) ergangen und im Nachfolgenden abgedruckt.

## A.

# Ministerielle Ausführungsbestimmungen

vom 21. Dezember 1899.[1])

— M. Nr. 3284. —

Zur Ausführung des Gesetzes, betreffend die ärztlichen Ehrengerichte, das Umlagerecht und die Kassen der Aerztekammern, vom 25. November 1899 (G.S. S. 565), bestimme ich auf Grund des § 58 des Gesetzes Folgendes:

1. Die am 1. April 1900 in Wirksamkeit tretenden ärztlichen Ehrengerichte haben ihren Sitz an dem Amtssitze des Ober-Präsidenten der betreffenden Provinz. Das ärztliche Ehrengericht für die Provinz Brandenburg und den Stadtkreis Berlin, sowie der ärztliche Ehrengerichtshof haben ihren Sitz in Berlin. Die Sitzungen des ärztlichen Ehrengerichtshofes finden in den Geschäftsräumen der Ministeriums der Medizinal-Angelegenheiten statt.

2. Das ärztliche Ehrengericht führt die Amtsbezeichnung:
„Aerztliches Ehrengericht für die Provinz . . . . . . ."
(Ostpreußen, Westpreußen, Pommern, Posen, Brandenburg und den Stadtkreis Berlin, Rheinprovinz und die Hohenzollernschen Lande u. s. w.).

Die Vorladungen und Beschlüsse in dem Verfahren behufs Beilegung von Streitigkeiten (§§ 4, 10 d. Ges.) ergehen jedoch unter der Bezeichnung:
„Der ärztliche Ehrenrath der Provinz . . . ."

Der ärztliche Ehrengerichtshof führt die Amtsbezeichnung: „Aerztlicher Ehrengerichtshof" ohne weiteren Zusatz.

Das ärztliche Ehrengericht und der Ehrengerichtshof führen ein den heraldischen Preußischen Adler enthaltendes Siegel mit

---

[1]) An die Ober-Präsidenten und an den Aerztekammer-Ausschuß gerichtet.

der Umschrift: „Aerztliches Ehrengericht für die Provinz ....", „Aerztlicher Ehrengerichtshof".

3. Von dem Vorstande jeder Aerztekammer ist unverzüglich ein Verzeichniß der zu der Aerztekammer wahlberechtigten approbirten Aerzte des Kammerbezirkes aufzustellen. Bei jedem der in das Verzeichniß aufgenommenen — nach Vor- und Zunamen, Stand und Wohnort genau zu bezeichnenden — Aerzte ist zu vermerken, ob derselbe nach § 2 d. Ges. der Zuständigkeit des ärztlichen Ehrengerichts unterworfen ist oder ob er zu den von der Zuständigkeit des letzteren dauernd ausgenommenen Aerzten (§ 2 Nr. 1 und 2 d. Ges.) gehört. In Zweifelsfällen ist der Vermerk näher zu begründen und die Entscheidung des Ober-Präsidenten einzuholen.

In der Liste ist außerdem anzugeben, ob ein Arzt als Militär- oder Marinearzt dem Beurlaubtenstande angehört.

Der Vorstand der Aerztekammer hat die Aerzte dieser Kategorie aufzufordern, von ihrer Einziehung zur Dienstleistung spätestens nach Empfang des Gestellungsbefehls Anzeige zu erstatten.

Die Liste ist dauernd richtig zu erhalten und alljährlich gegen Ende Dezember neu aufzustellen.

Eine beglaubigte Abschrift der Liste und ihrer nachträglichen Abänderungen ist dem Ober-Präsidenten einzureichen, ein zweites Exemplar ist zu den Akten des Ehrengerichts zu nehmen.

4. Die zur Konstituirung der ärztlichen Ehrengerichte und des Ehrengerichtshofes erforderlichen Wahlen sind mit besonderer Beschleunigung, die erstmaligen Wahlen im Jahre 1900 spätestens bis zum 15. Februar vorzunehmen.

5. Die Wahl der ärztlichen Mitglieder des Ehrengerichts und ihrer Stellvertreter (§ 7 Abs. 1 d. Ges.) erfolgt unter sinngemäßer Anwendung der für die Wahl des Vorstandes der Aerztekammer gegebenen Vorschriften in der in dem § 8 Abs. 1 der Verordnung, betreffend die Einrichtung einer ärztlichen Standesvertretung, vom 25. Mai 1887 (G.S. S. 169) bezeichneten Wahlversammlung der Aerztekammer. Voraussetzung ist hierbei jedoch, daß in dieser Wahlversammlung mindestens zwei Drittel der nach § 2 d. Ges. wahlberechtigten Mitglieder der Aerztekammer oder deren Stellvertreter anwesend sind. Bei geringerer Theilnehmerzahl ist eine neue Wahlversammlung nicht über zwei Wochen hinaus anzuberaumen. In der neuen Wahlversammlung sind die Wahlen nach den vorstehenden Bestimmungen ohne Rücksicht auf die Zahl der anwesenden Mitglieder vorzunehmen. In dem Einladungsschreiben ist hierauf ausdrücklich hinzuweisen.

In dem Wahlprotokoll ist die Wahlberechtigung der Wahltheilnehmer und die Wählbarkeit der Gewählten im Sinne des § 2 d. Ges. besonders festzustellen.

In den Fällen der nachträglichen Ablehnung oder des späteren Ausscheidens eines ärztlichen Mitgliedes des Ehrengerichts oder eines Stellvertreters durch Tod, Verzicht, Verlust der Wählbarkeit oder Ausscheidens aus dem Kammerbezirk ist für die unverzügliche Vornahme der erforderlichen Nachwahl auf die restliche Dauer der Amtszeit des Ablehnenden oder Ausgeschiedenen Sorge zu tragen.

6. In der zu 5 bezeichneten Wahlversammlung ist von den wahlberechtigten Theilnehmern

a) über die Reihenfolge, in der die Stellvertreter der ärztlichen Mitglieder des Ehrengerichts zu berufen sind (§ 7 Abs. 1 Nr. 1 d. Ges.),

b) über die Sätze der Tagegelder und Reisekosten, welche den ärztlichen Mitgliedern des Ehrengerichts gewährt werden sollen (§ 7 Abs. 3 d. Ges.),

Beschluß zu fassen.

7. Die vorstehend zu 5 und 6 getroffenen Bestimmungen finden auf die Wahlen der von dem Aerztekammer-Ausschusse zu wählenden vier Mitglieder des ärztlichen Ehrengerichtshofes und ihrer Stellvertreter (§ 43) sowie auf die dabei zu fassenden Beschlüsse des Aerztekammer-Ausschusses mit der Maßgabe sinngemäße Anwendung, daß die Wahlen und Beschlüsse für jede Amtsperiode in der ersten beschlußfähigen Sitzung des Aerztekammer-Ausschusses nach Konstituirung desselben stattzufinden haben und daß von dem Ergebnisse unter Beifügung des Sitzungsprotokolls bis zum 20. Februar des betreffenden Jahres, bezüglich der erstmaligen Wahlen und Beschlüsse bis zum 20. Februar 1900 mir Anzeige zu erstatten ist.

8. Die Wahl des richterlichen Mitgliedes des ärztlichen Ehrengerichts und seines Stellvertreters (§ 7 Abs. 1 Nr. 2 d. Ges.) erfolgt in der ersten beschlußfähigen Sitzung des Vorstandes der Aerztekammer nach Beginn der Amtsperiode. Die Wahl erfolgt in gesonderten Wahlgängen nach absoluter Stimmenmehrheit; bei Stimmengleichheit entscheidet die Stimme des Vorsitzenden.

In derselben Sitzung ist auch über die Höhe der dem richterlichen Mitgliede des Ehrengerichts und seinem Stellvertreter zu gewährenden Vergütung (§ 7 Abs. 2 d. Ges.) Beschluß zu fassen.

Ueber die Beschlußfassung und über die Wahlhandlung ist ein Protokoll aufzunehmen, welches von dem Vorsitzenden binnen einer Woche dem Ober-Präsidenten einzureichen ist.

Findet der Ober-Präsident nichts zu erinnern, so hat er sich wegen Herbeiführung der Genehmigung zur Annahme der Wahl und zur Führung des Nebenamtes mit dem zuständigen Oberlandesgerichts-Präsidenten in Verbindung zu setzen.

Wird die Genehmigung versagt, so ist die Wahlhandlung zu wiederholen; der betreffende Richter scheidet dabei aus der Zahl der Wahlkandidaten aus.

Die Wahlhandlung ist auch zu erneuern, falls der Gewählte die Wahl ablehnt oder nachträglich verzichtet oder an einen anderen Ort versetzt wird oder die Richtereigenschaft verliert.

9. Gehört der Vorsitzende der Aerztekammer zu den in dem § 2 d. Ges. bezeichneten, der Zuständigkeit des Ehrengerichts nicht unterworfenen Aerzten, oder lehnt er den Vorsitz des Ehrengerichts ab oder ist er sonst dauernd behindert, so haben die Mitglieder des Ehrengerichts nach § 9 d. Ges. einen Vorsitzenden aus ihrer Mitte für die Dauer ihrer Amtszeit zu wählen. Die Wahl erfolgt nach absoluter Stimmenmehrheit; bei Stimmengleichheit entscheidet das von dem ältesten Mitgliede zu ziehende Los.

Der Zusammentritt des Ehrengerichts behufs Vornahme der nach Abs. 1 erforderlichen Wahl ist von dem Ober-Präsidenten herbeizuführen, sobald die Wahlen der Mitglieder beendet sind.

Die Wahlhandlung wird von dem seinen Jahren nach ältesten Mitgliede geleitet. Das Wahlprotokoll ist dem Ober-Präsidenten einzureichen.

10. Dem Ermessen des Ober-Präsidenten wird anheimgestellt, ob er sich in dem ehrengerichtlichen Strafverfahren durch einen dauernd oder für den einzelnen Fall bestellten Beauftragten vertreten lassen will (§ 12 d. Ges.).

11. In der ersten beschlußfähigen Sitzung jedes Jahres hat die Aerztekammer den nach § 49 d. Ges. erforderlichen Beschluß über die Festsetzung des jährlichen Beitrages, welcher von den zur Aerztekammer wahlberechtigten Aerzten des Bezirks zu erheben ist, zu fassen. Der erstmalige Beitrag ist für die Zeit vom 1. April bis 31. Dezember 1900 festzusetzen.

12. In der ersten beschlußfähigen Sitzung des Vorstandes der Aerztekammer, welche in der neuen Amtsperiode stattfindet, ist die Wahl des Kassenführers nach § 51 Abs. 2 d. Ges. vorzunehmen. Von der Wahl ist dem Ober-Präsidenten Anzeige zu erstatten.

13. Seitens des Ober-Präsidenten ist mir über die Erledigung der vorstehenden Anordnungen bis zum 20. Februar 1900 Bericht zu erstatten.

14. Der Erlaß von Geschäftsordnungen für die ärztlichen Ehrengerichte, sowie für den Ehrengerichtshof bleibt vorbehalten.

15. Die Kasse der Aerztekammer führt die Amtsbezeichnung:

Kasse der Aerztekammer für die Provinz . . . .

Diese Amtsbezeichnung ist auch auf dem von der Kasse zu führenden, den Preußischen heraldischen Adler enthaltenden Siegel zu verwenden.

16. Für die Kasse der Aerztekammer ist seitens des Vorstandes der Aerztekammer eine Kassenordnung auszuarbeiten und dem Ober-Präsidenten einzureichen.

Findet dieser nichts zu erinnern, so ist sie der Aerztekammer zur Genehmigung vorzulegen.

Die Kassenordnung hat Bestimmungen über den inneren und äußeren Geschäftsbetrieb der Kasse, insbesondere über das Geschäftsjahr, über die zu führenden Bücher (§ 52 Abs. 3 d. Ges.), über die Kassenprüfungen (§ 54 Abs. 1 d. Ges.), über die Dauer der

Aufbewahrung der Bücher und Beläge, über die Beitreibung der Kosten, Geldstrafen, Beiträge und sonstige Außenstände (§§ 46, 47, 53 d. Ges.), sowie über die Rechnungslegung und Entlastung (§ 54 Abs. 2 und 3 d. Ges.) zu enthalten.

17. In dem letzten Monat des ersten und jedes folgenden Geschäftsjahres ist von dem Vorstande der Aerztekammer ein Voranschlag über die voraussichtlichen Einnahmen und Ausgaben der Kasse der Aerztekammer für das nachfolgende Geschäftsjahr aufzustellen und der Aerztekammer spätestens in der zu 11 bezeichneten Sitzung zur Beschlußfassung vorzulegen.

Beglaubigte Abschrift des Voranschlages ist dem Ober-Präsidenten einzureichen.

Der Minister der Medizinal-Angelegenheiten.
Studt.

---

## B.

# Geschäftsordnung für die ärztlichen Ehrengerichte und den ärztlichen Ehrengerichtshof.

— M. Nr. 951. —

§ 1. Die Vorsitzenden und die ärztlichen Mitglieder der Ehrengerichte, die ärztlichen Mitglieder des Ehrengerichtshofes, sowie die Stellvertreter werden auf die unparteiische und gewissenhafte Erfüllung ihrer Obliegenheiten durch Handschlag an Eidesstatt verpflichtet.

Die Verpflichtung der Mitglieder und ihrer Stellvertreter erfolgt bei der ersten Dienstleistung in der Amtsperiode durch den Vorsitzenden.

Der Vorsitzende des Ehrengerichts wird durch den Ober-Präsidenten oder dessen Stellvertreter verpflichtet.

Ueber die Verpflichtung ist ein Protokoll aufzunehmen; dasselbe ist zu den Generalakten des betreffenden Gerichts zu bringen.

Bei dem Beginn einer neuen Amtsperiode sind die bereits früher verpflichteten Vorsitzenden, Mitglieder und Stellvertreter auf diese Verpflichtung hinzuweisen.

§ 2. Das Geschäftsjahr des Ehrengerichts und des Ehrengerichtshofes ist das Kalenderjahr.

Der nach § 14 d. Ges., betreffend die ärztlichen Ehrengerichte u. s. w. zu erstattende Geschäftsbericht ist dem Ober-Präsidenten Ende Januar einzureichen.

Die Vorschrift des § 14 a. a. O. und die vorstehende Fristbestimmung finden auch auf den ärztlichen Ehrengerichtshof mit der Maßgabe Anwendung, daß der Geschäftsbericht dem Minister der Medizinial-Angelegenheiten zu erstatten ist.

§ 3. Der Vorsitzende des Ehrengerichts hat für die Bereitstellung der nöthigen Geschäftsräume, für die Anstellung des erforderlichen Bureau- und Unterbeamtenpersonals, für die Ordnung der Registratur und für die sonstigen Bureaubedürfnisse, sowie für die Bereitstellung und Deckung der erforderlichen Geldmittel Sorge zu tragen.

Wegen der Regelung der Bureaubedürfnisse u. s. w. des Ehrengerichtshofes bleibt besondere Verfügung vorbehalten.

§ 4. Die Beschlüsse und Entscheidungen der ärztlichen Ehrengerichte und des Ehrengerichtshofes werden durch mündlichen oder, soweit gesetzlich zulässig, schriftlichen Kollegialbeschluß (§ 8 d. Ges.) erledigt.

Verfügungen, welche eine sachliche Entscheidung nicht enthalten, insbesondere diejenigen, welche nur die Leitung des Verfahrens betreffen, werden von dem Vorsitzenden — vgl. den folgenden § 5 — oder von demjenigen Mitgliede erlassen, welchem die Bearbeitung der Sache übertragen ist (§ 4 Abs. 3 und §§ 20 Abs. 2, 21 d. Ges.).

Wird gegen eine Verfügung des Vorsitzenden oder des beauftragten Mitgliedes von einem Betheiligten Widerspruch erhoben, so muß der Beschluß des Kollegiums eingeholt werden.

§ 5. Dem Vorsitzenden des Ehrengerichts liegt die Leitung und Beaufsichtigung des gesammten Geschäftsbetriebes ob.

Der Vorsitzende öffnet die eingehenden Sendungen und läßt dieselben mit dem Eingangsvermerk und der Tagebuchnummer (E.G. Nr. ... für das ehrengerichtliche Strafverfahren; E.R. Nr. ... für das ehrengerichtliche Vermittelungsverfahren — vgl. § 4 d. Ges. und Nr. 2 der Ausführungsbestimmungen vom 21. Dezember 1899 — M. Nr. 3284 — sowie unten § 7 Nr. 1 und 2) versehen.

Der Vorsitzende vertheilt die Geschäfte, ernennt die Berichterstatter und veranlaßt die Einladung der Mitglieder (Stellvertreter) sowie des Protokollführers zu den von ihm anberaumten Sitzungen.

Er veranlaßt die Ladungen und Zustellungen und überwacht deren Ausführung sowie die Aufbewahrung der Zustellungsurkunden.

Er bestimmt die Tagesordnung der Sitzungen und führt die erforderlichen Beschlüsse — ev. nach § 8 Abs. 3 d. Ges. auf schriftlichem Wege — herbei, bestellt im Vermittelungsverfahren das beauftragte Mitglied, führt die Beschlüsse des Ehrengerichts aus und bewirkt und überwacht die Vollstreckung der Entscheidungen.

Er zeichnet die Urschriften aller Verfügungen u. s. w., vollzieht alle Reinschriften und trifft in Bezug auf Bücher, Akten und Geschäftskontrolen die erforderlichen Anordnungen.

Bei Behinderung des Vorsitzenden tritt der stellvertretende Vorsitzende (§ 9 Abs. 3 d. Ges.) ohne Weiteres in dessen Befugnisse ein. Ist auch der letztere behindert, so bestimmt, falls die Vertretung nicht durch Gerichtsbeschluß geregelt ist, der Vorsitzende (Stellvertreter) das ihn vertretende Mitglied.

Der Fall der Behinderung im Sinne dieser Bestimmungen ist insbesondere auch dann gegeben, wenn der Vorsitzende und der stellvertretende Vorsitzende nicht an dem Sitze des Ehrengerichts wohnhaft sind.

Die Bestimmungen der Abs. 1—7 finden auf den Vorsitzenden des Ehrengerichtshofes und dessen Vertreter (§ 43 Abs. 1 Nr. 1 d. Ges.) entsprechende Anwendung.

§ 6. Die Ordnung der Registratur, die Anlegung der Akten und die Einrichtung und Führung der erforderlichen Geschäftsbücher und Geschäftskontrolen hat sowohl bei den ärztlichen Ehrengerichten, als bei dem Ehrengerichtshofe unter Anlehnung an die Vorschriften der Geschäftsordnung für die Sekretariate der Staatsanwaltschaften bei den Oberlandesgerichten vom 30. November 1899 (Justizministerialblatt für 1899 Nr. 46 S. 601—625)[1]) zu erfolgen.

Die Akten sind mit einem Inhaltsverzeichniß (Rotulus), die einzelnen Blätter mit Seitenzahlen zu versehen.

§ 7. Bei jedem Ehrengerichte sind mindestens folgende Geschäftsbücher zu führen:

1. ein Tagebuch für die sämmtlichen Eingänge in Angelegenheiten, betreffend die Beilegung von Streitigkeiten (§ 4 d. Ges.) — (E.R. Nr. ...);
2. ein Tagebuch für alle übrigen Eingänge (E.G. Nr. ...);
3. ein Register für ehrengerichtliche Strafsachen;
4. ein Register für Vermittelungssachen;
5. ein Tagebuch für die Untersuchungskommissare (U.C. Nr. ...);
6. ein Geschäfts- und Terminskalender;
7. ein Register für Generalakten;
8. ein Postbuch;
9. ein Einnahme- und Ausgabebuch;
10. ein alphabetisches Register der sämmtlichen, der Zuständigkeit des betreffenden Ehrengerichts unterstehenden Aerzte.

Das Verzeichniß ist auf Grund und nach Maßgabe der nach Nr. 3 der Ausführungsbestimmungen vom 21. Dezember 1899 an das Ehrengericht gelangenden Liste aufzustellen.

---

[1]) Sonderabdruck ist erschienen bei R. v. Decker-Berlin.

Hinsichtlich der Militärverhältnisse der einzelnen Aerzte ist das Register nach den von den Sanitätsämtern und den Marine-Stationsärzten zu Kiel und Wilhelmshaven eingehenden Verzeichnissen und den vierteljährlich nachfolgenden Ergänzungsverzeichnissen dauernd richtig zu erhalten.

In dem Register sind auch die Anzeigen der Aerzte über Einziehung zu militärischen Dienstleistungen (Nr. 3 Abs. 3 der Ausführungsbestimmungen vom 21. Dezember 1899) sowie die amtlichen Mittheilungen des Generalstabsarztes der Marine über Einziehung von Marineärzten des Beurlaubtenstandes zu vermerken.

In das Register sind die gerichtlichen oder ehrengerichtlichen Strafen jedes darin verzeichneten Arztes einzutragen. Auch die Eröffnung und das Ergebniß eines strafgerichtlichen Hauptverfahrens sowie die Einleitung und das Ergebniß des Verfahrens auf Approbationsentziehung sind unmittelbar nach Eingang der entsprechenden Benachrichtigungen der Staatsanwaltschaft — vgl. Allgemeine Verfügung des Herrn Justizministers vom 9. März 1900 (Justizministerialblatt S. 86) — oder des Bezirksausschusses (Runderlaß des Herrn Ministers des Innern vom 28. Februar 1900 — II a 1433) einzutragen.

Die Eintragung der Militärverhältnisse und der Bestrafungen u. s. w. kann auch auf Zählkarten erfolgen.

§ 8. Die zu einer Sitzung einberufenen Mitglieder (Stellvertreter) des Ehrengerichts und des Ehrengerichtshofes haben im Falle ihrer Behinderung dies umgehend dem Vorsitzenden anzuzeigen. Der Letztere hat für die unverzügliche Einberufung der erforderlichen Stellvertreter in der festgesetzten Reihenfolge Sorge zu tragen.

§ 9. In den Sitzungen leitet der Vorsitzende (vorbehaltlich der Bestimmung im § 33 Abs. 6 d. Ges.) die Verhandlung und Berathung.

Auf die Berathung und Abstimmung finden die nachfolgenden Vorschriften der §§ 194 Abs. 1 und 2, 196—198 Abs. 2 und 3 des Gerichtsverfassungsgesetzes vom 27. Januar 1877 (R.G.Bl. für 1898 S. 371 ff.) entsprechende Anwendung:

§ 194. Bei Entscheidungen dürfen Richter nur in der gesetzlich bestimmten Anzahl mitwirken.

Bei Verhandlungen von längerer Dauer kann der Vorsitzende die Zuziehung von Ergänzungsrichtern anordnen, welche der Verhandlung beizuwohnen und im Falle der Verhinderung eines Richters für denselben einzutreten haben.

§ 196. Der Vorsitzende leitet die Berathung, stellt die Fragen und sammelt die Stimmen.

Meinungsverschiedenheiten über den Gegenstand, die

Fassung und die Reihenfolge der Fragen oder über das Ergebniss der Abstimmung entscheidet das Gericht.

§ 197. Kein Richter . . . darf die Abstimmung über eine Frage verweigern, weil er bei der Abstimmung über eine vorhergegangene Frage in der Minderheit geblieben ist.

§ 198 (Abs. 2 und 3). Bilden sich in Beziehung auf Summen (= Geldbeträge), über welche zu entscheiden ist, mehr als zwei Meinungen, deren keine die Mehrheit für sich hat, so werden die für die grösste Summe abgegebenen Stimmen den für die zunächst geringere abgegebenen so lange hinzugerechnet, bis sich eine Mehrheit ergiebt.

Bilden sich in einer Strafsache, von der Schuldfrage abgesehen, mehr als zwei Meinungen, deren keine die Mehrheit für sich hat, so werden die dem Beschuldigten nachtheiligsten Stimmen den zunächst minder nachtheiligen so lange hinzugerechnet, bis sich eine Mehrheit ergiebt.

Die Reihenfolge bei der Abstimmung richtet sich nach dem Lebensalter; der Jüngste stimmt zuerst, der Vorsitzende zuletzt. Wenn ein Berichterstatter ernannt ist, so giebt dieser seine Stimme zuerst ab.

Bei der Berathung und Abstimmung dürfen nur die zur Mitwirkung berufenen Mitglieder des Ehrengerichts oder des Ehrengerichtshofes sowie der Protokollführer anwesend sein.

Die Mitglieder des Ehrengerichts und des Ehrengerichtshofes sowie der Protokollführer sind verpflichtet, über die Verhandlungen sowie über den Hergang bei der Berathung und Abstimmung Stillschweigen zu beobachten.

§ 10. In Bezug auf die Geschäftssprache der ärztlichen Ehrengerichte und des Ehrengerichtshofes finden die nachfolgenden Vorschriften der §§ 186—188, 190—193 des Gerichts-Verfassungsgesetzes vom 27. Januar 1877 entsprechende Anwendung:

§ 186. Die Gerichtssprache ist die deutsche.

§ 187. Wird unter Betheiligung von Personen verhandelt, welche der deutschen Sprache nicht mächtig sind, so ist ein Dolmetscher zuzuziehen. Die Führung eines Nebenprotokolls in der fremden Sprache findet nicht statt; jedoch sollen Aussagen und Erklärungen in fremder Sprache, wenn und soweit der Richter dies mit Rücksicht auf die Wichtigkeit der Sache für erforderlich erachtet, auch in der fremden Sprache in das Protokoll oder in eine Anlage niedergeschrieben werden. In den dazu geeigneten Fällen soll dem Protokolle eine durch den Dolmetscher zu beglaubigende Uebersetzung beigefügt werden.

Die Zuziehung eines Dolmetschers kann unterbleiben, wenn die betheiligten Personen sämmtlich der fremden Sprache mächtig sind.

§ 188. Zur Verhandlung mit tauben oder stummen Personen ist, sofern nicht eine schriftliche Verständigung erfolgt, eine Person als Dolmetscher zuzuziehen, mit deren Hülfe die Verständigung in anderer Weise erfolgen kann.

§ 190. Personen, welche der deutschen Sprache nicht mächtig sind, leisten Eide in der ihnen geläufigen Sprache.

§ 191. Der Dolmetscher hat einen Eid dahin zu leisten:

dass er treu und gewissenhaft übertragen werde.

Ist der Dolmetscher für Uebertragungen der betreffenden Art im Allgemeinen beeidigt, so genügt die Berufung auf den geleisteten Eid.

§ 192. Der Dienst des Dolmetschers kann von dem Gerichtsschreiber wahrgenommen werden. Einer besonderen Beeidigung bedarf es nicht.

§ 193. Auf den Dolmetscher finden die Bestimmungen über Ausschliessung und Ablehnung der Sachverständigen entsprechende Anwendung. Die Entscheidung erfolgt durch das Gericht oder den Richter, von welchem der Dolmetscher zugezogen ist.

Eingaben, welche nicht in deutscher Sprache abgefaßt sind, werden nicht berücksichtigt.

§ 11. Die Aufrechterhaltung der Ordnung in der Sitzung liegt dem Vorsitzenden ob.

§ 12. Beschlüsse und Entscheidungen des Ehrengerichts und des Ehrengerichtshofes sind von dem Vorsitzenden durch Verlesung des Beschlusses oder der Entscheidungsformel zu verkünden.

Wird die Verkündung der Gründe für angemessen erachtet, so erfolgt sie durch Verlesen derselben oder durch mündliche Mittheilung des wesentlichen Inhalts.

Die Verkündung kann auf eine spätere Sitzung vertagt werden.

§ 13. Die Entscheidungen und entscheidenden Beschlüsse (vgl. insbesondere §§ 17 und 29 d. Ges.) enthalten eine gedrängte Darstellung des Sachverhalts auf Grundlage der gesammten Verhandlungen unter Hervorhebung der gestellten Anträge, der gefaßten Beschlüsse und des Ergebnisses der Beweisaufnahme (Thatbestand), ferner die Entscheidungsgründe und die von der Darstellung des Thatbestandes und der Entscheidungsgründe äußerlich zu sondernde Urtheilsformel.

Die Entscheidungen und Beschlüsse sind in der Urschrift von dem Vorsitzenden und den Beisitzern, welche bei denselben mitgewirkt haben, zu unterschreiben. Bei Behinderung eines Mitgliedes vermerkt der Vorsitzende an der betreffenden Unterschriftsstelle die Thatsache und den Grund der Behinderung.

§ 14. Bei den Ausfertigungen der Entscheidungen und der im § 13 angeführten Beschlüsse sind im Eingange die Mitglieder des Ehrengerichts (Ehrengerichtshofes), welche an der Entscheidung und den Beschlüssen theilgenommen haben, namentlich aufzuführen. Auch ist der Sitzungstag, an welchem die Entscheidung oder der Beschluß erfolgt ist, zu verzeichnen.

Die Ausfertigung erhält neben dem Siegel des Ehrengerichts (Ehrengerichtshofes) die Schlußformel:

„Urkundlich unter Siegel und Unterschrift.“

Hierunter ist die Amtsbezeichnung des Gerichts (Nr. 2 der Ausführungsbestimmungen vom 21. Dezember 1899) zu setzen.

Die Vollziehung erfolgt durch den Vorsitzenden.

§ 15. Der Vorsitzende hat von jeder ehrengerichtlichen Bestrafung eines Arztes der über den Wohn- oder Aufenthaltsort desselben zuständigen Staatsanwaltschaft Mittheilung zu machen.[1])

Die Mittheilung erfolgt binnen vierzehn Tagen nach der Rechtskraft der Entscheidung unter Uebersendung einer beglaubigten Abschrift der Entscheidungsformel.

§ 16. Die ehrengerichtliche Bestrafung eines Militärarztes des Beurlaubtenstandes ist von dem Vorsitzenden des Ehrengerichts dem zuständigen Sanitätsamte, die Bestrafung eines Marinearztes des Beurlaubtenstandes dem Generalstabsarzt der Marine mitzutheilen.

Die Mittheilung erfolgt binnen 14 Tagen nach der Rechtskraft der Entscheidung unter Uebersendung einer beglaubigten Abschrift der Entscheidungsformel.

Dem Sanitätsamte und dem Generalstabsarzt der Marine sind auf Ersuchen auch die Akten zur Einsicht zu übersenden.

Berlin, den 6. April 1900.

Der Minister der Medizinal-Angelegenheiten.
Studt.

[1]) Vgl. Nachtrag.

# Anhang.

## I. Verordnung, betr. die Einrichtung einer ärztlichen Standesvertretung.

Vom 25. Mai 1887 (G.S. S. 169) nebst den abändernden Verordnungen vom 21. Juli 1892, 20. Mai 1898 und 23. Januar 1899.

Wir Wilhelm, von Gottes Gnaden König von Preußen &c., verordnen auf den Antrag Unseres Staatsministeriums, was folgt:

§ 1. Für jede Provinz ist eine Aerztekammer zu errichten. Der Bezirk der Aerztekammer der Provinz Brandenburg hat zugleich den Stadtkreis Berlin, der Bezirk der Aerztekammer der Rheinprovinz hat zugleich die Hohenzollernschen Lande zu umfassen.

Die Kammern erhalten ihren Sitz am Amtssitz des Ober-Präsidenten, die Kammer der Provinz Brandenburg und des Stadtkreises Berlin erhält ihren Sitz in Berlin.

§ 2. Der Geschäftskreis der Aerztekammern umfaßt die Erörterung aller Fragen und Angelegenheiten, welche den ärztlichen Beruf oder das Interesse der öffentlichen Gesundheitspflege betreffen oder auf die Wahrnehmung und Vertretung der ärztlichen Standesinteressen gerichtet sind.

Die Aerztekammern sind befugt, innerhalb ihres Geschäftskreises Vorstellungen und Anträge an die Staatsbehörden zu richten, und sollen die letzteren geeigneten Falls, insbesondere auf dem Gebiete der öffentlichen Gesundheitspflege, den Aerztekammern Gelegenheit geben, sich über einschlägige Fragen gutachtlich zu äußern.

§ 3.[1]) Zu den Sitzungen der Provinzial-Medizinalkollegien und der Wissenschaftlichen Deputation für das Medizinalwesen, in denen allgemeine Fragen oder besonders wichtige Gegenstände der öffentlichen Gesundheitspflege zur Berathung stehen, oder in denen über Anträge von Aerztekammern beschlossen wird, sind Vertreter der Aerztekammern als außerordentliche Mitglieder mit voller Stimme zuzuziehen.

Jede Aerztekammer hat als Vertreter im Provinzial-Medizinalkollegium zwei, als Vertreter in der Wissenschaftlichen Deputation für das Medizinalwesen eins ihrer Mitglieder und für jedes gewählte Mitglied einen Stellvertreter zu wählen. Ob der Fall der Einberufung dieser Vertreter zu einer Sitzung vorliegt, bestimmt bei dem Provinzial-Medizinalkollegium dessen Vorsitzender, bei der Wissenschaftlichen Deputation für das Medizinalwesen der Minister der Medizinal-Angelegenheiten.

§ 4.[2]) Die Mitglieder der Aerztekammern werden gewählt. Die Wahl erfolgt innerhalb des Bezirks der Kammer getrennt nach Regierungsbezirken (Wahlbezirken). Der Stadtkreis Berlin bildet einen eigenen Wahlbezirk.

Nicht wahlberechtigt und nicht wählbar sind 1. die Militär- und Marineärzte, 2. die Militär- und Marineärzte des Beurlaubtenstandes für die Dauer ihrer Einziehung zur Dienstleistung.

Wahlberechtigt und wählbar sind dagegen alle übrigen Aerzte, welche innerhalb des Wahlbezirks ihren Wohnsitz haben, Angehörige des Deutschen Reiches sind und sich im Besitze der bürgerlichen Ehrenrechte befinden.

Das Wahlrecht und die Wählbarkeit der im vorhergehenden Absatz bezeichneten Aerzte gehen verloren, sobald eins der aufgeführten Erfordernisse bei dem bis dahin Wahlberechtigten nicht mehr zutrifft. Sie ruhen während der Dauer eines Konkurses, während der Dauer des Verfahrens auf Zurücknahme der ärztlichen Approbation und während der Dauer einer gerichtlichen Untersuchung, wenn dieselbe wegen Verbrechen oder wegen solcher Vergehen, welche den Verlust der bürgerlichen Ehrenrechte nach sich

---

[1]) Fassung der Verordnung v. 21. Juli 1892 (Ges.Samml. S. 222).
[2]) Fassung der Verordnung v. 23. Januar 1899 (Ges.Samml. S. 17).

ziehen müssen oder können, eingeleitet, oder wenn die gerichtliche Haft verfügt ist.

§ 5.[1]) Aerzten, welche die Pflichten ihres Berufes in erheblicher Weise oder wiederholt verletzt, oder sich durch ihr Verhalten der Achtung, welche ihr Beruf erfordert, unwürdig gezeigt haben, ist durch Beschluß des Vorstandes der Aerztekammer das Wahlrecht und die Wählbarkeit dauernd oder auf Zeit zu entziehen. Denselben ist vorher Gelegenheit zu geben, sich über die gegen sie erhobenen Anschuldigungen zu äußern. Zu der Berathung und Beschlußfassung über die Entziehung des Wahlrechts ist ein von dem Ober-Präsidenten zu ernennender Kommissarius zuzuziehen, welcher das Recht hat, jederzeit gehört zu werden. Ein Stimmrecht steht demselben nicht zu.

Gegen den Beschluß steht dem Betroffenen innerhalb vier Wochen die Beschwerde an den Minister der Medizinal-Angelegenheiten zu.

Die Bestimmungen über die Entziehung des Wahlrechts finden keine Anwendung auf Aerzte, welche als solche ein mittelbares oder unmittelbares Staatsamt bekleiden oder dem Spruche der Militär-Ehrengerichte unterliegen.

§ 6. Die Wahlen finden alle drei Jahre im November statt. Der dreijährige Zeitraum, für welchen die Mitglieder gewählt werden, beginnt mit dem Anfang des nächstfolgenden Jahres.

Vor jeder Wahl ist für jeden Wahlbezirk, das erste Mal von dem Regierungs-Präsidenten, in künftigen Fällen von dem Vorstande der Aerztekammer eine Liste der Wahlberechtigten aufzustellen. Dieselbe ist in jedem Kreise (Oberamtsbezirke) im Laufe des der Wahl vorhergehenden Monats Juni vierzehn Tage öffentlich auszulegen, nachdem die Zeit und der Ort der Auslegung vorher öffentlich bekannt gemacht sind.

Einwendungen gegen die Liste sind unter Beifügung der erforderlichen Bescheinigungen innerhalb vierzehn Tagen nach beendigter Auslegung der Liste bei dem Vorstande der Aerztekammer — das erste Mal bei dem Regierungs-Präsidenten — anzubringen. Gegen die hierauf ergehende Entscheidung findet innerhalb vierzehn Tagen Beschwerde an den Ober-Präsidenten statt, welcher endgültig entscheidet.

§ 7. Zu wählen sind für jede Aerztekammer auf je 50 Wahlberechtigte ein Mitglied und ein Stellvertreter; mindestens aber je zwölf Mitglieder und Stellvertreter. Wieviele Mitglieder und Stellvertreter hiernach auf jeden Wahlbezirk entfallen, wird von

---

[1]) § 5 ist durch § 56 des Gesetzes betr. die ärztlichen Ehrengerichte ꝛc. vom 1. April 1900 ab aufgehoben. Wegen der schwebenden Fälle vgl. § 57 des angeführten Ges.

dem Ober-Präsidenten auf Einreichung der Liste der Wahlberechtigten bestimmt und ist bei Veröffentlichung des Wahltermins bekannt zu machen.

Die Festsetzung und Ausschreibung des Wahltermins geschieht durch den Vorstand der Aerztekammer, das erste Mal durch den Regierungs-Präsidenten. Die Wahl erfolgt schriftlich durch Einsendung des Stimmzettels an den Vorstand der Aerztekammer, das erste Mal durch Einsendung an den Regierungs-Präsidenten. Jeder Stimmzettel muß Namen, Stand und Wohnort des Wählenden, der von ihm gewählten Mitglieder und der von ihm gewählten Stellvertreter enthalten und rechtzeitig bis zu dem bekannt gemachten Endtermin (Wahltermin) eingereicht werden.

Ungültig sind: 1. Stimmzettel, welche die Person des Wählenden nicht erkennen lassen oder von einer nicht wahlberechtigten Person ausgestellt sind, — 2. Stimmzettel, welche keinen oder keinen lesbaren Namen enthalten, — 3. Stimmzettel, auf welchen mehr Namen als zu wählende Personen verzeichnet sind, — 4. Stimmzettel, welche einen Protest oder Vorbehalt enthalten, — 5. Stimmzettel, insoweit dieselben die Person des Gewählten nicht unzweifelhaft erkennen lassen, oder den Namen einer nicht wählbaren Person bezeichnen, oder der Angabe entbehren, ob der Betreffende als Mitglied oder als Stellvertreter gewählt worden ist.

Gewählt sind diejenigen, welche die meisten Stimmen auf sich vereinigen. Bei Stimmengleichheit entscheidet erforderlichenfalls das Los. Das Ergebniß der Wahl ist das erste Mal von dem Regierungs-Präsidenten, demnächst von dem Vorstande der Aerztekammer innerhalb acht Tagen nach Ablauf des Wahltermins festzustellen und den Gewählten bezüglich der auf sie gefallenen Wahl mit der Aufforderung bekannt zu geben, sich über die Annahme oder die Ablehnung innerhalb acht Tagen zu erklären.

Wer diese Erklärung nicht abgiebt, wird als ablehnend betrachtet, und tritt an seine Stelle derjenige, welcher die nächstmeisten Stimmen erhalten hat. Das Ergebniß der Wahl ist dem Ober-Präsidenten anzuzeigen, welcher dasselbe für den ganzen Bezirk der Aerztekammer bekannt macht. Jede Wahl verliert ihre Wirkung mit dem gänzlichen oder zeitweisen Aufhören einer der ür die Wählbarkeit vorgeschriebenen Bedingungen.

Der Vorstand der Aerztekammer hat darüber zu befinden, ob einer dieser Fälle eingetreten ist.

Eine Ersatzwahl ist nur dann anzuordnen, wenn einschließlich der für die Ausgeschiedenen einberufenen Stellvertreter die Zahl der Mitglieder der Aerztekammer weniger als zwölf beträgt.

Die Mitglieder der Aerztekammer verwalten ihr Amt als ein Ehrenamt.

§ 8. In dem auf die Wahl folgenden Monat Januar sind die Mitglieder der Aerztekammer von dem Ober-Präsidenten behufs Wahl des Vorstandes zusammen zu berufen.

Mitglieder, welche am Erscheinen behindert sind, haben hiervon behufs Einladung der Stellvertreter rechtzeitig Anzeige zu machen.

Die in jedem Wahlbezirk gewählten Stellvertreter werden in der Reihenfolge einberufen, in welcher sie der Stimmenzahl nach gewählt sind. Bei Stimmengleichheit entscheidet das Loos.

In der Wahlversammlung führt der Ober-Präsident oder dessen Stellvertreter den Vorsitz.

Der Vorstand ist für die Dauer der Wahlperiode [1]) der Aerztekammer zu wählen und hat aus einem Vorsitzenden und mindestens vier Mitgliedern zu bestehen.

Die Aerztekammer beschließt mit dieser Maßgabe nach absoluter Stimmenmehrheit, wie viele Vorstandsmitglieder, und ob für dieselben Stellvertreter zu wählen sind.

Die Wahl erfolgt in geheimer Abstimmung durch Stimmzettel in besonderen Wahlgängen.

Der Vorsitzende wird zuerst gewählt.

Ungültige Stimmzettel (§ 7) werden als nicht abgegeben betrachtet. Ueber die Gültigkeit entscheidet die Aerztekammer.

Als gewählt sind diejenigen zu betrachten, welche die absolute Stimmenmehrheit erhalten haben. Ergiebt sich keine absolute Stimmenmehrheit, so wird zu einer engeren Wahl zwischen denjenigen zwei Personen geschritten, welche die meisten Stimmen erhalten

---

[1]) Erweitert durch Art. II der Verordnung vom 6. Januar 1896 (unten Anhang Nr. II) dahin, „daß der Vorstand auch nach Ablauf der Wahlperiode die Geschäfte bis zur Konstituirung des neuen Vorstandes einstweilen weiterzuführen hat.“

haben. Bei Stimmengleichheit entscheidet das von dem Vorsitzenden zu ziehende Loos darüber, wer auf die engere Wahl zu bringen, beziehungsweise wer als schließlich gewählt zu betrachten ist. Die Gewählten haben sich über die Annahme der Wahl, sofern sie anwesend sind, sofort, andernfalls nach Mittheilung der auf sie gefallenen Wahl durch den Ober-Präsidenten binnen acht Tagen zu erklären.

Wer diese Erklärung nicht abgiebt, wird als ablehnend betrachtet.

Die vorstehenden Wahlvorschriften sind auch für die Wahlen der Vertreter der Aerztekammer in dem Provinzial-Medizinalkollegium und in der Wissenschaftlichen Deputation für das Medizinalwesen mit der Maßgabe zur Anwendung zu bringen, daß zur Beschlußfähigkeit der Aerztekammer die Theilnahme von zwei Dritteln der Mitglieder, beziehungsweise deren Stellvertreter erforderlich ist, daß die Mittheilung von der Wahl durch den Vorsitzenden der Aerztekammer erfolgt, und daß von dem Ergebniß der Wahl unter Vorlegung des Wahlprotokolls binnen vierzehn Tagen nach erfolgter Wahl Anzeige an den Ober-Präsidenten zu erstatten ist.

§ 9. Der Vorstand der Aerztekammer vertritt dieselbe nach außen und vermittelt den Verkehr derselben mit den Staatsbehörden.

Der Vorstand faßt seine Beschlüsse nach absoluter Stimmenmehrheit. Bei Stimmengleichheit entscheidet die Stimme des Vorsitzenden, sofern es sich nicht um die Entziehung des Wahlrechts (§ 5) handelt, welche in diesem Falle als abgelehnt gilt.

Zur Beschlußfähigkeit des Vorstandes ist die Theilnahme der Mehrheit der Mitglieder erforderlich. Die Beschlüsse des Vorstandes können mittelst schriftlicher Abstimmung gefaßt werden, sofern nicht ein Mitglied mündliche Abstimmung verlangt oder über die Entziehung des Wahlrechts zu beschließen ist.

§ 10. Der Vorsitzende hat den Verkehr der Aerztekammer und des Vorstandes zu vermitteln und die Beschlüsse derselben zur Ausführung zu bringen.

Der Vorsitzende beruft die Versammlungen der Aerztekammer und des Vorstandes und leitet in beiden die Verhandlungen. Die Berufung der Aerztekammer muß erfolgen, wenn die Hälfte der

Mitglieder derselben unter Angabe des zu verhandelnden Gegenstandes schriftlich darauf anträgt, oder der Vorstand dieselbe beschließt.

Die Berufung der Vorstandes muß erfolgen, wenn in gleicher Weise zwei Vorstandsmitglieder dieselbe beantragen.

Die Berufung des Vorstandes und der Aerztekammer erfolgt mittelst schriftlicher Einladung, welche spätestens acht Tage vor der Versammlung eingeschrieben zur Post zu geben ist.

Bei der Berufung der Aerztekammer muß der Gegenstand, über welchen in der Versammlung ein Beschluß gefaßt werden soll, bezeichnet werden. Ueber andere Gegenstände, mit Ausnahme des Antrages auf abermalige Berufung der Aerztekammer, darf ein Beschluß nicht gefaßt werden.

Hinsichtlich der Theilnahme der Stellvertreter an den Sitzungen der Aerztekammer finden die Vorschriften des § 8 Abs. 2 und 3 Anwendung.

Im Uebrigen regelt die Aerztekammer ihre Geschäftsordnung selbständig.

§ 11. [1]) Den zu den Sitzungen der Provinzial-Medizinalkollegien und der Wissenschaftlichen Deputation für das Medizinalwesen von auswärts einberufenen Vertretern der Aerztekammern sind Tagegelder und Reisekosten aus der Staatskasse zu gewähren.

An Tagegeldern erhalten dieselben: 1. für die Theilnahme an den Berathungen der Wissenschaftlichen Deputation für das Medizinalwesen 15 Mk., — 2. für die Theilnahme an den Sitzungen der Provinzial-Medizinalkollegien 15 Mk.

An Reisekosten sind ihnen die den Beamten der vierten Rangklasse zustehenden Sätze zu gewähren.

§ 12. Die Kosten der ersten, im Jahre 1887 stattfindenden Wahl zur Aerztekammer, sowie der von dem Ober-Präsidenten ausgehenden Veröffentlichung der Ergebnisse der Wahlen trägt der Staat.

Im Uebrigen bleibt es den Aerzten und Aerztekammern überlassen, für die Bereitstellung der erforderlichen Mittel selbst Sorge zu tragen. [2])

---

[1]) Fassung der Verordnung vom 20. Mai 1898 (Ges.-Samml. S. 115).

[2]) Vgl. jetzt § 49 des Ges. betr. die ärztl. Ehrengerichte.

§ 13. Die allgemeine Staatsaufsicht über die Aerztekammer und deren Vorstand wird durch den Ober-Präsidenten geführt.

§ 14. Diese Verordnung ist durch die Gesetz-Sammlung zu veröffentlichen.

Urkundlich ꝛc.

---

## II. Verordnung wegen Ergänzung der Verordnung v. 25. Mai 1887, betr. die Einrichtung einer ärztlichen Standesvertretung.

Vom 6. Januar 1896 (G.S. S. 1).

---

Wir Wilhelm, von Gottes Gnaden König von Preußen ꝛc. verordnen auf den Antrag unseres Staatsministeriums in Ergänzung der Verordnung vom 25. Mai 1887 (Ges.Samml. S. 169) was folgt:

### Artikel I. Vom Aerztekammer-Ausschuß.

§ 1. Der Aerztekammer-Ausschuß wird aus Delegirten der Aerztekammern gebildet. Jede Aerztekammer wählt in den Ausschuß einen Delegirten. Für den letzteren wird zugleich ein Stellvertreter gewählt.

Der Aerztekammer-Ausschuß hat seinen Sitz in Berlin.

Die Mitglieder des Ausschusses verwalten ihr Amt als ein Ehrenamt.

§ 2. Der Aerztekammer-Ausschuß hat die Aufgabe, innerhalb der den Aerztekammern zugewiesenen Zuständigkeit eine vermittelnde Thätigkeit auszuüben, und zwar sowohl zwischen dem Minister der Medizinal-Angelegenheiten und den Aerztekammern, als auch zwischen diesen unter einander.

Insbesondere liegt demselben ob:

1. die Vorberathung der von dem Minister ihm überwiesenen Vorlagen; zu diesem Zwecke hat er die Vorlagen den Aerztekammern zur Berathung und Beschlußfassung mitzutheilen, die Ergebnisse der Berathung und die Beschlüsse der Aerztekammern zusammen-

zustellen und unter Beifügung der Beschlüsse und der ihnen zu Grunde liegenden Verhandlungen an den Minister gutachtlich zu berichten;

2. die Vorberathung der von einzelnen Aerztekammern oder von den Mitgliedern des Aerztekammer-Ausschusses an ihn gerichteten Anträge; zu diesem Zweck hat er die Anträge den Aerztekammern zur Berathung und Beschlußfassung mitzutheilen, nach den Ergebnissen der Berathung die Anträge im Sinne der Mehrheit der gefaßten Beschlüsse zu erledigen und hiervon die Aerztekammern zu benachrichtigen.

Die Zuständigkeit der Aerztekammern wird durch den Aerztekammer-Ausschuß nicht beschränkt.

§ 3. Die Mitglieder des Aerztekammer-Ausschusses und deren Stellvertreter werden für die Dauer der Wahlperiode der Aerztekammern gewählt. Die Wahl derselben erfolgt unter sinngemäßer Anwendung der für die Wahl des Vorstandes der Aerztekammer gegebenen Vorschriften in der im § 8 Absatz 1 der Verordnung vom 25. Mai 1887 bezeichneten Wahlversammlung.

Das erste Mal wird der Zeitpunkt der Wahl von dem Minister der Medizinal-Angelegenheiten bestimmt.

Der Aerztekammer-Ausschuß führt auch nach Ablauf der Wahlperiode bis zur Konstituirung des neuen Ausschusses die Geschäfte einstweilen weiter.

§ 4. Der Aerztekammer-Ausschuß wählt aus seiner Mitte einen Vorsitzenden und einen Stellvertreter.

Das erste Mal erfolgt die Berufung des Ausschusses durch den Minister der Medizinal-Angelegenheiten, welcher auch für diesmal entweder selbst oder durch einen von ihm ernannten Kommissar die Wahl des Vorsitzenden und des Stellvertreters leitet.

Der Vorsitzende hat den Verkehr des Ausschusses nach außen zu vermitteln und für die Ausführung der Beschlüsse desselben Sorge zu tragen.

Der Vorsitzende beruft, so oft es die Lage der Geschäfte erfordert, jährlich jedoch in der Regel wenigstens einmal die Mitglieder zu Sitzungen und leitet in denselben die Verhandlungen.

Die Berufung erfolgt mittelst schriftlicher Einladung, welche die Gegenstände der Tagesordnung enthalten muß und spätestens vierzehn Tage vor der Sitzung eingeschrieben zur Post zu geben ist.

Mitglieder, welche am Erscheinen behindert sind, haben hiervon behufs Einladung der Stellvertreter dem Vorsitzenden rechtzeitig Anzeige zu machen.

Der Vorsitzende hat binnen vierzehn Tagen nach erfolgter Konstituirung des Ausschusses hiervon unter Einreichung eines Verzeichnisses der Mitglieder und ihrer Stellvertreter dem Minister der Medizinal-Angelegenheiten Anzeige zu erstatten.

§ 5. Der Aerztekammer-Ausschuß beschließt nach absoluter Stimmenmehrheit. Stimmengleichheit gilt als Ablehnung.

Zur Beschlußfähigkeit des Ausschusses ist die Theilnahme der Mehrheit der Mitglieder erforderlich. Die Beschlüsse des Ausschusses können mittelst schriftlicher Abstimmung gefaßt werden, sofern nicht ein Mitglied mündliche Abstimmung verlangt.

Im Uebrigen regelt der Ausschuß seine Geschäftsordnung selbständig.

§ 6. Den Aerztekammern bleibt es überlassen, die für den Aerztekammer-Ausschuß erforderlichen Mittel bereit zu stellen.[1])

§ 7. Die allgemeine Staatsaufsicht über den Aerztekammer-Ausschuß wird durch den Minister der Medizinal-Angelegenheiten geführt.

## Artikel II.

Die Vorschrift im § 8 Absatz 5 der Verordnung vom 25. Mai 1887, wonach der Vorstand der Aerztekammer für die Dauer der Wahlperiode der letzteren zu wählen ist, wird dahin erweitert, daß der Vorstand auch nach Ablauf der Wahlperiode die Geschäfte bis zur Konstituirung des neuen Vorstandes einstweilen weiterzuführen hat.

## Artikel III.

Diese Verordnung ist durch die Gesetz-Sammlung zu veröffentlichen.

Urkundlich ꝛc.

---

[1]) Vgl. jetzt § 50 Abs. 3 Nr. 3 d. Ges. betr. d. ärztl. Ehrengerichte (oben S. 150 f.).

# III. Standesordnungen und Standesordnungs-entwürfe.

## 1.

## Standesordnung der Karlsruher Aerzte.[1])

### I. Pflichten der Aerzte gegen einander und gegen den ärztlichen Stand im Allgemeinen.

§ 1. Jedem Mitgliede des ärztlichen Standes muß die Aufrechterhaltung der Ehre und Würde des Standes als oberstes Gesetz gelten. Jeder dem ärztlichen Kreisverein Karlsruhe angehörige Arzt hat deshalb die nachstehenden Regeln zu beachten und zu befolgen.

§ 2. Es ist gegen die Würde des ärztlichen Standes, in irgend einer Weise Reklame zu machen, z. B. wiederholt öffentliche Anzeigen zu erlassen, durch Karten oder sonstige Ankündigungsmittel die Aufmerksamkeit besonderer Arten von Kranken auf sich zu lenken, Armen öffentlich seine ärztliche Hülfe unentgeltlich anzubieten, briefliche Behandlung, Zusendung besonderer Arzneien oder Instrumente zu versprechen, durch sogenannte populäre Broschüren auf bestimmte Heilmethoden aufmerksam zu machen, Krankengeschichten oder Operationen in nicht wissenschaftlichen Zeitungen zu veröffentlichen oder deren Veröffentlichung zu gestatten, Laien als Zuschauer zu Operationen einzuladen, sich Zeugnisse oder Danksagungen für ärztliche Hülfe oder Heilerfolge öffentlich oder privatim ausstellen zu lassen oder ähnliche Handlungen zu begehen.

Selbstverständlich ist es dagegen dem Arzte gestattet, bei Niederlassung an einem Orte oder bei Wohnungswechsel jeweils dem Publikum in ortsüblicher Weise durch öffentliche Blätter hiervon Nachricht zu geben; auch kann er bei dieser Gelegenheit, sofern er Spezialist in wissenschaftlichem Sinne ist, dieses mittheilen.

§ 3. Es ist für den Arzt entwürdigend, sogenannte Geheimmittel zu verordnen oder das Publikum auf dem Glauben zu lassen, er besitze ein nur ihm allein bekanntes Mittel zur Heilung be-

[1]) Diese Standesordnung gelangt hier als die erste und älteste Standesordnung deutscher Aerzte, welche allen übrigen Standesordnungen als Vorbild gedient hat, zum Abdruck.

stimmter Krankheiten. Unstatthaft ist es ferner, die Wirksamkeit sogenannter Geheimmittel zu bezeugen oder in irgend einer Weise deren Gebrauch zu fördern.

§ 4. Kann ein Arzt aus Gesundheitsrücksichten, wegen nicht beruflicher Geschäfte, Abwesenheit bei Unglücksfällen in seiner Familie, seinen Berufspflichten nicht nachkommen, so soll ihm von den Kollegen die nachgesuchte Aushülfe sofort gewährt und sein Interesse und Stand als Hausarzt gewahrt werden. Die Regelung des Honorars für in solchen Fällen geleistete Hülfe bleibt jeweils besonderer Uebereinkunft überlassen.

## II. Von den Consilien.

§ 5. Als Consiliarius muß jeder approbirte Arzt, gegen dessen Charakter und Berufsfähigkeit keine gegründete Anklage erhoben worden ist oder erhoben werden kann, zugelassen werden.

§ 6. In Consilien soll jeder Schein von Rivalität oder Eifersucht vermieden und offenes, rücksichtsvolles Benehmen gegen einander beobachtet werden.

§ 7. Der Consiliarius soll zuerst die nöthigen Fragen an den Kranken stellen und die Untersuchungen vornehmen, welche ihm für den Fall Aufschluß verschaffen können.

Die Berathung darf, mit strengem Ausschluß der Laien, nicht in dem Krankenzimmer selbst stattfinden. Nach Beendigung derselben soll der behandelnde Arzt das Resultat dem Patienten oder dessen Angehörigen mittheilen, soweit es für zweckmäßig erachtet wurde, desgleichen auch die nöthigen Verordnungen machen.

Ueber die Berathung selbst und die Betheiligung an derselben von Seiten des einen oder anderen Arztes darf keine Mittheilung gemacht werden.

§ 8. Der behandelnde Arzt soll im Consilium zuerst seine Meinung abgeben, und, falls mehrere Consiliarii zugegen sind, diese in der Reihenfolge, wie sie beigezogen wurden.

Eine unerwartete Aenderung in der Lage des Falles berechtigt den behandelnden Arzt, von der im Consilium beschlossenen Behandlung abzuweichen; derselbe hat jedoch die Gründe hierfür in dem nächsten Consilium sorgfältig auseinanderzusetzen.

Das gleiche Recht und die gleiche Pflicht hat der Consiliarius, wenn er im Nothfalle gerufen wird, d. h. weil der behandelnde Arzt zur Zeit nicht aufgefunden werden kann.

§ 9. Aeußerste Pünklichkeit ist bei Consilien geboten; nur ganz dringende Fälle entschuldigen und hat wegen einer solchen Möglichkeit der zuerst zum Consilium eingetroffene Arzt 10 Minuten auf den zweiten zu warten. Nach Ablauf dieser Frist ist das Consilium als auf einen neuen Termin verschoben zu betrachten. War nur der behandelnde Arzt gekommen, so wird dieser den Kranken sehen und seine Verordnung geben; war es dagegen der

Consiliarius, so hat derselbe sich einfach wieder zurückzuziehen, außer bei einem dringenden Falle, welcher sofortige Hülfe erfordert, oder wenn er aus größerer Entfernung beigezogen worden war. In solchem Falle mag er den Kranken untersuchen und seine Meinung schriftlich und verschlossen dem behandelnden Arzte hinterlassen.

§ 10. Alle Verhandlungen in einem Consilium sollen geheim bleiben und als Vertrauenssache behandelt werden. Weder durch Worte noch durch das Benehmen soll einer der betheiligten Aerzte aussprechen oder merken lassen, daß er zu irgend einem Punkte der Verhandlung seine Zustimmung nicht gegeben habe. Die Verantwortlichkeit müssen beide Aerzte gemeinschaftlich tragen, Erfolg und Mißerfolg gleichmäßig auf sich nehmen.

§ 11. Sollte bei einem Consilium von mehreren Aerzten eine nicht zu beseitigende Meinungsverschiedenheit bestehen, so ist die Majorität entscheidend. Kann bei einem Consilium von zwei Aerzten trotz gegenseitiger Zugeständnisse keine Uebereinstimmung erzielt werden, so soll, wenn thunlich, ein dritter Arzt zugezogen werden. Verbieten die Umstände ein solches Auskunftsmittel, so muß dem Patienten die Wahl des Arztes, in welchen er das meiste Vertrauen setzt, überlassen bleiben. Der andere Arzt soll sowohl jede weitere Besprechung im Consilium als auch die weitere Theilnahme an der Behandlung des Falles ablehnen und sich zurückziehen.

§ 12. Ist nur einmaliges Consilium erforderlich, oder wünscht der Patient keine Wiederholung desselben, so hat sich der Consiliarius jedes ferneren Besuches zu enthalten.

Als Regel muß aufgestellt werden, daß es, abgesehen von dem besonderen Wunsche des Patienten oder dessen Angehörigen, dem behandelnden Arzte überlassen werden muß, eine Wiederholung des Consiliums zu beantragen, daß dem Consiliarius dagegen eine Bestimmung darüber durchaus nicht zusteht.

§ 13. Der Consiliarius soll die Stellung des behandelnden Arztes in der ehrenhaftesten und sorgfältigsten Weise berücksichtigen, dessen Behandlung wenn nöthig, vertheidigen, und es sollen seinerseits keine Winke und Andeutungen fallen, welche das in denselben gesetzte Vertrauen schädigen oder sein Ansehen verletzen könnten. Auch soll der Consiliarius außergewöhnliche Aufmerksamkeiten oder Bemühungen sorgfältig vermeiden, da diese nur den Verdacht erregen könnten, er wolle sich in die Gunst des Patienten oder dessen Familie einschmeicheln und den Hausarzt verdrängen.

## III. Pflichten im geselligen oder Berufs-Verkehr mit Patienten eines anderen Arztes.

§ 14. Der Arzt soll sich im Verkehr mit den Klienten eines Kollegen äußerst vorsichtig und zurückhaltend benehmen, besonders wenn Geschäfte oder freundschaftliche Beziehungen ihn veranlassen, einen in der Behandlung eines anderen Arztes stehenden Kranken zu besuchen.

§ 15. Der Arzt soll keinen Patienten, welcher kürzlich in derselben Krankheit von einem andern Arzte behandelt worden ist, annehmen oder ihm eine Verordnung geben, außer in plötzlichen Nothfällen oder in Consilien mit dem zuerst die Behandlung leitenden Arzte, oder endlich wenn der letztere den Fall aufgegeben oder in gehöriger Weise verständigt worden war, daß seine Dienste nicht mehr gewünscht werden.[1])

Unter solchen Umständen sollen keine ungerechten oder herabsetzenden Bemerkungen über frühere Anordnungen und Behandlung gemacht, es sollen dieselben vielmehr vertheidigt werden, soweit es möglich ist.

§ 16. Wird ein Arzt zu einem dringenden Falle gerufen, weil der Hausarzt nicht sofort gefunden werden kann, so soll er, wenn seine Anwesenheit später zu einem Consilium nicht gewünscht wird, die Sorge für den Kranken dem Hausarzte überlassen, sobald letzterer eintrifft.

§ 17. Wird bei plötzlichen Erkrankungen, Unglücksfällen zu mehreren Aerzten zugleich geschickt, so verlangt es die Höflichkeit, daß der Patient dem zuerst eintreffenden Arzte überlassen werde, und soll dieser seine Assistenz, wenn ihm eine solche nöthig erscheint, unter den Anwesenden wählen.

In allen derartigen Fällen aber soll der auf diese Weise eingeführte Arzt die Anwesenheit des Hausarztes verlangen und, wenn seine weitere Hülfe nicht mehr gewünscht wird, dem Letzteren, sobald er eintrifft, den Fall übergeben.

§ 18. Wird ein Arzt zu dem Patienten eines anderen Arztes gerufen, weil letzterer krank oder abwesend ist, so hat er ihm bei seiner Rückkehr oder Genesung den Fall zu übergeben.[2])

§ 19. Ein Arzt, der einen Kranken auf dem Lande besucht, kann aufgefordert werden, einen benachbarten Kranken, der gewöhnlich von einem andern Arzte behandelt wird, wegen plötzlicher Aenderung oder Verschlimmerung der Symptome zu besuchen. Das hier angezeigte Benehmen ist: einen den gegenwärtigen Umständen angemessenen Rath zu geben, sich nicht mehr als durchaus nöthig in den allgemeinen Behandlungsplan einzumischen und keine weiteren Anordnungen zu treffen. Wird letzteres gewünscht, so ist ein Consilium mit dem behandelnden Arzte zu verlangen.

---

[1]) Berathungen im Hause des Arztes sind von solcher Beschränkung ausgeschlossen.

[2]) Unter „Patient eines anderen Arztes" ist derjenige Patient zu verstehen, welcher in der Behandlung eines Arztes zur Zeit vor des letzteren Erkrankung oder Abreise stand, oder welcher den betreffenden Arzt während dessen Abwesenheit oder Erkrankung rufen ließ, oder auf irgend eine andere ähnliche Weise zeigte, daß er den genannten Arzt als seinen gewöhnlichen ärztlichen Berather — Hausarzt — betrachte.

## IV. Differenzen zwischen Aerzten.

§ 20. Zur Schlichtung von Differenzen zwischen Aerzten wird ein Schiedsgericht eingesetzt. Die näheren Bestimmungen über Zusammensetzung, Geschäftsordnung, Strafbefugniß u. s. f. bleiben einer besonderen Vollzugsordnung vorbehalten.

§ 21. Die Mitglieder des Vereins sind verpflichtet, alle Beschwerden, welche eines derselben gegen ein anderes zu haben glaubt, dem Schiedsgerichte zur Entscheidung vorzulegen, desgleichen auch im Falle einer Anklage sich vor demselben zu verantworten.

Dem Urtheile des Schiedsgerichtes hat sich jedes Mitglied bedingungslos zu unterwerfen.

§ 22. Die dem Schiedsgerichte unterbreiteten Fälle, sowie die Verhandlungen und Urtheile desselben sollen geheim bleiben und nur nach Ermessen des Schiedsgerichtes den Mitgliedern des Vereins bekannt gegeben werden.

## V. Vom Honorar.

§ 23. Kein Arzt, selbst wenn er in den besten Vermögensverhältnissen lebt, soll einem zahlungsfähigen Patienten (Kollegen und deren Familien ausgenommen) seinen Rath unentgeltlich ertheilen, oder ein gegenüber dem gebräuchlichen unbedeutendes Honorar fordern.

§ 24. In jeder Stadt oder in jedem Bezirke sollen die Aerzte gewisse allgemeine Regeln über die für Besuch, Sprechstunden ꝛc. zu fordernden Honorare aufstellen, und es soll als eine Ehrenpflicht betrachtet werden, diesen Regeln mit der größten Gleichförmigkeit nachzukommen. Bei Consilien haben sich an demselben Orte wohnende Aerzte über das gleichmäßig von beiden zu fordernde Honorar verständigen.

Durchaus wünschenswerth ist ferner ein Uebereinkommen, bezüglich abgekürzter, d. h. halbjährlicher Rechnungsstellung, über den Termin, nach dessen Ablauf rückständige Honorare zum zweiten Male eingefordert werden sollen, und schließlich über zwangsweise Erhebung derselben.

Im Interesse des Standes liegt ferner, sich gegenseitig die Namen der Personen und Familien bekannt zu geben, welche sich als säumige Zahler gezeigt haben oder sich ihren Verpflichtungen gegen den Arzt ganz zu entziehen suchten.

Karlsruhe, Juni 1876.

## 2.

## Standesordnung der Aerztekammer für Niederösterreich mit Ausnahme von Wien,

zum Beschlusse erhoben in den Kammersitzungen vom 22. Februar und 3. Mai 1897.

---

Das Bedürfniß nach einer ärztlichen Standesordnung wurde schon zu wiederholten Malen von ärztlichen Vereinen ausgesprochen, dagegen wurde aber wieder von anderer Seite betont, daß eine solche nicht nothwendig sei, einen Rückschritt bedeute und an das Zunftwesen gemahne. Dem ist aber nicht so. Es ist zweifellos, daß die überwiegende Mehrzahl der Aerzte die Aufstellung von Grundsätzen zur Aufrechterhaltung der Würde des ärztlichen Standes und zur Regelung des Verkehres der Aerzte unter einander und mit dem Publikum (was ja eigentlich das Wesen jeder Standesordnung ist) für unbedingt nothwendig hält. Eine solche soll ja hauptsächlich dem jungen, in die Praxis tretenden Arzte als Richtschnur und dem Ehrenrathe als Entscheidungmittel dienen; und soll ja die schon jetzt gehandhabten Grundsätze und Anschauungen kodifiziren. Es muß ausdrücklich hervorgehoben werden, daß nicht alle Fälle citirt werden können, für welche die Standesordnung nöthig ist, da ja die bei Ausübung der ärztlichen Praxis eintretenden Verhältnisse so vielgestaltig sind, daß sie nicht alle aufgezählt werden können. Auch wird diese Standesordnung im Laufe der Zeit mit den verschiedenen in der ärztlichen Praxis zu Tage tretenden Erscheinungen eine weitere Ausbildung erfahren müssen.

§ 1. Jeder Arzt hat durch sein Benehmen die Ehre und Würde des ärztlichen Standes zu wahren, daher sich auch jeder mit dem ärztlichen Berufe nicht zu vereinbarenden Nebenbeschäftigung zu enthalten.

§ 2. Eines des ärztlichen Standes unwürdigen Verhaltens im Sinne des § 12 K.-G., alinea 5, macht sich der Arzt schuldig, welcher:

*a*) sich in Zeitungen (mit Ausnahme der ärztlichen), in Plakaten, Reisehandbüchern, Fremdenführern, Wegweisern, Kalendern (mit Ausnahme der ärztlichen), in Flugblättern, Cirkulären, Hotelblocks und ähnlichen Druckwerken ankündigt oder die Ankündigung gestattet, oder dieselbe nicht verhindert, wenn für ihn die Möglichkeit hiezu vorhanden war. Ausgenommen sind Anzeigen in Tagesblättern und die einmalige Versendung von Cirkulären über erfolgte Niederlassung, Rückkehr nach längerer Abwesenheit und Wohnungswechsel, wofern diesen Anzeigen nicht mehr als Name, akademischer Grad, legale ärztliche Titel, Bezeichnung des wissenschaftlich abgegrenzten Spezialfaches, Adresse und Ordinationszeit hinzugefügt wird;

*b*) die Veröffentlichung von Dank- und Anerkennungsschreiben seitens einer von ihm behandelten Person oder deren Vertreter bestellt oder veranlaßt oder es unterläßt, die Veröffentlichung solcher Erklärungen zu verhindern, wenn die Möglichkeit hiezu vorhanden war;

*c*) in populären Abhandlungen oder Vorträgen seine persönliche ärztliche Hilfeleistung oder ein seinen Namen tragendes Medikament oder Heilverfahren im augenscheinlichen Gegensatze zu anderen Aerzten oder anderen Medikamenten oder Heilmethoden direkt oder indirekt empfiehlt oder anbietet;

*d*) Hebammen, ferner Agenten, Hotelbedienstete, Kommissionäre, Hausbesorger oder andere Personen für die Zuweisung von Patienten entlohnt;

*e*) durch Anbringung von marktschreierischen Firmatafeln die Aufmerksamkeit des Publikums auf sich lenkt;

*f*) eine von ihm geleitete oder ihm gehörige ärztliche Anstalt oder Institut in marktschreierischer Weise ankündigt.

§ 3. Abmachungen mit Apotheken sind laut bestehenden gesetzlichen Verordnungen verboten (Nachtragspatent vom 10. April 1773, Abs. 12).

§ 4. Vollkommen unstatthaft ist es, sich um ärztliche Stellen (auch Kassenarztstellen) vor dem Rücktritte (oder Tode) ihres augenblicklichen Inhabers zu bewerben. Ebenso ist es unstatthaft, sich um ärztliche Stellen, welche ohne sachlichen Grund und willkürlich dem Arzte genommen wurden, zu bewerben;

§ 5. mit Kurpfuschern berufsmäßig zu verkehren oder dieselben sogar mit seinem Namen zu decken.

§ 6. Es ist unbedingt unzulässig, einen bereits in Behandlung stehenden Kranken behufs ärztlicher Untersuchung und Behandlung ohne Wissen des behandelnden Arztes zu besuchen. Kommt der gerufene Arzt erst bei seiner Ankunft beim Kranken in Kenntniß von der Behandlung durch einen anderen Arzt, so kann er höchstens eine Untersuchung, ohne sich jedoch über die Diagnose auszusprechen, aber keine Ordination, außer im Falle dringender Nothwendigkeit, vornehmen und soll von diesem Vorfalle den bisherigen Ordinarius möglichst bald in Kenntniß setzen und jedenfalls seine ferneren Besuche einstellen.

§ 7. Die Uebernahme eines bereits in ärztlicher Behandlung stehenden Kranken darf erst nach erlangter Ueberzeugung erfolgen, daß der bisherige Arzt in der That von diesem Wechsel verständigt worden ist.

§ 8. Das Unterbieten der Kollegen bei Bewerbungen um

ärztliche Stellen ist unstatthaft, und es ist keinem Arzte gestattet, unter das vereinbarte ortsübliche Minimal-Honorar zu gehen. Meisterkrankenkassen ist keine separate Begünstigung zu gewähren. Verträge sind mit denselben nicht abzuschließen.

§ 9. Konsultationen in der Wohnung des Arztes unterliegen nicht den Bestimmungen sub 11 und 12. Behandlungen von Kranken ohne eine vorhergegangene Untersuchung sind nur ausnahmsweise gestattet.

§ 10. Wer Vereinbarungen, die mit Majoritätsbeschluß von der Gesammtheit der kammerpflichtigen Aerzte, oder von den Aerzten eines Wahlsprengels oder bestimmten Distriktes unter sich zur Wahrung der ärztlichen Standesinteressen getroffen und von der Aerztekammer begutachtet und genehmigt wurden, zuwiderhandelt, begeht eine Inkollegialität und verfällt dem ehrenräthlichen Verfahren.

§ 11. Jeder Arzt soll einen momentan abwesenden oder sonst verhinderten Kollegen bereitwillig vertreten, das Interesse desselben wahren und soll die Angehörigen des Kranken anweisen, von seiner Berufung Mittheilung zu machen; in allen anderen Fällen bleibt die Stellvertretung dem gegenseitigen Uebereinkommen überlassen.

§ 12. Die Ablehnung eines Consiliums ist grundsätzlich im Allgemeinen zu vermeiden. Liegen positive Gründe von der einen oder anderen Seite für die Ablehnung vor, so verfallen dieselben eventuell der ehrenräthlichen Beurtheilung.

§ 13. Der Consiliarius hat die Pflicht, jedwede Schädigung der Interessen des behandelnden Arztes zu vermeiden.

§ 14. In der Regel ist es Sache des Consiliarius, die Stunde der Zusammenkunft zu bestimmen und gelten 15 Minuten als gegenseitige Wartezeit.

§ 15. Das Ergebniß der Berathung wird dem Kranken, resp. seinen Angehörigen durch den Consiliarius mitgetheilt in Gegenwart des behandelnden, resp. der übrigen Aerzte, doch mit Vermeidung jeder Ansicht, worüber bei der Berathung nicht vollständige gegenseitige Uebereinstimmung erzielt wurde.

§ 16. Erscheint der behandelnde Arzt nicht, so steht es dem Consiliarius frei, nach Ablauf der Wartezeit den Patienten zu untersuchen und seine Meinung schriftlich und verschlossen dem Ordinarius zu hinterlassen.

§ 17. Der Consiliarius darf nur dann einen Fall ohne den bisherigen Ordinarius weiter besuchen, wenn letzterer dies selbst wünscht, sonst hat er abzulehnen. Die Bestimmung über die Nothwendigkeit, sowie über die Wiederholung eines Consiliums ist, abgesehen von dem besonderen Wunsche des Patienten oder der Angehörigen, dem behandelnden Arzte zu überlassen, doch kann auch der Konsultirende seine Meinung darüber abgeben.

§ 18. Die Verantwortung für die verabredete Behandlung tragen alle konsultirenden Aerzte gemeinsam.

§ 19. Bei einem Consilium von zwei Aerzten soll stets eine Uebereinstimmung durch gegenseitige Verständigung, soweit dies bei gewissenhafter Beurtheilung des Falles möglich ist, angestrebt werden. Ist sie nicht erreichbar, so soll dem Kranken oder dessen Angehörigen die Zuziehung eines dritten Arztes vorgeschlagen oder die Wahl des behandelnden Arztes freigestellt werden. Bleibt bei einem Consilium mehrerer Aerzte eine Meinungsverschiedenheit fortbestehen, so soll die Stimme des behandelnden Arztes den Ausschlag geben. Derjenige Arzt, der sich nicht mit der Majorität einverstanden erklären kann und die Verantwortung für die verabredete Behandlung nicht übernehmen zu können glaubt, kann sich von der Behandlung zurückziehen. Richtet sich aber das Vertrauen des Kranken auf ihn, so darf er allein die weitere Behandlung übernehmen.

§ 20. Der Ordinarius hat dahin zu wirken, daß der Consiliarius sofort honorirt werde.

§ 21. Wenn bei plötzlichen Erkrankungen zu mehreren Aerzten geschickt wird, so treten die später Kommenden zu Gunsten des zuerst Eingetroffenen zurück. Sobald aber der stets zu verlangende Hausarzt ankommt, soll diesem der Kranke übergeben werden.

§ 22. Wenn ein Arzt bei einem Krankenbesuche aufgefordert wird, einen benachbarten, von einem anderen Arzte behandelten Kranken wegen plötzlich eingetretener Verschlimmerung zu besuchen, so soll er einen den gegenwärtigen Umständen angepaßten Rath geben, darf sich aber nicht mehr als durchaus nöthig in den Behandlungsplan mischen. Wenn dies ausdrücklich gewünscht wird, so ist ein Consilium mit dem behandelnden Arzte zu verlangen.

§ 23. Zur Schlichtung von Streitigkeiten zwischen Aerzten und zur Aburtheilung von Verstößen gegen die Standesordnung ist der Ehrenrath in der Aerztekammer für Niederösterreich mit Ausnahme von Wien berufen, und sind die Aerzte des Kammersprengels verpflichtet, solche Verstöße gegen die Standesordnung dem Ehrenrathe binnen 6 Wochen vom Tage der erlangten Kenntniß anzuzeigen.

§ 24. Diese Standesordnung ist in Druck zu legen und ist jedem praxisberechtigten Arzte des Kammersprengels ein Exemplar einzusenden. Bei Niederlassungen im Kammersprengel ist jedem Arzte bei der Anmeldung ein Exemplar zu übergeben.

## 3.

## Standesordnung für die ärztlichen Bezirksvereine im Königreich Sachsen.

Gesetz- und Verordnungsblatt für das Königreich Sachsen 4. Stück de 1899 Nr. 16.

---

§ 1. Jeder Arzt ist verpflichtet, seinen Beruf gewissenhaft auszuüben und durch sein Verhalten in der Berufsthätigkeit wie außerhalb derselben die Ehre und das Ansehen seines Standes zu wahren.

§ 2. Insbesondere hat jeder Arzt seine Pflichten gegenüber seinen Patienten sorgfältig zu erfüllen, sowie auf gutes Einvernehmen mit seinen Standesgenossen bedacht zu sein.

§ 3. Jede öffentliche Anpreisung (Reklame) in irgendwelcher Form ist dem Arzte, als der Standeswürde nicht entsprechend, untersagt.

Unter öffentlicher Anpreisung ist namentlich zu verstehen:

das dauernde Anbieten ärztlicher Hülfe in öffentlichen Blättern und durch Plakate,

das auf Erlangung von Praxis oder sonstiger Vortheile abzielende Anbieten unentgeltlicher ärztlichen Hülfe in öffentlichen Blättern,

das Anzeigen privater Polikliniken, sowie unentgeltlicher Sprechstunden in öffentlichen Blättern und durch Straßenanschlag, mit Ausnahme solcher Privat-Polikliniken, welche lediglich Unterrichtszwecken für Studirende der Medizin, Aerzte, oder der Krankenpflege sich widmende Schwestern dienen,

die Empfehlung besonderer eigener Heilmethoden in öffentlichen Blättern oder durch öffentliche Vorträge, durch Flugschriften und dergleichen,

das Berichten über Krankengeschichten und Operationen in anderen als fachwissenschaftlichen Zeitschriften, die Veranlassung öffentlicher Danksagungen und der Reklame dienender Zeitungsartikel.

Ausnahmen sind mit Genehmigung des Bezirksvereins gestattet.

§ 4. Der Kauf und Verkauf der ärztlichen Praxis, sowie das gewerbsmäßige Vermitteln derartiger Käufe und Verkäufe durch Aerzte ist unstatthaft.

§ 5. Die Bezeichnung als Spezialist kommt nur dem Arzte zu, der sich gründliche Ausbildung in dem betreffenden Spezialsache erworben hat und sich vorwiegend mit demselben beschäftigt. Die mißbräuchliche Bezeichnung als Spezialist ist unstatthaft.

§ 6. Kranke ausschließlich brieflich zu behandeln, ist unzulässig.

§ 7. Es ist unstatthaft, über die Wirksamkeit sogenannter Geheimmittel Zeugnisse auszustellen, mit Nichtärzten zusammen Kranke zu behandeln, sich durch Nichtärzte vertreten zu lassen und die Krankenbehandlung durch Nichtärzte mit seinem Namen zu decken oder in irgend welcher Form zu unterstützen.

§ 8. Die Uebernahme eines Kranken aus der Behandlung eines anderen Arztes ist nur dann zulässig, wenn dafür Sorge getragen ist, daß der Letztere davon rechtzeitig benachrichtigt ist. Vorübergehende Vertretung in Nothfällen, sowie die Berathungen im Hause des Arztes sind in dieses Verbot nicht eingeschlossen. Von Kontrolbesuchen, welche bei Kranken anderer Aerzte im Auftrage von dritten Personen, Versicherungsanstalten oder Krankenkassen vorgenommen werden sollen, ist der behandelnde Arzt vorher zu benachrichtigen.

Eine dauernde Kontrolthätigkeit im Interesse einer Krankenversicherungsanstalt oder Krankenkasse darf nur mit Genehmigung des Vorstandes des Bezirksvereins übernommen werden. Bei Versagung dieser Genehmigung kann die Entscheidung der Vereinsversammlung eingeholt werden.

§ 9. Die von einem Kranken oder dessen Angehörigen gewünschte Zuziehung eines zweiten Arztes als Consiliarius darf vom behandelnden Arzte nicht abgelehnt werden. Die Wahl des Consiliarius kann aber nur in Uebereinstimmung mit dem behandelnden Arzte erfolgen.

In der Regel hat der behandelnde Arzt den als Consiliarius gewählten Arzt von der gewünschten Konsultation zu benachrichtigen.

Der zur Theilnahme an einem Consilium aufgeforderte Arzt ist zur Ablehnung berechtigt, zur Annahme jedoch nur dann, wenn er sich vergewissert hat, daß der behandelnde Arzt damit einverstanden und rechtzeitig benachrichtigt worden ist.

Bei Consilien ist der Kurplan durch gemeinschaftliche Berathung festzustellen, die weitere Behandlung aber dem behandelnden Arzte zu überlassen.

Die Wiederholung der Zuziehung des Consiliarius ist nur nach Uebereinkunft mit dem behandelnden Arzte zulässig. Das Gleiche gilt für weitere Krankenbesuche seitens des Consiliarius.

§ 10. Ein Arzt darf dem andern in dringenden Fällen die von ihm erbetene Assistenz nicht verweigern.

§ 11. Es ist unzulässig einen Standesgenossen durch Anbieten billigerer oder unentgeltlicher Hilfeleistung oder durch sonstige unlautere Mittel aus seiner Stellung zu verdrängen oder solches zu versuchen.

§ 12. Es ist unzulässig, die Behandlungsweise eines anderen Arztes Nichtärzten gegenüber in leichtfertiger oder rücksichtsloser Weise abfällig zu beurtheilen.

§ 13. Das Anbieten oder Gewähren von Vortheil irgend welcher Art an dritte Personen, um sich dadurch Praxis zu verschaffen, ist unstatthaft.

§ 14. Es steht dem Arzte zwar frei, unbemittelten Kranken das Honorar ganz oder theilweise zu erlassen, dagegen ist es der Stellung des Arztes nicht würdig, zahlungsfähigen Personen — von Standesgenossen und deren Angehörigen und ihm nahe Befreundeten abgesehen — in der Aussicht oder zu dem Zwecke, sich damit anderweite Vortheile zu verschaffen, das Honorar zu erlassen oder die Honorarforderung unter die Mindestsätze der ärztlichen Gebührentaxe für ärztliche und zahnärztliche Privatpraxis herabzusetzen.

§ 15. Verträge mit öffentlichen oder privaten Korporationen, insbesondere mit Versicherungs-Gesellschaften und -Anstalten, sowie mit Kranken-, Unfall-, Invaliditäts- und sonstigen Kassen sind dem Bezirksvereine vor ihrem endgiltigen Abschlusse zur Genehmigung vorzulegen, falls ein Fixum oder ein nach der Mitgliederzahl der Kasse beziehentlich nach der Zahl der vorkommenden Erkrankungsfälle zu bestimmender Honorarsatz vereinbart werden soll, oder wenn bei Honorirung nach Einzelleistungen die zu vereinbarenden Liquidationsbeträge unter die Mindestsätze der ärztlichen Gebührentaxe hinabgehen.

---

## 4.

## Entwurf einer Standesordnung für die Aerzte Bayerns.

Die am 10. Oktober 1897 in Nürnberg zur gemeinsamen Berathung versammelt gewesenen Vorsitzenden der ständigen Ausschüsse der bayerischen Aerztekammern haben sich in Bezug auf die Thätigkeit der Kammersitzung am 30. Oktober l. Js. zu folgenden Sätzen vereinigt.

### A. Allgemeines.

1. Jeder Arzt ist verpflichtet, seinen Beruf gewissenhaft auszuüben und durch sein Verhalten in der Berufsthätigkeit wie außerhalb derselben die Ehre und das Ansehen seines Standes zu wahren.

2. Der Arzt muß auf dem Boden der wissenschaftlichen Heilkunde stehen.

3. Die öffentliche Gesundheitspflege soll jeder Arzt nach Kräften zu fördern trachten.

4. Dem Geheimmittelunwesen und der damit verbundenen Kurpfuscherei ist entgegenzutreten.

B. Spezielles. I. Die ärztliche Praxis.

5. Praxiseröffnung, Wohnungswechsel und vorübergehende Abwesenheit darf nach ortsüblicher Sitte angezeigt werden.

6. Ausschreiben unentgeltlicher Behandlung ist verboten, ausgenommen zu akademischen Lehrzwecken.

7. Verboten ist das öffentliche Anbieten brieflicher Behandlung.

8. Die Bezeichnung „Spezialist" ist ohne genügende Vorbildung unstatthaft. Spezialisten sollen anderweitige Praxis nicht betreiben.

9. Die Bezeichnung „Klinik" und „Poliklinik" gebührt nur staatlichen Lehranstalten.

10. Geschäftsmäßiger Verkauf von Apparaten und Heilmitteln jeder Art ist verboten.

11. Kauf oder Verkauf der ärztlichen Praxis in jeglicher Form, sowie das gewerbsmäßige Vermitteln solcher Geschäfte ist unstatthaft.

12. Es ist eines Arztes unwürdig, seine Hilfe aufzudringen, sei es persönlich oder durch Andere.

13. Die Erwerbung von Kranken gegen Entgelt (durch Hebammen, Bader oder dergl.) ist als unwürdig verboten.

14. Das Ausstellen von Zeugnissen für Reklamezwecke ist verboten.

15. Geheimmittel und notorisch werthlose (Reklame-) Mittel darf kein Arzt verordnen.

16. Krankengeschichten, ärztliche Berichte rc. dürfen nur in Fachblättern veröffentlicht werden.

17. Oeffentliche Danksagungen aller Art sind hintanzuhalten.

18. Ein Arzt darf nicht mit seinem Namen therapeutische Maßnahmen von Nichtärzten decken.

19. Laien dürfen zu Operationen nicht eingeladen werden.

II. Verkehr mit den Patienten anderer Aerzte.

20. Nichtärzten gegenüber ist jede abfällige Kritik ärztlicher Thätigkeit verboten.

21. Kein Arzt darf einen Kranken übernehmen, von dem er weiß, oder nachträglich erfährt, daß derselbe bereits in der Behandlung eines anderen Arztes steht. Die Uebernahme eines

solchen Kranken ist erst zulässig, wenn auf die Hilfe des Erstbehandelnden verzichtet, und dieser davon benachrichtigt wurde.

Berathungen im Hause des Arztes unterliegen dieser Beschränkung nicht. Jedoch soll auch dabei Rücksicht auf bekannte vorhergegangene ärztliche Berathung genommen werden.

22. In Nothfällen kann ein Rath auch den Kranken anderer Aerzte nicht verweigert werden, doch ist der behandelnde Arzt nachträglich davon zu verständigen.

23. Werden bei eiligen Fällen mehrere Aerzte gerufen, so behält der Hausarzt den Kranken, beim Fehlen eines solchen wählt der Kranke den Arzt.

24. Kontrolbesuche im Auftrage der Behörden, Berufsgenossenschaften, Versicherungsgesellschaften, Kassen u. s. w. dürfen nur im Benehmen mit dem behandelnden Arzte stattfinden. Dauernde Kontrolthätigkeit für solche Anstalten bedarf der vorherigen Genehmigung des Bezirksvereins.

## III. Consilien.

25. Als Consiliarius ist jeder Arzt zuzulassen, der die Fähigkeit besitzt, einem Bezirksverein anzugehören, und auf dem Boden der wissenschaftlichen Heilkunde steht.

26. Bei Consilien ist pünktliches Erscheinen nöthig. Ueber eine Viertelstunde braucht der Erstgekommene nicht zu warten, bei weiten Entfernungen entsprechend länger. Nur ganz dringende Fälle entschuldigen das Wegbleiben.

27. Ist nur der behandelnde Arzt im Consilium erschienen, so verordnet er nach Bedarf. Ist der ins Consil gezogene allein, so entfernt er sich ohne Weiteres. Nur in dringenden Fällen kann er untersuchen und nach Bedarf ordiniren. Ist er aus weiter Entfernung herbeigerufen, so kann er ebenfalls untersuchen und seine Ansicht dem Hausarzt schriftlich mittheilen.

28. Der Consiliarius soll jeden Schein der Ueberlegenheit, sowie jede Kritik der bisherigen Behandlung vermeiden.

29. Der Meinungsaustausch der berathenden Aerzte muß ohne Zeugen geschehen.

30. Bei Uneinigkeit der berathenden Aerzte kann ein dritter Arzt zugezogen werden. Die Majorität entscheidet alsdann. Ist eine solche Zuziehung eines weiteren Arztes unthunlich, so soll der behandelnde Arzt dem Kranken resp. dessen Familie die Entscheidung nach Darlegung der Sachlage überlassen. Führt auch dies nicht zum Ziel, so zieht sich der Consiliarius zurück unter Angabe seiner Gründe.

31. Das Ergebniß eines Consils kann nach Verabredung von jedem der berathenden Aerzte mitgetheilt werden.

Familie und Kranker sollen nur dieses Resultat, nicht aber etwaige Meinungsverschiedenheiten 2c. erfahren.

32. Von dem im Consilium beschlossenen Verfahren soll nur im Nothfalle vom behandelnden Arzte abgegangen werden.

33. Wiederholung von Consilien ist der Initiative des Hausarztes resp. der Familie durch ihn zu überlassen.

34. Consilien können abgelehnt werden.

## IV. Vom ärztlichen Honorar.

35. Die ärztlichen Bezirksvereine sollen für ihre Mitglieder bindende Ortstaxen aufstellen. Diese Taxen mögen dem Bedürfniß entsprechend für Private und für Kassen verschieden gehalten werden.

Ein größerer Ort oder ein abgegrenzter kleiner Bezirk mag auch für sich Ortstaxen aufstellen, die vom Bezirksverein zu genehmigen sind.

36. Verträge einzelner Aerzte mit öffentlichen oder privaten Korporationen, insbesondere mit Versicherungsgesellschaften und Anstalten, mit Kranken-, Unfall-, Invaliditäts- und sonstigen Kassen sind vor dem endgültigen Abschluß dem Bezirksverein zur Genehmigung vorzulegen.

Dieser kann die Genehmigung des Vertrages versagen, vor Allem, wenn das festgesetzte Honorar unter die ortsüblichen Taxen herabgeht.

37. Jeder Arzt ist außerdem verpflichtet, nicht unter die aufgestellten Staats- bezw. Ortstaxen herabzugehen.

38. Unbemittelten kann das Honorar geschenkt werden.

Nachlässe am Honorar sollen nicht stillschweigend geschehen, sondern bei der Rechnungsstellung bemerkt werden.

39. Jeder Arzt ist verpflichtet, zahlungsfähige Kranke unter keinen Umständen unentgeltlich zu behandeln.

40. Dem Ansuchen von Kranken um Rechnungsstellung muß entsprochen werden.

41. Bei Bewerbung um öffentliche oder private ärztliche Stellen aller Art darf kein Unterbieten der bestehenden Taxen stattfinden, seien sie von ärztlicher oder anderer Seite festgesetzt.

42. Bei Bewerbung um solche Stellen ist jede Aufdringlichkeit bei den vergebenden Verwaltungen sowie jedes Herabsetzen der Eigenschaften von Konkurrenten streng zu meiden.

## V. Vertretung.

43. Bei vorübergehender Erkrankung oder beruflicher Abwesenheit soll einem Kollegen unentgeltliche Aushilfe geleistet werden.

44. Bei längerer Abwesenheit oder Erkrankung bleibt die Regelung einer Entschädigung dem Uebereinkommen überlassen.

Auch von den nicht aushelfenden Aerzten sollen dabei bekannte hausärztliche Stellungen respektirt werden.

45. Unentgeltliche Aushilfe erstreckt sich nicht auf chirurgische und geburtshilfliche Leistungen.

46. Aerztliche Hilfe bei Kollegen und deren Familien soll unentgeltlich geleistet werden.

Um diese Standesordnung durchzuführen, ist der gleichzeitige Erlaß einer Ehrengerichtsordnung mit Disziplinarverfahren nothwendig und dürften nachstehende Sätze als Anhaltspunkte für eine solche Ehrengerichtsordnung gelten können.

### Strafbestimmungen.

1. Vertrauliche Verwarnung; 2. vertrauliche Rüge; 3. öffentliche Rüge in der Vereinsversammlung; 4. Geldstrafen bis zu 2000 Mk.; 5. Aberkennung der aktiven und passiven Wahlfähigkeit für alle innerhalb der Bezirksvereine vorkommenden Wahlen bis zur Dauer von 5 Jahren; 6. Antrag auf Einleitung des Verfahrens zur Aberkennuug der ärztlichen Approbation.

Verschärfung von 4 und 5 kann durch Veröffentlichung der Erkenntnisse in der Presse erfolgen.

Als erste Instanz innerhalb der Vereine gilt der Ehrenrath der einzelnen Vereine, dessen Zusammensetzung sich aus den Satzungen der Vereine ergiebt.

---

5.

## Standesordnung für die Aerzte der Provinz Sachsen.[1])

1. Der Arzt ist verpflichtet, seinen Beruf gewissenhaft auszuüben und durch sein Verhalten in der Berufsthätigkeit wie außerhalb derselben die Ehre und das Ansehen seines Standes zu wahren.

2. Der Arzt hat ein gutes kollegiales Verhältniß zu seinen Standesgenossen anzustreben.

3. Eröffnung der Praxis, vorübergehende Aufgabe und Wiederaufnahme derselben, Vertretung und Wohnungswechsel dürfen nach ortsüblicher Sitte öffentlich bekannt gemacht werden.

---

[1]) Angenommen in der Sitzung der Aerztekammer der Provinz Sachsen vom 1. Dezember 1898.

Dagegen widerspricht es dem Ansehen des Standes und ist deshalb dem Arzte verboten, sich durch wiederholte öffentliche Anzeigen oder sonstige Ankündigungsmittel dem Publikum zu empfehlen oder durch Zeugnisse und Danksagungen empfehlen zu lassen, sowie seine ärztliche Thätigkeit unaufgefordert anzubieten oder sich um vakante ärztliche Stellungen, z. B. Krankenkassen, anders als durch einfache Meldung zu bewerben. Ausnahmen sind nur mit Zustimmung des Vorstandes der Aerztekammer gestattet.

4. Als Spezialarzt darf sich nur derjenige anzeigen, der eine gründliche Ausbildung in seinem Spezialgebiete erworben hat und allgemeine Praxis nur ausnahmsweise treibt.

5. Das Anbieten oder Gewähren von Vortheil irgend welcher Art an dritte Personen, um dadurch Praxis zu erwerben, ist standesunwürdig.

6. Kauf und Verkauf ärztlicher Praxis ist unstatthaft, ebenso Vermittelung derartiger Geschäfte.

7. Bei Ausstellung von Zeugnissen jeder Art soll der Arzt mit höchster Gewissenhaftigkeit verfahren und Rücksicht dabei allein auf die Wahrheit und auf seine Ueberzeugung nehmen.

8. Es ist unstatthaft, über die Wirksamkeit sogenannter Geheimmittel Zeugnisse auszustellen, mit Nichtärzten gemeinsam Kranke zu behandeln, sich durch Nichtärzte vertreten zu lassen und die Krankenbehandlung durch Nichtärzte mit seinem Namen zu decken oder in irgend welcher Form zu unterstützen.

9. Das Ausschreiben unentgeltlicher Behandlung ist verboten, ausgenommen zu Lehrzwecken.

10. Bei der Honorarforderung dürfen in der Privatpraxis die Minimalsätze der ärztlichen Gebührenordnung nicht unterschritten werden, doch steht es jedem Arzte frei, unbemittelten Personen das Honorar ganz oder theilweise zu erlassen; — in der Krankenkassenpraxis ist nach ortsüblichen Normen zu liquidiren, Unterbietung in jeder Form ist verboten.

11. Der Arzt soll sich Laien gegenüber über seine Kranken nur mit größter Zurückhaltung aussprechen, über Patienten anderer Aerzte aber sich jeden Urtheiles enthalten und überhaupt alles vermeiden, was das Vertrauen des Kranken zu seinem Arzte erschüttern könnte.

12. Kranke, die in ihrer Wohnung ärztlich behandelt werden, dürfen von anderen Aerzten nicht berathen werden, es sei denn Gefahr im Verzuge. Die Uebernahme eines solchen Kranken ist erst zulässig, wenn auf die Hilfe des Erstbehandelnden verzichtet und dieser davon in geziemender Form benachrichtigt wurde. — Dagegen darf der Arzt in seiner eigenen Wohnung jedem Kranken Rath ertheilen, wobei er sich jeder abfälligen Kritik der bisherigen Behandlung zu enthalten hat.

13. Wird ein Arzt bei „Gefahr im Verzuge“ zu dem Kranken

eines anderen Arztes gerufen, so hat er nur im Nothfalle neue Verordnungen zu treffen, hiervon dem behandelnden Arzte Mittheilung zu machen und dem letzteren die Weiterbehandlung zu überlassen.

14. Kontrolbesuche im Auftrage von dritten Personen dürfen nur nach Benachrichtigung des behandelnden Arztes gemacht werden.

15. Die Vertretung von Aerzten untereinander unterliegt der Vereinbarung. Vertretungsweise übernommene Kranke eines anderen Arztes sind demselben nach Wiederaufnahme der Praxis zu überweisen.

16. Aerztliche Consilien können nur im Einverständniß mit dem behandelnden Arzt zusammenberufen werden.

17. Ein Consilium kann abgelehnt werden. Bei etwaiger Begründung der Ablehnung ist alles zu vermeiden, was geeignet ist, das Ansehen des anderen Arztes herabzusetzen.

18. Im Consilium findet die Berathung unter Ausschluß der Laien statt; über ihren Verlauf ist Diskretion zu bewahren. Dem Kranken resp. dessen Familie ist lediglich das Ergebniß der Berathung mitzutheilen und hierbei das Ansehen des behandelnden Arztes nach jeder Richtung hin zu wahren. — Mit dem Consilium ist die Thätigkeit des zugezogenen Arztes beendet, falls nicht in der Berathung ausdrücklich anders beschlossen wurde.

---

6.

## Standesordnung für die Aerzte der Provinz Westfalen.[1])

1. Die Standesordnung umfaßt in Kürze die allgemein maßgebenden Bestimmungen und Grundsätze betr. das Verhalten der Aerzte zu einander und zu dem Publikum und soll als allgemeine Richtschnur sowie als Grundlage bei ehrengerichtlichen Verhandlungen [2]) dienen.

I.

2. Jeder Arzt ist verpflichtet, seine Berufsthätigkeit gewissenhaft auszuführen, und muß durch sein Verhalten sich des Vertrauens und der Achtung würdig zeigen, welche der ärztliche Beruf erfordert.

---

[1]) Angenommen in der Sitzung der Westfälischen Aerztekammer vom 25. Februar 1899.

[2]) Vgl. dazu oben S. 40 Anm. 2 zu § 3.

3. Der Arzt muß auf dem Boden der wissenschaftlichen Heilkunde stehen und soll auch an den Fragen der öffentlichen Gesundheitspflege Interesse und nach Kräften thätigen Antheil nehmen.

4. Die auf gesetzlicher Vorschrift beruhende Wahrung des Berufsgeheimnisses ist Ehrenpflicht.

## II.

5. Das Eröffnen, die Wiederaufnahme der Praxis, Wohnungswechsel und Sprechstundenveränderung darf durch die Tagesblätter in nicht auffälliger Form je drei Mal veröffentlicht werden.

6. Jede öffentliche Anpreisung (Reklame) durch Danksagung, Veröffentlichung von Krankengeschichten und Heilerfolgen u. s. w. in nicht fachwissenschaftlichen Zeitungen oder durch andere Ankündigungsmittel ist untersagt.

7. Unstatthaft ist das öffentliche Anbieten unentgeltlicher und ausschließlich brieflicher Behandlung.

8. Es ist nicht erlaubt, über die Wirksamkeit von Heilmitteln, insbesondere von Geheimmitteln, sowie über Instrumente u. s. w. Zeugnisse für Reklamezwecke auszustellen oder derartige Gegenstände geschäftsmäßig zu verkaufen.

9. Zeugnisse sollen unter Angabe des Zweckes stets mit Sorgfalt und Gewissenhaftigkeit ausgestellt werden.

10. Das öffentliche Anbieten des Kaufes und Verkaufes der ärztl. Praxis, sowie das Vermittelungsgeschäft ist der Standesehre zuwider.

11. Es ist dem Arzte nicht gestattet, Kranke gemeinschaftlich mit Nichtärzten zu behandeln oder sich durch diese vertreten zu lassen; auch darf er die Krankenbehandlung durch Nichtärzte weder mit seinem Namen decken, noch in anderer Weise unterstützen.

12. Bei Behinderung der Kollegen muß der gestellten Bitte auf Vertretung von Seiten der Aerzte nach Kräften entsprochen werden. Die Regelung der Frage der Bezahlung bleibt dem gegenseitigen Einvernehmen überlassen. Bei Erkrankung von Kollegen findet die Vertretung in der Regel unentgeltlich statt.

13. Es entspricht der allgemeinen Sitte, ärztliche Hilfe bei Kollegen und deren Frauen und noch nicht selbstständigen Kindern unentgeltlich zu leisten.

## III.

14. Der Arzt darf sich im Wettbewerb mit seinen Standesgenossen keiner unlauteren und standeswidrigen Mittel bedienen.

15. Der Arzt soll sich vor den Kranken und Nichtärzten aller absprechenden Beurtheilung über Behandlung und Verordnung des früher behandelnden Arztes enthalten.

16. Die Uebernahme eines Kranken aus der Behandlung eines

anderen Arztes ist nur dann erlaubt, wenn auf die Hilfe dieses Arztes verzichtet und derselbe davon sobald als möglich auch vom Seiten des Arztes benachrichtigt wird.

Für vorübergehende Vertretung im Nothfalle oder bei Berathungen im Hause des Arztes hat diese Forderung keine Geltung, indessen wird auch hier die nöthige kollegiale Rücksichtnahme auf den bisher behandelnden Arzt vorausgesetzt.

Nothwendig ist es, stets die Erkundigung nach der seitherigen Behandlung vorauszuschicken.

17. Werden im Nothfalle mehrere Aerzte gleichzeitig hinzugerufen, so steht, falls kein Hausarzt vorhanden ist, dem Erstgekommenen die erste Hilfeleistung und mit dem Einvernehmen des Kranken oder dessen Angehörigen die weitere Behandlung zu.

18. Kontrolbesuche im Auftrage und Interesse von Behörden, Krankenkassen und Versicherungsanstalten u. s. w. dürfen nur nach vorhergegangener und rechtzeitiger Benachrichtigung des behandelnden Arztes unter Angabe von Tag und Stunde stattfinden.

19. Wünscht der Kranke oder dessen Angehörige eine Konsultation, so darf dieselbe vom behandelnden Arzte nicht abgeschlagen werden. Der behandelnde Arzt ist berechtigt, die Wahl des zu konsultirenden Arztes von seiner Zustimmung abhängig zu machen.

20. Die Mittheilung an den konsultirenden Arzt ist von Seiten des Kranken oder besser des behandelnden Arztes zu machen, wobei auch gleichzeitig die Bestimmung der Zeit, zu welcher die Berathung statthaben soll, erfolgen kann.

21. Ohne triftige Gründe darf die Konsultation nicht verweigert werden.

22. Pünkliches Erscheinen zur Konsultation ist nöthig. Ueber eine viertel Stunde nach der verabredeten Zeit ist der Ersterschienene nicht verpflichtet zu warten.

23. Nach der gemeinsamen Untersuchung hat die Berathung nicht in dem Krankenzimmer und in Abwesenheit von Nichtärzten zu erfolgen.

Ob der behandelnde oder der konsultirte Arzt das Schlußergebniß der Berathung und der beschlossenen Verordnungen dem Kranken oder dessen Angehörigen mittheilt, regelt sich durch gegenseitiges Uebereinkommen.

24. Wird eine Einigung über den Fall nicht erzielt, so hat der behandelnde Arzt, im Beisein des anderen Arztes, dem Kranken oder dessen Angehörigen die Entscheidung nach Darlegung der Sache zu überlassen.

25. Ist nur der behandelnde Arzt im Consilium erschienen, so verordnet er nach Bedarf. Ist dagegen der behandelnde Arzt ausgeblieben, so kann der erschienene zweite Arzt zwar die Untersuchung vornehmen, darf aber nur in dringenden Fällen die etwa nöthigen Verordnungen treffen und hat davon sowohl, als von dem

Untersuchungsergebniß dem behandelnden Arzte alsbald schriftlich oder mündlich Mittheilung zu machen.

26. Alle Verhandlungen bei der Berathung müssen als Vertrauenssache behandelt werden und geheim bleiben. Die Verantwortlichkeit der Behandlung tragen gemeinschaftlich beide Berather.

27. Wiederholung der Konsultation kann nur von dem Wunsche des Kranken und dem Uebereinkommen beider Aerzte abhängig gemacht werden.

IV.

28. Es ist unstatthaft, zahlungsfähigen Personen — Verwandte und nahe Befreundete ausgeschlossen — die Bezahlung zu erlassen oder unter dem ortsüblichen Satze zu fordern. Letzterer darf nicht unter den Mindestsatz der staatlichen Gebührenordnung herabgehen.

29. Kassen- und impfärztliche Stellungen können nur nach ordnungsmäßiger Erledigung auf Grund einer Wahl und der allgemein üblichen festgestellten Sätze betr. Bezahlung übernommen werden.

30. Bei Bewerbungen um öffentliche oder privatärztliche Stellungen ist ein Unterbieten unter die geltende Taxe nicht statthaft, und ist bei der Bewerbung überhaupt das eigene und ärztliche Anstandsgefühl streng zu wahren.

31. Verträge mit Kassen ꝛc. dürfen nur auf Grund der ortsüblichen, festgesetzten Zahlungssätze für Gesammtleistung (Einzel- und Familienbehandlung) oder für Einzelleistung abgeschlossen werden.

---

7.

## Entwurf einer Standesordnung für den Bezirk der Aerztekammer der Rheinprovinz und der Hohenzollernschen Lande.

---

§ 1. In der Standesordnung sind die Bestimmungen, welche für das Verhalten der Aerzte zu einander und zum Publikum nach den heutigen Anschauungen der Standesgenossen durch Sitte und Pflicht geboten sind, zusammengestellt.

§ 2. Jeder Arzt ist verpflichtet, seinen Beruf gewissenhaft auszuüben und durch sein Verhalten in der Berufsthätigkeit, wie außerhalb derselben, die Ehre und das Ansehen seines Standes zu wahren.

§ 3. Jede öffentliche Anpreisung (Reklame) in irgend welcher Form ist dem Arzte untersagt.

Unter öffentlicher Anpreisung ist namentlich zu verstehen:

das dauernde oder nach Form und Inhalt auffallende Anbieten ärztlicher Hilfe in öffentlichen Blättern und durch Plakate;

das öffentliche Anbieten unentgeltlicher ärztlicher Hilfe;

das öffentliche Anzeigen von Polikliniken mit Ausnahme solcher, welche lediglich Unterrichtszwecken für Studirende der Medizin, Aerzte oder der Krankenpflege sich widmenden Personen dienen;

die Empfehlung besonderer eigener Heilmethoden in öffentlichen Blättern oder durch öffentliche Vorträge, durch Flugschriften und dergleichen;

das Berichten über Krankheitsfälle und Operationen in anderen als fachwissenschaftlichen Zeitschriften;

die Veranlassung öffentlicher Danksagungen und der Reklame dienende Zeitungsartikel.

§ 4. Diejenigen Aerzte, welche allgemeine Praxis treiben, dürfen sich nicht Spezialarzt nennen.

§ 5. Unstatthaft ist das öffentliche Anbieten brieflicher Behandlung, sowie die gewerbsmäßige briefliche Behandlung selbst.

§ 6. Es ist unstatthaft, über die Wirksamkeit sogenannter Geheimmittel Zeugnisse auszustellen.

Ebenso ist es unstatthaft, über die Wirksamkeit von Heilmitteln, Nahrungs- oder Genußmitteln zum Zwecke der geschäftlichen Reklame ärztliche Zeugnisse auszustellen.

§ 7. Mit Nichtärzten zusammen Kranke zu behandeln, sich durch Nichtärzte vertreten zu lassen und die Krankenbehandlung durch Nichtärzte mit seinem Namen zu decken oder in irgend welcher Form zu unterstützen, ist unstatthaft.

§ 8. Die Uebernahme eines Kranken aus der Behandlung eines anderen Arztes ist nur dann zulässig, wenn dafür Sorge getragen wird, daß der letztere davon sofort benachrichtigt wird. Vorübergehende Vertretungen in Nothfällen, sowie Berathungen nur im Hause des Arztes sind in dieses Verbot nicht eingeschlossen.

Kontrolbesuche sind unter Angabe der Zeit nur nach rechtzeitiger Benachrichtigung des behandelnden Arztes und mit der Bitte um gemeinschaftlichen Besuch gestattet.

§ 9. Bei Consilien ist die Wahl des Consiliarius und die Zeit der Zusammenkunft in Uebereinstimmung mit dem behandelnden Arzt festzustellen. In der Regel hat der behandelnde Arzt den als Consiliarius gewählten Arzt von der gewünschten Konsultation zu benachrichtigen. Der Kurplan ist durch gemeinschaftliche Berathung festzustellen, die weitere Behandlung aber dem behandelnden Arzte zu überlassen.

Die Wiederholung der Zuziehung des Consiliarius ist nur

nach Uebereinkunft mit dem behandelnden Arzte zulässig. Das Gleiche gilt für weitere Krankenbesuche Seitens des Consiliarius.

§ 10. Consilien mit Aerzten, welchen die bürgerlichen oder ärztlichen Ehrenrechte aberkannt sind, sind verboten.

§ 11. Ein Arzt darf dem anderen in dringenden Fällen die von ihm erbetene Assistenz nicht verweigern.

§ 12. Es ist unzulässig, die Behandlungsweise eines anderen Arztes in leichtfertiger oder rücksichtsloser Weise abfällig zu beurtheilen.

§ 13. Es ist unzulässig, einen Standesgenossen durch Anbieten billigerer oder unentgeltlicher Hilfeleistung oder durch sonstige unlautere Mittel aus seiner Stellung zu verdrängen oder solches zu versuchen.

§ 14. Das Anbieten oder Gewähren von Vortheilen irgend welcher Art an dritte Personen, um sich dadurch Praxis zu verschaffen, ist unstatthaft.

§ 15. Es steht dem Arzte zwar frei, unbemittelten Kranken das Honorar ganz oder theilweise zu erlassen, dagegen soll kein Arzt zahlungsfähigen Personen — von Standesgenossen, deren Angehörigen und ihm nahe Befreundeten abgesehen — das Honorar erlassen oder die Honorarforderung unter die Minimalsätze der ärztlichen Gebührentaxe herabsetzen.

§ 16. Verträge mit öffentlichen oder privaten Korporationen, insbesondere mit Versicherungsgesellschaften und Anstalten, sowie mit Kranken-, Unfall-, Invaliditäts- und sonstigen Kassen sind der Aerztekammer bezw. den von dieser eingesetzten Kommissionen vor ihrem endgültigen Abschluß zur Genehmigung vorzulegen, falls ein Fixum oder ein nach der Mitgliederzahl der Kasse, beziehentlich nach der Zahl der vorkommenden Erkrankungsfälle zu bestimmender Honorarsatz vereinbart werden soll, oder wenn bei Honorirung nach Einzelleistungen die zu vereinbarenden Liquidationsbeträge unter die Mindestsätze der ärztlichen Gebührentaxe hinabgehen.

---

## Anhang zum Entwurf einer Standesordnung für den Bezirk der Aerztekammer der Rheinprovinz und der Hohenzollernschen Lande.

---

Da die Standesordnung vorläufig nicht nur die Standesgesetze zu enthalten, sondern auch feste Formen des kollegialen Verkehrs anzubahnen die Aufgabe hat, so sollen in Folgendem die Regeln und Vorschläge aufgeführt werden, die sich durch langjährige Sitte und Gewohnheit herausgebildet haben und deren Innehaltung bis zur anderweitigen allgemeinen Festsetzung allen Aerzten dringend empfohlen wird.

A. Bei den Consilien ist pünktliches Erscheinen nöthig und hat der zuerst eingetroffene Arzt nur 1/4 Stunde auf das Erscheinen des zweiten Arztes zu warten die Pflicht.

Auch bei weiteren Entfernungen kann dem zuerst erschienenen Arzte nicht die kollegiale Pflicht auferlegt werden, länger als diese Zeit zu warten, da auch der entfernt wohnende Arzt sich so einrichten muß, daß er zur abgesprochenen Zeit an Ort und Stelle ist.

Es wird von mancher Seite gefordert, daß, wenn der erste Arzt 1/4 Stunde vergeblich gewartet hat und sich nun wieder entfernen will, das Consilium als auf einen neuen Termin verschoben zu betrachten sei. Diese Forderung erscheint völlig ungerechtfertigt, denn man kann weder verlangen, daß der erschienene Arzt seinen Besuch unentgeltlich macht, noch daß der Patient einen Besuch bezahlt, der nicht durch seine Schuld für ihn werthlos geworden ist. Ebenso unberechtigt ist es aus demselben Grunde, daß der Consiliarius nicht ohne Anwesenheit des behandelnden Arztes untersuchen und sich ein Urtheil über den Fall bilden dürfe. Nur hierdurch ist er im Stande, nicht unbenutzt die Wartezeit verstreichen zu lassen und eventuell ein vorläufiges Urtheil abzugeben. Unlogisch und ungerechtfertigt ist hierbei die Unterscheidung zwischen einem Consiliarius aus demselben Orte und einem solchen aus größerer Entfernung. Ist nach Ablauf einer 1/4 Stunde nur der behandelnde Arzt erschienen, so giebt derselbe seine Verordnungen weiter wie bisher; ist nur der Consiliarius erschienen, so erklärt derselbe dem Patienten resp. dessen Angehörigen nach stattgehabter Untersuchung, daß er dem behandelnden Arzte schriftlich oder mündlich seine Ansicht mittheilen, zu einer später gewünschten Konsultation aber erst eine weitere Aufforderung abwarten werde. Es ist selbstverständlich, daß keine den behandelnden Arzt bloßstellende Erklärungen abgegeben und ohne den behandelnden Arzt nur in dringenden Fällen Verordnungen für den Augenblick getroffen werden dürfen.

B. Bei einem Consilium findet nach gemeinsamer Untersuchung des Kranken, während welcher eine Diskussion über Diagnose, Prognose und Therapie zu vermeiden ist, die Berathung in einem besonderen Raume in Abwesenheit von Laien statt. Ueber die Berathung selbst und die Betheiligung an derselben von Seiten des einen oder anderen Arztes darf dem Patienten oder dessen Angehörigen keine Mittheilung gemacht werden. Die Bestimmung, ob noch weitere Consilien stattfinden sollen, ist dem Patienten resp. dessen Angehörigen im Einvernehmen mit dem behandelnden Arzte zu überlassen.

C. Eine unerwartete Aenderung in der Lage des Falles berechtigt den behandelnden Arzt, von der im Consilium beschlossenen

Behandlung abweichen, jedoch hat derselbe dann sofort ein neues Consilium zu beantragen, in welchem er die Gründe für sein Handeln sorgfältig auseinanderzusetzen hat, dasselbe Recht und dieselbe Pflicht hat der Consiliarius, wenn er im Nothfall, das heißt, weil der behandelnde Arzt zur Zeit nicht aufgefunden werden kann, gerufen wird. Ist ein solches neues Consilium aus irgend welchen Gründen unthunlich, so ist der behandelnde Arzt sofort schriftlich oder mündlich von den getroffenen Aenderungen zu benachrichtigen.

D. Kann bei einem Consilium eine Uebereinstimmung nicht erzielt werden, so soll, wenn möglich, ein dritter Arzt hinzugezogen werden und ist dann die Majorität entscheidend. Verbieten die Umstände ein solches Auskunftsmittel, so muß dem Patienten resp. dessen Angehörigen nach Darlegung der Sachlage die Wahl des Arztes überlassen bleiben. Der andere Arzt soll dann sowohl jede weitere Besprechung, wie auch die weitere Theilnahme an der Behandlung des Falles ablehnen und sich zurückziehen.

E. Der Consiliarius soll die Stellung des behandelnden Arztes in der ehrenhaftesten und sorgfältigsten Weise berücksichtigen, dessen Behandlung, wenn nöthig, nach Möglichkeit vertheidigen und ohne zwingende Gründe von der bisherigen Modikation nicht abgehen.

F. Im Nothfall kann ein Rath auch den Kranken anderer Aerzte nicht verweigert werden. In solchen Fällen soll der Arzt verlangen, daß der Hausarzt benachrichtigt werde, und dann die Sorge für den Kranken dem Hausarzte überlassen.

G. Werden in dringenden Fällen mehrere Aerzte gerufen, so verlangt es die Höflichkeit, daß bis zum Eintreffen des Hausarztes der Patient dem zuerst eingetroffenen Arzte überlassen wird. Ist ein Hausarzt nicht vorhanden, so ist in derselben Weise zu verfahren, wenn nicht der Patient oder dessen Angehörige ausdrücklich einen anderen Arzt wünschen.

H. Wird ein Arzt, der einen Kranken in größerer Entfernung von seinem Wohnort besucht, bei dieser Gelegenheit zu einem anderen Kranken gerufen, der von einem anderen Arzte behandelt wird, so hat er einen angemessenen Rath zu geben, sich aber nicht mehr als nöthig in den allgemeinen Behandlungsplan einzumischen. Werden weitergehende Anordnungen gewünscht, so hat er ein Consilium zu verlangen oder zu fordern, daß sofort brieflich auf die Behandlung des anderen Arztes verzichtet wird.

I. Findet sich bei einem Kontrolbesuch der behandelnde Arzt aus irgend welchen Gründen nicht ein, so darf der Kontrolarzt nicht nur seinen Besuch allein machen, sondern wenn nöthig, auch etwaige Verbände abnehmen. Die letzteren hat er dann jedoch nach den Regeln der Kunst wieder zu erneuern. Es ist selbstverständlich, daß er sich hierbei jeder Kritik der bisherigen Behandlung dem Kranken resp. dessen Angehörigen gegenüber zu enthalten hat.

K. Gehört ein Arzt zu dem Vorstand einer Anstalt, an welcher ein anderer Arzt angestellt ist, und wird er zur Revision dieser Anstalt hinzugezogen, so hat er auch auf die Zuziehung des angestellten Arztes zu dringen. Sollte trotzdem die Zuziehung des Anstaltsarztes nicht erfolgen, so soll er auch seine Theilnahme an der Revision ablehnen.

L. Wenn ein Arzt durch persönliche oder geschäftliche Abhaltung an der Ausübung seines Berufes verhindert ist, so soll ihm von den Kollegen die nachgesuchte Aushilfe nach Möglichkeit gewährt und sein Interesse auf das gewissenhafteste beachtet werden. Die Honorarzahlung bei solchen Vertretungen bleibt dem gegenseitigen Uebereinkommen überlassen.

M. Es wird vielfach als gute Sitte betrachtet, die Vertretung eines Arztes auch nach dessen Tode noch bis zum Schlusse des Jahres im Interesse der Familie fortzusetzen.

In Ausnahmefällen kann das richtig sein, im Allgemeinen ist es dies aber nicht, weil darin eine materielle Unterstützung der Familie liegt, die theils nicht immer berechtigt, theils einem einzelnen Arzte nicht zugemuthet werden kann. Eine Unterstützung, wenn sie nöthig ist, ist nicht Pflicht des einzelnen Arztes, sondern des ganzen Standes. (Wittwen- und Waisenkassen.)

# Sachregister.

Die Zahlen bedeuten die Seiten.

---

Lippert & Co. (G. Pätz'sche Buchdr.), Naumburg a/S.

Lippert & Co. (G. Pätz'sche Buchdr.), Naumburg a. S.

FSC
www.fsc.org
MIX
Papier | Fördert
gute Waldnutzung
FSC® C083411

Kolibri 360 GmbH
Ferdinand-Jühlke-Straße 7
99095 Erfurt, Deutschland
produktsicherheit@kolibri360.de